中国東北における共産党と基層民衆
1945–1951

隋　藝

目　　次

序　章 ……………………………………………………………………………7

　　第1節　問題の所在 ………………………………………………………7

　　第2節　先行研究 …………………………………………………………12

　　第3節　分析概念と研究方針 ……………………………………………20

　　第4節　史料について ……………………………………………………30

　　第5節　本書の構成 ………………………………………………………34

第1章　東北地域の歴史（1945年まで）………………………………………41

　　はじめに ……………………………………………………………………42

　　第1節　満洲事変までの東北社会 ………………………………………42

　　第2節　満洲国時期の東北社会 …………………………………………49

　　第3節　比較の視点から見る東北の社会的結合と民衆の帰属意識

　　　　　　……………………………………………………………………59

　　小結 …………………………………………………………………………66

第2章　国共内戦期、中共による戦時態勢の構築と東北社会（1948年まで）

　　　　　　……………………………………………………………………75

　　はじめに ……………………………………………………………………76

　　第1節　国共内戦の推移 …………………………………………………78

　　第2節　中共による戦時態勢の構築 ……………………………………83

　　第3節　東北における国民党と共産党 …………………………………105

　　小結 …………………………………………………………………………112

第3章　平時態勢期、中共による民衆統合（1948 ～ 1950年）

　　　　　　……………………………………………………………………123

　　はじめに ……………………………………………………………………124

　　第1節　中共による基層組織の設立 ……………………………………126

第2節　大衆工作の実態　………………………………………………………132

第3節　労働者工作および労働者の対応　………………………………140

小結　………………………………………………………………………………153

第4章　抗米援朝運動と再度の戦時態勢の構築（1950年から）

　　　　………………………………………………………………………………161

はじめに　…………………………………………………………………………162

第1節　朝鮮戦争に対する初期の反応　………………………………………164

第2節　抗米援朝運動の展開　……………………………………………………170

第3節　抗米援朝運動の変容と位置づけ　……………………………………179

第4節　記憶としての抗米援朝運動　……………………………………………189

小結　………………………………………………………………………………193

第5章　参軍運動と婚姻法施行に見る民衆の抵抗と服従　……………199

はじめに　…………………………………………………………………………199

第1節　志願軍の供給と東北　……………………………………………………201

第2節　1950年婚姻法の施行　……………………………………………………213

小結　………………………………………………………………………………226

終　章　……………………………………………………………………………233

第1節　各章のまとめ　……………………………………………………………233

第2節　総括的結論　………………………………………………………………238

史料・参考文献一覧　………………………………………………………………243

Ⅰ史料　……………………………………………………………………………243

　ⅰ　文献史料　……………………………………………………………………243

　ⅱ　口述史料　……………………………………………………………………245

Ⅱ参考文献　………………………………………………………………………246

　ⅰ　日本語参考文献　……………………………………………………………246

　ⅱ　中国語参考文献　……………………………………………………………251

iii　英語参考文献　………………………………………254

あとがき　………………………………………………255
図表一覧　………………………………………………258
著者紹介　………………………………………………260
索引　……………………………………………………261

凡例

　本書において、引用する史料は一部を除いて、漢字の表記を常用漢字に改める。文中に表れる（　）は著者による注記、引用文において〔　〕は著者による補記である。（？）は直前文字が原文で判読できないため文脈から判断して著者が推測したことを意味する。

　また、煩を避けるため、本書では、中国共産党―中共、中国共産党中央―中共中央、中華人民共和国―人民共和国、中国共産党員―党員、中国共産主義青年団団員―団員、など略称をもって表記する。さらに、「解放」、「反動分子」といったよく使われている政治価値観を含める用語について、便宜的に「　」を外すが、歴史に対する肯定的評価か批判的評価かのどちらかの立場に加担するものではない。

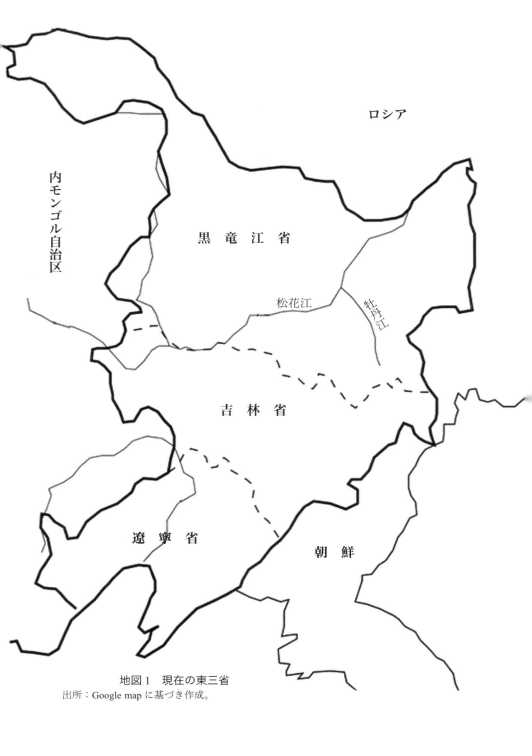

地図1　現在の東三省
出所：Google map に基づき作成。

序　章

第 1 節　問題の所在

　第 2 次大戦の終結から 1950 年代初頭まで、中国は国共内戦、共産党政権の成立、朝鮮戦争といった動乱の過程を経験した。その中で、なぜ中国共産党（以下「中共」）は政権を獲得し、朝鮮戦争へ軍事介入し、民衆に対する支配を確立できたのだろうか。また、こうした歴史の流れは、広範な民衆が共産党のイデオロギーを受容した結果と理解できるのだろうか。民衆は共産党の支配にどのように対応して、共産党との関係にはいかなる変化が現れたのだろうか。

　これまでの中共による革命の歴史に関する学説は、中共の有した全体主義的政治体制の強さ、毛沢東の功績、農民の素朴なナショナリズムなどを革命成功の要因として強調してきた。しかし、近年の研究では、脱革命史観の潮流が顕著となり、特定の地域に関する実証研究、民衆の能動性を重視するようになっている。

　本書は、中共と民衆の間に存在した現実的で複雑な関係性に着目して、国共内戦から抗米援朝運動の終盤まで、中国の東北での中共による民衆統合、およびその過程における党と基層民衆との相互関係を解明することを目的とする。

　1970 年代マーク・セルデンの「延安モデル」（「The Yenan Way」）[1]、そして 1980 年代 P・A・コーエンの「中国自身に即するアプローチ」（「China-centered approach」）[2] によって、中国研究においてミクロな実証作業や地域研究が推進された。

　1980 年代以降、中国革命は均質でも単一でもなかったという理解が多くの研究者の間で共有されてきた。近年来、中国の基層社会に着目して、中共による社会変革に関する議論が盛んになるにつれ、脱革命史観の動きが強まり、多様な地域と多様な革命という認識がさらに深化しつつある。しかし、その多様性に対する十分な理解にはまだ大きな限界があると著者は考えている。その限界について、以下に地域と時期の 2 つの側面から説明したい。

　まず、その限界の第 1 は、関内（山海関の南）の農村革命根拠地に注目して、都市を見落とす傾向がある点である。伝統中国は農業社会であったため、中国研究者は中国の近代化や国民国家の形成の基調を、常に関内の農村経済や社会状況に

7

求めてきた。そして、共同体[3]や市場圏（定期市の重層構造）[4]に関する論争や認識が形成されてきた。さらに、中共政権は農村革命から崛起し、毛沢東は「中国革命は実質的には農民革命である」[5]と明言した。総体的に見るならば、農村革命を中心とする中国革命研究の流れは戦後から現在まで継続している。しかし、数多くの異なる農村地域に関する研究が、革命の地域的多様性の視点に基づいて推進されるにともない、脱革命史観の視角が農村研究の中で現れ始めた。その結果、これまで提唱されてきた中共の大衆路線や民衆の政治的自覚といった伝統的革命史観は以下のように相対化されつつある。

　田中恭子の研究成果では、土地改革において農民が自発的に中共を支持し、旧支配層を打倒したわけではなく、農村革命は恐怖の支配や怨恨の蓄積などの要素を内包しつつ遂行されたことが提示された[6]。また、湖北省、河南省と安徽省の境界地域、および福建省西部の農村根拠地を対象とした研究では、党の組織の散漫さや、民衆の「機会主義」的行動様式といった党と民衆との不安定な関係が指摘された[7]。

　さらに、中共革命の展開や党と民衆との関係を解明するために、地域ごとの特性を理解することが不可欠である。山本真はミクロな研究の蓄積を踏まえた上で、マクロに比較・総合する中国社会論を構成する必要性を提唱している[8]。例えば、宗族勢力が強い福建省の場合は、中共の社会変革によって宗族結合などが必ずしも完全に変容したわけではなく、民衆の内面には伝統的心性が残存したことも指摘されている[9]。また、1920年代、同じく宗族勢力が強い広東省では、地方武装集団が中共に重要な兵力を提供した一方で、土地改革による農民動員は中共の軍事力の拡張において部分的要素に過ぎなかったことが明らかにされている[10]。これらの研究は農村革命の展開と地域社会の相互関係の中で、伝統的革命史観を脱構築するものである。

　以上のように関内での農村革命や党と農民との関係に関する研究が進展を遂げている一方で、都市に対する関心は今もって弱いように思われる。中国革命における農村革命の重要性は多言する必要がないだろう。とはいえ、革命の展開および党と民衆との関係の研究対象を関内の農村社会に限定してしまうと、革命の地域的多様性に対する広い視野を失い、また一面的な解釈に陥ってしまい、中国革命の全体像を捉えにくくなる恐れがある。

関内の農村地域と対照的に、多くの鉱工業都市を抱える東北は、1945 年 8 月 15 日、「満洲国」（以下便宜のため「」を外す）が消滅して以降、政治上の空白地域となり、共産党と国民党が争奪する焦点となった。周知のように、共産党は東北へ進出した当初、わずか 10 万余人の兵力を保持しているにすぎなかった。しかし、1948 年に東北を占領した際には、その兵力は 130 万人まで拡張されていた。その翌年に中共はほぼ中国の全土を支配下におさめて、中華人民共和国を成立させた。このように、中共の東北での勝利は、国共内戦の帰趨を決定したようにも思われる。また、戦争だけではなく、他の側面においても、東北は先導的な地域とされていた。1948 年 11 月に中共は東北全土を支配下に置き、東北は全国において、最初に「解放」（以下便宜のため「」を外す）された大区となった。その後、東北は満洲国の工業化の基礎に基づいて、早い段階から経済の回復へ進んでいった。1949 年に東北は全国の工業品の 34％ を提供し、これは 1952 年には 52％ にまで上昇したという。東北は比較的早い段階で共産党の政策を全面的に実施することができた地区となった。共産党の政策は全国で実施されるまでに、東北でまず試験的に行われる、東北は実験区的な位置づけであった[11]。

　東北は中共による社会変革において重要な位置を示しているにもかかわらず、東北における中共革命に関する研究は多いとは言えない。東北を検討する場合に、都市に言及すべきだが、東北の都市に関する研究成果は一層少ないように思われる。勿論小林弘二や西村成雄による先行研究が挙げられるが、その内容は後の先行研究の整理で詳細に紹介したい。

　上述した研究状況から、以下のような問題を提起できる。先に述べた農村革命に関する脱革命史観による論点は東北や東北の都市においても当てはまるのだろうか。革命の地域的多様性の認識や地域に基づく革命の視点から推測すれば、おそらく東北や東北の都市においても地域の特性に基づいた特徴が見られるだろう。では、関内と対比した場合、東北地域はどのような特色をもつ社会であるのか、それらの社会的特徴に基づき、いかなる社会変革が展開され、その結果党と民衆との関係がいかにして形成されたのか。中国革命史を再構成するには近年の基層社会に着目する視点を踏まえて、上述の問題を慎重に分析する作業が必要である。

　限界の第 2 点は、常に中共に追認される二段階革命の理論[12]や新民主主義と社会主義の定義に束縛されて、中共革命を分断的に考察することである。この限界

は2つの問題から形成されていることに注意すべきである。まず、第1の問題は1949年の人民共和国の建国によって、中国革命の研究が1949年以前と以降とに分断されてしまい、大きな視野から現代史を理解することが困難になっていることである。こうした研究傾向は1990年代後半から批判され、1949年前後の中国革命の連続性が強調されているようにはなってきている[13]。また、台湾においても、同様の研究動向が現れてきた[14]。その一方で、共産党政権の下で1949年前後の劇的変化を主張することが求められる政治環境にあるため、中国革命の連続性に着目する研究の流れが中国大陸では形成されにくいことも指摘されている[15]。

このように、1949年前後の中国革命を連続的に捉える視点の重要性に対してはほぼ異論が出されなくなってきたとはいえ、その作業が十分に進んでいるとは言えない。さらに、日本においても、台湾においても、中国革命の1949年前後の連続について、主に政治システムと経済システムをめぐって議論が展開されている[16]。とりわけ基層社会という視角からの研究は依然として発展途上にある。その中で聶莉莉による人類学の研究は示唆的である。聶は東北の一農村において清末民初から1980年代の経済体制改革まで、中国革命を含む激しい社会変動をへて、旧来の人的関係が変化した部分もあれば、変化しない部分もあることを詳細に分析している[17]。また、歴史学の研究として、鄭浩蘭は1949年前後の井岡山の村落の政治変動を検討し、農村社会の特質が中国革命に大きな影響を及ぼしたと強調している[18]一方で、民衆が中共による社会変革に対してほぼ無抵抗であったという結論を出す傾向であった。これらの研究に対して、福建省の地域性を重視する山本真の研究は、党と地域・民衆の相互作用を論じる中で、凝集力をもつ伝統的地域集団が特定の文脈の中で、革命に対して抵抗したり、協力したりするという地域社会の対応の多様性を指摘した[19]。

しかし、これらの研究も依然として農村革命をめぐる問題に対象を限定していると指摘できる。また、この点は第2の問題と関連してくる。すなわち、1950年前後という時期をいかに捉えるべきかという問題である。上述の聶莉莉、鄭浩蘭の研究はいずれも1950年代の中共による社会変革をその分析の中に含んでいるにもかかわらず、国共内戦後から抗米援朝運動の開始にかけての、戦争と戦争の間の時期に対する配慮が希薄であるように思われる。勿論、地域によって、西南中国のように国共内戦と朝鮮戦争が重なり、上記の時期を経験しなかったところ

10

もある。しかし、1948 年 11 月に中共に占領された東北では、中国革命の連続性や地域社会の変容を議論するうえにおいて、短期間とはいえ「経済回復期」[20] と呼ばれる時期に対する考察が不可欠であると考える。

　こうした問題を検討するには必然的に新民主主義から社会主義への移行問題とかかわらざるを得ないだろう。大まかにまとめれば、新民主主義社会とは、政治的側面において、共産党と民主諸党派とが共同で政治協商会議（統一戦線）の形式で政権を握ること、経済的側面において、国営経済の指導下に、私的資本主義経済の存在も容認することであった[21]。新民主主義時期は、革命が勝利してから、社会主義社会へ転換する間の過渡期と位置付けられた。新民主主義社会に対して、社会主義社会とは、新民主主義段階において社会の生産力を発展させ、農業国から工業国へ転換させた後に、プロレタリアート独裁によりすべての経済が国有化された社会と理解される。朝鮮戦争の勃発以前、社会主義の実現に対する毛沢東の認識は、新民主主義という過渡期が長く継続する一方で、社会主義は遠い将来に実現される、とのものであった。しかし、朝鮮戦争の勃発 2 年後の 1952 年 9 月から毛沢東は公の場で社会主義への転換を提起し始めた[22]。

　上記の人民共和国建国後の大きな転換は研究者の注目を集め、共産党はなぜ新民主主義を放棄して社会主義への転換を急いだのか、中国の社会主義の実質はいかなるものであったのか、といった論争が展開されている。急遽社会主義へ移行した原因についても、新民主主義社会理論に多くの不備が存在し、持続が不可能であったため、またソ連の影響のため、さらに 1952 年に有利な国際的条件と国内経済の条件が備わったため、などの見解が提示されている[23]。これらの中国側の論争に対して、日本側においても議論がなされているが[24]、日本の研究者は脱革命史観の視点に立ち、朝鮮戦争こそが新民主主義から社会主義へ移行する重要な契機であったと広く認識するに至っている[25]。そして、経済的条件や民衆の政治的自覚が備わっていないにもかかわらず、朝鮮戦争のための総力戦態勢を構築するために社会主義へ急進した。ゆえに、中国の社会主義体制は一種の戦時態勢であると指摘されている[26]。本書もこうした指摘から大きな着想を得ている。

　しかし、政策や経済の側面から新民主主義と社会主義、および中共路線の転換を検討するだけでは不十分ではなかろう。さらに踏み込んで、基層社会に着目して、諸々の革命段階において実際に中共の政策が民衆の生活に与えた影響、およ

び民衆の対応を検討することが重要であると考えている。

　本書は以上の問題意識を念頭に、地域的個性と当該時期の時代性に留意して、東北の社会と民衆の特徴を慎重に検討する。その上で、中共による社会変革の展開および党と民衆との関係を考察していく。国共内戦時期から抗米援朝運動の終盤まで、特に1948年11月から1951年末までの時期に重点を置き、基層組織・人員（旧政権の職員など）、そして民衆（特に工場の労働者）の心性といった事象から革命の連続と変容の側面を解明する。中共の理念の次元ではなく、革命の地域的多様性、民衆の複雑な抵抗と服従の実態を可能な限り描写することを試みたい。

第2節　先行研究

1）党と民衆の関係

　1980年代以降、中国での現地調査が可能となり、根拠地研究が盛んになるにともない、研究者たちは中共や毛沢東に対する共感に懐疑を持ちはじめ、中共の革命史観を脱構築する方向へ向かっていく[27]。

　中共は土地改革を通じて、農民の政治的自覚性を高め、農民の積極的な支持を得たという従来の解釈は次第に相対化されつつある。田中恭子は、中共の農村革命については、農民が自発的に旧支配層の打倒に立ちあがったわけではなく、実質上は中共の動員に従った運動・闘争とみなし、農村革命の「上からの政策実施の側面」を主張した。また、土地改革を通じて、農民は中共を支持するようになったが、その原因は農民が土地を獲得した、あるいは、農民が中共のイデオロギーと共鳴したのではなく、自分と家族の安全、政治的・社会的関係、経済的利害といった自己の打算に基づいた行動であったとも指摘している[27]。そのほか、土地改革と国共内戦勝利との直接的因果関係を否定し、結論の中で軍事的要素が重要であると提起したが[28]、十分な議論を展開してはいない。田中恭子の貴重な研究成果に触発され、それ以降の研究において、さらに多くの中共革命の問題点や矛盾が描かれるようになった。

　荒武達郎は日中戦争期の山東省南部に注目して、土地改革において、農民は「反対することが危険でありむしろ従う方が安全かつ利益がある」という理由で中共に従ったのであると論じている[29]。また、時期が異なるが、1920年代末から30年

代前半の湖北省、河南省と安徽省の境界地域、および福建省西部を取り扱った前述の高橋伸夫の研究は、土地改革において、党が農民に対して、利益を提供することにより、農民から支持を得る関係を「社会的交換」という社会学の概念を用いて説明した[30]。「社会的交換」に含まれる要素について、高橋は特に物質的利益と安全の確保を強調したが、こうした観点は研究者の間で広く共有されつつある。さらに、高橋は郷政府が紅軍拡大の命令を実施する際に、民衆に対して命令主義・脅迫・指名などの手段を用いたため、農民が徴兵を忌避したり、軍隊から逃亡したりした実態を描き[31]、党と民衆との間に非協力的関係が存在したことを重視している。

　上記の党と農民との相互利用の関係に加えて、最近では中共革命に暴力性・強制性を見出す動きもある。土地改革を通じて、農民が積極的に食糧や金銭を提供し、自発的に参軍したとする従来の叙述に対して、中共の物的および人的動員は暴力を背景とした収奪性・強制性の強いものであったとの主張が現れてきた。例えば、笹川裕史は人民共和国建国初期における中共の食糧徴発について、地主・富農から極めて強制的に収奪した側面に光を当てている[32]。また、角崎信也は東北の農村における食糧徴発が土地改革によって資源を平等に分配するのではなく、「階級敵」から収奪する構造であったと論じている[33]。また東北における土地改革と徴兵との関係から、民衆が参軍する動機は多様であり、県以下の基層行政単位では民衆を脅迫したり、「階級敵」から収奪した「果実」をもって民衆を雇用したりする実態も発生したと指摘している[34]。

　さらに、前述の田中恭子が提起した軍事的要素の重要性を継承したのが阿南友亮の研究である。阿南は 1920 年代広東における、中共軍の拡張において、農民は必ずしも積極的に徴兵に応えるとは限らなかったことを論じるだけではなく、土地改革がなくとも、中共軍は在地の武装勢力や社会の雑多な武装集団を利用して拡張できたという興味深い見解を提示している[35]。

　中国側でも、1990 年代以降、中共革命史観を修正する動きが現れた。2000 年代に入ってから、研究の視角が次第に多元化してきており[36]、農民の革命における役割を過大に評価することには慎重であるべき、との注意が喚起されている[37]。その中で、王友明は土地改革によって、農民が自発的に参軍したという通説を相対化し、参軍動員の手段の複雑さを指摘し、その中で強制的な現象も発生したと

論じている[38]。黄琨は中共の土地改革政策を地方で実施する際に、複雑な現地状況に妥協しなければならないにもかかわらず、中共は終始貧農の利益を守っていたと述べている[39]。これらの中国での研究を概観すれば、いずれも中共革命における問題と矛盾を指摘したが、いまだ中共革命史観を大幅に脱構築することはできなかったと言えるだろう。

その一方で、時代は異なるが、山西省を研究対象として、1950年代の農業集団化に関する論文集が出されている[40]。この論文集では研究者が個々の村に着目して、農業集団化は農村の人口の流失、飢饉の中での食人行為の発生、階級闘争による社会の混乱などが赤裸々に叙述されている。このような中国変動期の基層社会の実態に着目する研究は、中国での中共革命史研究にとって、大きな進展であると評価できる。

以上の研究は地域社会内部の諸関係に着目した地域別のミクロな実証研究である。これらの研究を通じて、中共の勝利は従来の農民のナショナリズムや土地改革の平等理念などの単一要因によるものではないことが一層明白になってきている。また、中共革命の複雑な実態を描きだすことにより、民衆に対する動員の難しさも提示された。ところが、これらの研究はほとんど土地改革の過程自体を再検討するものであり、民衆の反応と行動様式といった問題の解明や、民衆からの視点はまだ不十分である。そして、依然として党と民衆との相互関係が見えにくいという問題が残っていると考える。

支配者と被支配者との関係について、「支配階級のヘゲモニーもある程度の従属階級による受容に依存する」、支配者の権力について「関係者の価値観と態度を理解することなしには、システムの動きを理解することはできない」とする社会学からの指摘は非常に重要である[41]。そこで、本書は特に民衆の能動性に着目し、また支配者と被支配者の双方向的な視点をもって、東北における中共革命を検討したい。

2）革命の地域的多様性

1980年代以降の中共革命史研究は、中共が勝利した要因の単純な追求から離れていった。地域社会の変容に着目し、革命根拠地を対象とするミクロな実証研究が主流となり、多様な地域、複雑な革命の様態を掘り起こす研究の流れが現れた。

序　章

広大な中国を研究対象とする場合、均質な地域が全国に拡がっているわけではなく、従って均質的な革命が存在したわけでもない。そうした問題設定の中で、中国研究者は特に革命が展開する舞台としての中国農村の多様な伝統的な社会秩序に注目してきた。

すでに述べたように、伝統的農村社会については共同体の存否に関する議論が蓄積されてきた。この議論は日本の満鉄慣行調査に基づいており、その議論の内容は、1940年代の華北地域の伝統的社会を反映している面がある。また、現地調査の進捗にともない、華北の農村においては、例え日本のような村落の共同体が存在しなくても、畑の見張りや水利管理においては農民の共同性が存在したことも注目されている。このように共同性については研究者の間で分岐が存在しているが、戦後日本の中国研究は、日本の村落の強固な共同性と対照的に、華北の農村は共同性が希薄で、結合力が弱いという見解が多く出された[42]。その一方で、匪賊や秘密結社といった地域結合の中共革命に対する影響力も無視できないという見解もある[43]。

華北と対照的に、中国の東南地域の社会秩序にはまた異なる様相が現れている。福建や広東などの東南地域は、宗族結合が特に強い地域である。こうした地域的特徴を重視した研究として、山本真は宗族勢力が強い福建の農村社会において、共産党と農民が相互に影響力を利用する複雑な関係を示したことを論じている。伝統的な宗族の間では常に利益争奪のために械闘という形の武力闘争を繰り広げられていった。その結果、強大な宗族に抵抗するため、弱小宗族は共産党と協力した事例が見出される。伝統的な社会関係を壊して、新たな階級連合を作り出すという従来の中共革命の構造を相対化し、宗族などの人間関係を含め、基層社会が必ずしも一律に変革されたわけではないと指摘している[44]。同じく在地の武装勢力としての宗族に注目する研究として阿南友亮による広東における中共革命の研究もある[45]。

革命の地域的多様性を重視する研究動向は、近年において中国国内でも見られる。何朝銀は江西を対象として、血縁、地縁関係といった地域社会の構造から革命を論じている[46]。さらに、中共イデオロギーが思いどおりに農村社会に浸透できたわけではなく、その浸透は宗族組織からある程度の抵抗を受けたことを指摘している[47]。

15

上記のような地域社会の伝統的構造と密切に関連付けながら、中共革命の展開を考察する視点は非常に重要である。その一方、地域の環境や在地勢力を過大評価してしまい、中共の政策遂行力や組織力を軽視する恐れや、対象地域だけに注目し、革命の全体像の再構築が疎かになる傾向にも注意しなければならない。そこで、本書ではこれらの問題を常に念頭に置き、上記の研究の視角から東北の中共革命を検討することを課題の一つとしたい。

3) 東北における中国革命

　以下に、本書の対象地域の東北に関する研究を整理してみる。国共内戦の中で、中共は東北での勝利によって、その後の全国的な政治的帰趨に直結する方向を決定づけた。中共が東北で初めて大都市を占領した経験が、広州などの大都市の接収に対して先駆的な経験となったことが強調された[48]。また 1948 年 11 月に「東北全域の解放後に、経済建設の重心が農業から工業へ、農村から都市へと移された。七期二中全会〔1949 年 3 月——引用者〕における農村から都市への重点移行の提起よりも数か月先行している」ことも指摘されている[49]。このように、東北は日中戦争後の中共による社会変革の模範区、実験区としての位置を占めていたと認識されている。

　しかし、日本では東北での中共革命を対象とした研究は多くはないように思われる。この現象は、東北における中共の根拠地建設や勢力の拡大が関内地域より遅かったことに関係しているのだろう。

　東北に関する限られた研究の中で、西村成雄は辛亥革命から 1953 年まで、北満を中心とする東北地域における政治的変革主体の形成の諸段階を跡付けた[50]。西村の研究は政治史研究であったため、主に政治主体に着目している。さらに、時代的制約があったため、中共の革命史観の解釈と同一の立場で議論することが多かったように思われる。同様に S・I・レヴァインも、政治の側面から内戦期の東北における中共革命を分析する際に、土地改革と農民の動員との因果関係の存在を主張した[51]。近年の中国での国共内戦期の東北研究も上記の研究の延長線上に位置している[52]。

　なお、地域社会の変革や民衆の視点からの研究ではないが、塚瀬進による国共内戦期における、東北の財政経済政策の研究がある。塚瀬は、中共が内戦に勝利

16

する要因として土地改革ではなく、東北とソ連との農業貿易を重視している[53]。中国での東北研究においても、国共内戦期の東北経済は主要な研究対象とされている[54]。

　近年の革命史観を脱構築する動向に応じて、新たな視点を提起する東北研究もいくつか見られる。その中で、大沢武彦は北満洲の哈爾賓を対象に、内戦終結から人民共和国成立まで、中共による地域社会統合、経済統制について分析した[55]。哈爾賓が解放されてから人民共和国の成立まで、街政権[56]が大衆運動の過程で整備されたが、基層社会の統合においては家屋や財産分配など物質的な要素が重要であったと指摘している。さらに、街政権は中共が内戦の情勢に応じて成立させ、そして終焉させた「戦時態勢の末端機構」であったと位置付けた。また、経済の側面から当該時期の哈爾賓では、中共は大規模な大衆運動を企図していないなどの重要な論点を提起した[57]。

　この北満の事例と対照的に、東北で最後に中共に占領された南満では、大部分の地域は中共による内戦の戦時態勢の構築（根拠地建設）をへておらず[58]、党と民衆の結合が比較的弱かったと考えられる。そして、中共が大衆運動を企図しない時期が南満でもあったのか、もしあったとするなら、大規模な大衆運動を回避しながら、地域社会の再編と反対勢力の粛清、民衆の支持の獲得、イデオロギーの浸透をいかにして行ったのかが大きな問題となる。

　さらに、大沢論文は中共の地域社会統合に対して、街政権という基層組織に注目して、その機能を強調している。同時に、1948年に東北全域の解放にともない、その基層組織が廃止されたとも論じている。であるとすれば、街政権のような基層組織が存在しない時期、地域において、従来の研究の前提となっていた中共の組織の存在や民衆の政治的自覚の自明性を実証的に批判して、中共がいったいどのように権力の浸透を行い、民衆統合を進めたのかを慎重に再検討していく必要があるだろう。以上のように、この研究領域には解明されていない問題がいまだ多く残されていると考えられる。

4) 経済回復期における都市社会

　1949年に人民共和国を建国してから、1952年までの時期は「経済回復期」と呼ばれる。経済回復期に関する研究では都市の動向が注目されている。そこで、本

書の関心に沿って、経済回復期に関する研究を整理する[59]。経済回復期の歴史は本書の大きな関心の一つである。しかし、この時期に対する研究成果は従来手薄であり、その中で、中共の政治・経済政策の問題および前述の新民主主義から社会主義への移行の理由を問うという2つの方向に研究が分かれている。

　まず、エズラ・ヴォーゲルは1949年から1968年にかけて、広州が中共の統治下に置かれて以降の政治過程を論じている[60]。その中で、『南方日報』を利用して、1949年から1952年までの広州では、平穏な移行が中共にとって重要な任務であった一方で、社会の統制を実現する手段は「反革命鎮圧」などの大衆運動であったとする。当該時期において社会の混乱がありながらも、幹部の任用や知識人の改造などを通じて、中共は成功裏に広州の社会秩序を回復し、1952年以降の社会主義への移行の準備を整えたと高く評価している[61]。このように、エズラ・ヴォーゲルは経済回復期の重要性を提起した。しかし、当該時期の中共は社会に対する「統制を拡大する主要な手段は運動であり、〔運動の—引用者〕主要な根拠は愛国主義と未来に対する展望であった」と述べたことには、やはり1960年代末の研究としての時代の制約があることが否定できない[62]。対して、小林弘二は人民共和国建国前後の都市政策について論じている。その中で、中共が都市を接収・管理した政治過程を詳細に検討して、都市管理の経験を持たなかったため、中共の初期の都市工作においては農村式の階級闘争を都市に持ち込まれたとしている。そして、こうした政策上の誤りは後に「都市主導型革命路線」へ修正されたと強調している[63]。

　上記の両氏の研究は、中共革命の矛盾や問題点を指摘しているものの、中共への共感も強く感じさせる内容である。また、時代の制約があるため小林が自ら指摘しているように、上記の研究成果は中共による政策の展開を跡付ける性格が強く、民衆の対応については、史料の制約もあるため、論じられなかった。

　以上の経済回復期の政策を積極的に評価する研究に対してK・G・リーバーサルは1949年から1952年までの天津に着目し、経済回復期においては、主に中共は組織作りによって伝統的な社会関係を破壊して、工業化を推進したと論じている。そして、このような方式は大躍進や文化大革命といった政治変革とは異なり、具体的な目標を実現するための特定の動員であると位置づけた[64]。さらに朝鮮戦争と「三反」「五反」運動は中共の強力な社会統制を実現して、第二次革命を引き起こ

したと指摘している（The Second Revolution）[65]。また、小林一美による「反革命鎮圧」の概論では、同じく朝鮮戦争が「反革命鎮圧」の強化の直接的な引金であったと論じている[66]。泉谷陽子は朝鮮戦争の重要性の提起を引き継ぎながら、1949年から1952年までの3年間を「朝鮮戦争を契機とした社会経済の再編期」と位置付け、その中で大衆運動を考察している。泉谷の研究はマクロな視点によって新民主主義から社会主義へ転換する過程を考察するには非常に重要な意味を持っている[67]。

　ただし、以上で紹介した研究はいずれも朝鮮戦争の重要性に配慮しているが、地域社会と民衆の視点は十分ではないように思われる。ゆえに、1950年代初頭の基層社会において、党と民衆との複雑な関係、および民衆は中共の政策にいかに対応していたのかを詳細に知ることが課題となっている。

　これに対して、民衆の動向を重視する都市研究としては、上海を事例に反革命鎮圧から文化大革命にかけて、社会学の視点を踏まえながら中共の動員システムを分析した金野純の著作が重要である。金野は文化大革命の起因をその動員システムの不調に見出している。その中で、「動員が単なる上からの政策実現や抑圧の場ではなく、政治権力と民衆とが交錯し相互に作用しあう場だという事実」に注目している[68]。

　このような党と民衆との相互関係を重視するということでは、本書は金野の研究と視点を同じくする。ただし、本書は「反革命鎮圧」、「三反」、「五反」といった激しい大衆運動ではなく、比較的穏健な都市工作の中での党と民衆との関係に焦点を当てることにする。これにより、地域社会の特徴の抽出と、中共による統治の開始から朝鮮戦争勃発後の政治運動の発動までの期間における民衆の心性の変容の解明、に注意を払う[69]。なお、都市の基層社会研究と言えば、史料の便宜もあり、研究対象は上海に集中してきた[70]。この研究動向と対照的に、本書は東北の基層社会における党と民衆との関係の解明を試みる。

　より具体的には、本書では東北、とりわけ都市基層社会に着目して、近年の農村革命研究の成果で提起された中共革命の利益関係や暴力性といった要素が、都市社会にも存在したのか、存在したとすればどういった特定の政治過程や都市住民のどの階層で見られたのか、また「反革命鎮圧」「三反」「五反」といった大規模な大衆運動以外に、中共はいかに民衆を動員して、権力を浸透させたのか、中共による民衆統合は都市においてどのような政治過程をもって現れたのかについて、

実証的に分析を進めていく。

　さらに、これまでは、中共の基層組織が形成されておらず、大規模な大衆運動も回避されていたと考えられる 1948 年から 1950 年までの、東北での社会変革に関する研究はほとんど行われてこなかった。それゆえ、本書では、1948 年から 1950 年まで、東北における中共の権力の浸透の解明に重点を置く。特に平時態勢期において、民衆を掌握するために居民組を組織したこと、生産競争を通じて労働者に対する宣伝・教育を行ったことなどの局面に注目したい。さらに、その前後の戦時態勢期（国共内戦および朝鮮戦争）とも連続的な考察を行うことにより、中共による民衆統合、それに対する民衆の対応について、時期的な差異を踏まえて、動態的に捉えた叙述を心掛けたい。

第 3 節　分析概念と研究方針

1）分析概念

　前述の課題を解明するために、本書の研究対象である「東北」の地域規定と重要なキーワード「基層社会」、「民衆」、「生産動員」、「政治動員」、「統合」、「集合心性」、戦時態勢（期）と平時態勢（期）、「中共革命」と中共の「革命原理」、「階級」と「階層」などについて簡単に解説して、その意味を限定しておきたい。

「東北」

　まず、本書の対象地域は東北、特に鉱工業を中心とする都市が発達した南満洲である。現在、東北といえば主に、東北三省の遼寧省、吉林省、黒竜江省を指している。勿論、時代によって、東北を示す地理的範囲には差異がある。「東北」以外に、「関外」・「関東」、「東三省」、「満洲」といった呼称もある。その中で、「関外」・「関東」とは、満洲事変以前、山海関を境界線として、「関内」に居住する漢民族の東北に対する使用した呼称である[71]。「東三省」は、清末民初、東北において清朝が新政を実施し、「旗民分治」の管理機構を廃止して、奉天省、吉林省、黒竜江省を設立してから、現地の人々に用いられた呼称である。「満洲」とは、19 世紀以降には、ヨーロッパと日本によって、地域を指す呼称として用いられるようになった[72]。そのため、欧米や日本の研究者の間で、「満洲」が慣用されている。

本書は満洲国崩壊後から人民共和国建国初期にかけての当該地域の歴史を考察するため、満洲国以前の歴史的意味が含まれている「関外」・「関東」、「東三省」、「満洲」ではなく、比較的中立的で、現在慣用されている「東北」という言葉を用いる。ただし、特に、第1章で満洲国とそれ以前の東北の歴史を検討する際は、時代に応じて、当該時期に使われていた呼称をそのまま使用する場合もある。

　また、「南満」「北満」は、20世紀初頭、中国、ロシア、日本の外交の中で用いられた表現であり、特に「南満洲」は『南満洲及東部内蒙古に関する条約』(21箇条約)で明示されている[73]。「南満」と「北満」はおおむね東北の南と北を指しているが、実際には曖昧な表現である。本書では、現在の行政区画を基準として、およそ遼寧省は「南満」にあたり、吉林省と黒竜江省は「北満」にあたると捉えておく。

「基層社会」

　「基層社会」は中共中央や国家と対照して、社会の末端で生活する民衆とこれらの民衆によって構成された組織を指し、時には地方の末端の幹部も含める。「基層社会」という概念について、奥村哲は以下のように解説している。すなわち、①中国の末端社会を示す言葉である、②具体的な町、村あるいは部落で表しきれない中国の多元的な社会関係を表現するためである[74]。つまり、中国の「基層社会」を研究対象とする場合、町・村などの地縁関係だけでなく、血縁、神縁、業縁など多様な社会関係に基づく人間関係に着目するなど、多岐にわたり、抽象的で包括的な表現である。

　本書では、「基層社会」の構成要素として具体的には、第1章では「馬賊」、鉱工業労働者、同業同郷団体、「反動会道門」などを取り上げている。第2章では1945年以降「匪賊」と呼ばれた在地の武装勢力、「反奸清算」運動が展開された牡丹江市安東区柴市街という地方都市の末端社会、およびそこで生きた人々や、中共に組織された初期の貧民会などを検討する。第3章では、瀋陽市と営口市の都市の末端社会、すなわち居民組、工場鉱山労働者などをも含める。第4章と第5章では、抗米援朝運動と婚姻法を施行する対象である人々、労働模範や宣伝組織などが基層社会に含まれる。また、「基層社会」と「地域社会」の使い分けについて、前者は社会における縦の層の最下層を示していることに対して、後者は地理的区別をする際に用いる。例えば華北地域社会と東北地域社会を挙げることができる。

「民衆」

　当該時期の共産党の公文書や公開史料において、「群衆」(masses)という言葉が多く用いられている。例えば、共産党のスローガンとしては「群衆路線」(the mass line、日本語訳「大衆路線」)がよく知られている。本書で利用する中国語史料の原文の中用いられている「群衆」という表現に対応する日本語訳としては、基本的に日本における中国革命史研究の慣例に従って「大衆」を用いる。例えば、「大衆工作」「大衆動員」「大衆運動」などである。ただし、このような「大衆」という言葉には、中共のイデオロギーが加味されたため、本書では基層社会の人々の心性や行動を分析する際に、フランス革命史研究で用いられる「民衆」(people)との分析概念を用いる。「下からの歴史」を追究するフランス革命史研究者が「民衆」を歴史に登場させた[75]。ジュール・ミシュレは「民衆」の革命における役割に注目して、「民衆」をフランス革命の主役として取り扱っていた。アルベール・ソーブルはミシュレが「民衆」に対して明確な定義をせず、常に「国民」と混同してしまったと、批判した。ところが、ソーブル自身による「民衆」の定義も曖昧であった[76]。ただし、これらのフランス革命史研究に依拠して、「民衆」の特質をまとめることができる。すなわち、フランス革命における「民衆」とは、貴族階級と対立する下層階級の「本能の人であり素朴な人々」である[77]。また、彼らは様々な分子から構成され、階級意識に欠けるものの、「革命にエネルギーを提供しつづけ」ると理解された[78]。

　それでは、中国革命の文脈における「民衆」とはどのような主体を示しており、いかなる特徴を有するのだろうか。「下からの歴史」を描くことを目指す本書で「民衆」という時、上記のフランス革命史研究が用いる「民衆」と同じ特質を込める。その一方で、本書は「民衆」と政治勢力との相互関係に注目する。それゆえ、「民衆」という用語を基層社会において生活を営む人々、さらにはこれらの人々の自立的、自主的な側面を強調する表現として使用する。そして、中共などの政治勢力は、「民衆」を統合の対象と見なしている、民衆にとっては外的な存在と位置づけられる。

　なお、本書は主に都市を対象とするが、都市との比較対象として、農村の事例も触れる。ゆえに、史料を分析する際に史料用語のままの「農民」と表現しても、

「農民」も「民衆」に含まれ、「農民」に対する分析は「民衆」にも適用できることを断っておきたい。

　さらに、「大衆工作」「大衆動員」「大衆運動」の関係を規定しておく。「大衆工作」とは中共の民衆を対象とするあらゆる工作を指しており、「大衆動員」の他に、第3章で強調する平時態勢期の警察による治安工作や反共産党勢力の取り締まりなどを含めている。「大衆動員」については、金野純が定義している毛沢東時代の動員に着目する。すなわち「モノやヒトなどをある目的のために投入する過程と精神的覚醒と自発的行動のために働きかける過程が併存する複合的政治過程である」[79]。その中で、特に民衆の「精神的覚醒」や「自発的行動」という側面は、本書において党と民衆との関係を検討する際の注目点である。ただし、本書において、中共革命の諸段階の特徴を明らかにするために、「大衆動員」をさらに目的と役割別に「生産動員」と「政治動員」に分類する。具体的な使い分けは、例えば、第2章で論じる鉱工業労働者の間で生産を刺激するために技術を持っている労働者を労働模範として選んだことは「生産動員」と呼ぶ。第4章ではこれらの労働模範を抗米援朝や献納運動における党の宣伝工作に取り組ませたことを論じるが、これは「政治動員」に属す。「大衆運動」とは、今防人の言葉を借りれば、次のように定義付けられる。「多数の人々が同時に同じような方法で行動することをさし、その行動は一般に組織化されていない」、「多くの人々が画一的な生活条件、パーソナリティ、意見、感情などを共有するところから、かつての群衆行動とは異なり、一地点、一地域を超えた面的な広がりをもつ」という性格を有しており、「大衆操作を受けたり、非合理的な社会心理の放出に走る傾向」がある[80]。すなわち、中国革命における「大衆運動」は「大衆動員」によって、民衆が巻き込まれる集合行為である。本書では「大衆運動」とはとりわけ民衆の主体性を強調している。

「統合」

　1950年前後の中国革命は、中共は「反革命鎮圧」や抗米援朝運動などの「大衆動員」を通じて、基層民衆を統合しようとした過程とも言える。T.パーソンズは社会体系を維持するために、「同一の社会体系内の異なった行為者の価値志向は、何らかの仕方で、一つの共通な体系」へ導くこと、すなわち「統合」が最も重要であり、その中でも「価値志向を分かちもつ」ことが肝心であると述べた[81]。中共によ

る民衆統合は、その指導の下で、イデオロギーの共有によって、民衆の間で社会的連帯感を形成することが目指されたものである。そのため、本書における中共による民衆統合はT・パーソンズによる「統合」の解釈に共感する部分が多い。具体的には、第1章で明らかにするように東北の地域性と民衆の特徴が、中共による民衆統合を規定していたことが推測される。中共による民衆統合は「国民国家化」や「国民意識」の育成といった企図も内包していた。ただし、注意すべきは、中共のイデオロギーは単一のものではなく、革命の諸段階に即して、民衆統合の中身も一様ではなかったことである。それゆえ、本書では、中共の民衆統合が階級イデオロギーによる「階級統合」と国民イデオロギーによる「国民統合」という二重性を有していたことに留意したい。中共の政策は革命の諸段階において、強調する側面を異にしたが、つねにこの二重の側面の間で揺れ動いていたと考えられる。「階級統合」とは、すなわち、階級敵を排除して、残りの民衆の間で階級イデオロギーを共有し、統一的に階級的連帯感を作ることを意味する。これに対して、「国民統合」とは、日中戦争期の統一戦線と類似しており、主に民族主義に基づいて、一部分の階級敵も含め、国民イデオロギーを共有させ、より広範な民衆の統一をはかり、近代国家の国民を創出することを意味する。

「集合心性」

　しかし、中共による民衆統合はどこまで達成されたのか。前述した「精神的覚醒」や「自発的行動」について、何を手掛かりとしてその達成を評価すべきかとの問いに対しては、重要な分析概念として、「集合心性」を用いたい。これにより民衆の感情の内面にまで理解を広げることを目指す。フランス社会史家の二宮宏之によれば、心性とは、「人々のこころの、自覚されない隠れた領域から、感覚、感情、欲求、さらには、価値観、世界像に至るまでの、さまざまなレベルを包み込む広い概念」である[82]。人々は自覚する、あるいは自覚しないうちに、自らの心性に基づき行動すると考えられる。

　フランスの民衆運動を研究するG・ルフェーヴルは、革命の原因と結果との間に「集合心性の形成というファクターが介在しているのだ」と主張した[83]。フランス革命における、1789年のヴェルサイユへの進行、マコン地方の農民叛乱、および大恐怖の発生は、民衆が予め特権階層に反抗する自覚を持ち、革命のために

集結したのではない。民衆は単に食料の価額の高騰に抗議するため、あるいはご
く普通にミサの後に集まっただけに過ぎない。ただ民衆はこれらの無意識な「集
合体」の中で、お互いに「心的相互作用」を起こし、「集合心性」を形成した。そし
て、大恐怖のような野盗の来襲の知らせが契機として、無意識の「集合体」が急激
に革命的な「結集体」へ変容して革命的行動に出たとされる[84]。この考えに基づ
けば、様々な個人からなり、階級意識に欠ける「民衆が社会変革にむけての巨大な
エネルギーを発揮」[85]するためには、その前提として「集合心性」が形成されてい
ることが必要となるだろう。逆に支配者の観点に立てば、広範な民衆がある種の
「集合心性」に基づき、その指示・操作通りに行動すれば、支配が達成されたと見
なすことができる。

　では、「集合心性」はいかにして生成・強化させるのか。「集合心性」は必ず革
命を志向するものなのか、あるいは支配者のイデオロギーに共感するものなのか。
G・ルフェーヴルによれば、人と人の直接的な触れ合いを作り出すものは全て、集
合心性の強化に貢献するという[86]。そして、ミサ、共同作業、週市など、また「印
刷物、歌謡、演説などによるプロパガンダもまた、集合心性の形成に寄与しうる」
と理解されている[87]。これ対して、中国革命の文脈において特徴的なのは、中共
による大衆工作、とりわけその期間中に会議と集会が頻繁に開催されたことであ
る。本書が扱う事例では、「反動党団特登記」、鉱工業における生産競争、抗米援
朝運動、参軍運動、婚姻法の施行がこれに相当する。中共は絶え間なく大衆工作
を繰り返して、民衆の「集合心性」の生成と強化を図ったと言えるではなかろうか。
人々は絶えず接触することを通じて、ものの考え方・感じ方を共有しつつ、心性
の平準化すなわち「集合心性」を生成した。「集合心性」の拡大にともない、ます
ます多くの民衆は同じ行動を取る傾向を持つようになったように思えるのである。

　中共の大衆工作の下で、多くの民衆が行動に出たことは、一見すると、民衆が
中共の動員に応じたようである。しかし、その行動の背景にある「集合心性」の中
身は、中共イデオロギーの共有、あるいは民衆の政治的自覚であろうか。むしろ、
自身と家族の安全の確保や利益関係の重視など、民衆の伝統的思考様式が新たに
「集合心性」として強化されたのではなかろうか。本書では、当該時期の民衆の行
動を支えた「集合心性」の中身として、物質的利益・名誉に対する欲求、愛国情緒、
闘争される恐怖、および階級意識などを広く念頭に入れて、分析を加えたい。

「戦時態勢（期）」と「平時態勢（期）」

　本書では、基層社会における中共革命と民衆の実態を究明することを目的とするため、新民主主義と社会主義をもって、各時期を表すだけでなく、時期ごとの基層社会における緊張感や中共による支配の度合いといった特徴を反映する「戦時態勢（期）」と「平時態勢（期）」という表現を用いる。それぞれの具体的な内容については、後に詳細に分析する。

「中共革命」と中共の「革命原理」

　「中共革命」は本書の中で重要なキーワードの一つである。中共は革命の政党であり、政権を掌握する過程や政権を獲得してから、社会を再編して、民衆を統合する過程も「中共革命」に属している。ただし、中共革命の諸段階において、その革命の形式も一様ではなく、中共の「革命原理」と一致した時期もあれば、「革命原理」と矛盾した時期もあるのではなかろうか。「革命原理」は従来の農村革命研究に基づけば、中共が民衆を動員して武力闘争によって、伝統的な社会秩序を打破して、新たに中共が指導する社会秩序を建設する原理と言える[88]。例えば、土地改革での階級闘争が最も典型的な表現である。とはいえ、必ずしも階級闘争に限られるわけではなく、民族主義に基づいて、民衆が主体となって行った漢奸や悪覇に対する武力闘争も「革命原理」に含まれるだろう。

　本書では、中共革命の諸段階について、民衆を参加させたかどうか、参加させたとしたらどのような形で展開したのか、武力闘争を伴っていたかどうか、などの点に注目して、東北における中共革命の特徴や民衆の対応を分析する。

「階級」と「階層」

　「階級」とは周知のようにマルクスに定義された概念であり、本来的には近代イギリス産業社会に最も適合するモデルである。それはある種の社会の客観的な特徴ではなく、「構築性」を持つ押し付けられた知的カテゴリーに過ぎない[89]。それゆえ、「階級」という言葉は政治的意味が強い表現である。本書に即して述べれば、中共は元々存在した社会関係を破壊して、新たな社会秩序を作るために、民衆に対して、「農民」（自作農、小作人）と「地主」、「労働者」と「資本家」といった所属

26

階級を決め、階級の間の矛盾を掘り起こし、あるいは作り出して、「階級闘争」を発動した。「階級」とは対照的に「階層」には政治的意味が含まれておらず、職業などによって、知識人、学生、労働者、農民といった人々が所属する範疇を示す言葉である。つまり、「階級」＝「構築されたもの」に対して、「階層」＝「社会的事実」である。1945年から1951年までの東北においては、中共革命における敵と味方の区分は基本的に階級を基準としながらも、前述の「統合」の概念と類似して、とりわけ平時態勢期においては、厳密な階級区分が避けられた傾向があると考えられる。そして、本書では、時期によって階級別の検討よりは階層別による検討を通じて、大衆工作と民衆の反応の特徴を考察していきたい。

2) 研究方針

　本書の主として取り扱う時期は、1945年8月15日に満洲国が崩壊してから、1951年末に汚職・浪費・官僚主義に反対する「三反」運動を発動する直前までである。その理由の一つとしては、すでに述べたように、1949年の人民共和国の成立と1950年の朝鮮戦争の勃発との2つの大きな転換を迎えた中国において、基層社会変容の断絶性だけでなく、その連続性にも注目しながら、党と民衆の関係の変遷を究明するためである。以下に、東北を研究対象とする理由および研究方法と関連づけて、時期区分を検討する。

　まず、本書は以下の手順で議論を展開する。

　日中戦争後の東北において、中共は真っ先に進軍したが、その戦略は「大都市奪取」と「農村によって都市を包囲する」との間で揺れた。1945年12月に根拠地建設の方針を定めたが、本格的な農村根拠地建設を開始したのは1946年6月以降であった[90]。次いで、中共は「反奸清算」や「剿匪」を展開したが、徹底的な土地改革の実施は戦争において中共軍が攻勢へ転じてからの1947年10月であった[91]。なお、早期の広東における海陸豊ソヴィエト根拠地において、土地改革によらずとも、一定程度の軍隊の拡張ができ、それから発展が持続できた事例があることが解明されている[92]。これは農村の事例でありながらも東北の中共革命を考察する際にも、示唆的である。つまり、1945年8月から1948年11月に東北が解放されるまでの国共内戦の戦時態勢期において、中共はどのように勢力を拡張して、戦争に勝利したのか、党と民衆の緊密な関係を構築できたのかが問題となる。また、

これらの問題に対する考察によって、東北における中共は如何に民衆の支持を獲得しようとしたのか、結局民衆は広範に党を支持するようになったのか、さらに、党に対する民衆の広範な支持があったとしても、それは中共が勝利した要因なのか、結果であるのかという疑問を考え直す機会でもある[93]（主に第3章）。

1948年11月、瀋陽市と営口市の接収によって、東北全域を中共の統治下に収め、内戦において中共が勝利する大勢がほぼ固まった。それ以降、国共内戦の戦場は関内へ移り、東北は平和を迎えた。全国で最も重要な重工業基地として、東北の任務は関内の内戦を支援しながら、経済回復へ移行することであった。瀋陽を接収する際に、商工業の破壊や社会の混乱をさけるため、それまでの農村式の階級闘争を回避しつつ、比較的穏健な都市工作を展開したと考えられる。しかし、比較的闘争要素が少なかった1948年11月から1950年6月までの平時態勢期において、中共はどのように民衆統合を行ったのか、その限界について詳しく考察を加えていく（主に第3章）。

東北は上記の平時態勢期から2年も経ずに、1950年6月に朝鮮戦争の勃発を契機として、再び戦争に巻き込まれた。結論を先取りすると、外敵との戦争の背景は日中戦争と類似しており、東北においては激しい大衆運動が再開され、平時態勢期の党と民衆との緊密でない関係が、より緊張感をともなう関係に変化していった。この再度の戦時態勢期において、中共はいかに社会を引き締めていったのか、その過程において民衆の対応はいかなるものであったのか、などの問題を考察する必要がある（主に第4章）。

さらに、上記の戦時態勢期、平時態勢期、再度の戦時態勢期といった各段階での中共の大衆工作および党と民衆との関係を総合して、東北における革命の連続と変容を検討する。そして、上記の時期区分に対する分析の中で、さらに着目したいのは以下の点である。

まず、平時態勢期の社会秩序および党と民衆との関係の問題である。1948年から1950年までの東北は内戦の戦時秩序でもなく、1950年後の朝鮮戦争に対応する戦時秩序でもなかったためか、研究上の関心が集まらず、研究成果が限られており、未解明の事項が多く残されている。この約2年間は中国革命史においては短い期間であるが、平時態勢期における中共の革命原理と現実との矛盾が浮かび上がる時期であり、その後の社会主義への転換をも大きく規定する時期であったと

想定できる。

　また、繰り返しになるが、中国革命の連続と変容の問題がある。上述の東北における中共革命の諸段階の分析にとどまらず、中共は平時態勢期において国共内戦の戦時態勢期からいかなる問題を引き継ぎ、どのように民衆に対する統合を推進したのか。そして、いかに抗米援朝の戦時態勢期へつながるのか。また、再度の戦時態勢期では、どのように平時態勢期で形成された社会秩序を温存、あるいは変革したのか。さらに、これらの過程において、中共の政策に対する民衆の対応は不変的ではなく、民衆自身の特徴に規定される面を持っていたと考えられる。それゆえ、周囲の環境の変化にも影響された民衆の対応を描き出すことが必要である。これらの問題に対して、抗米援朝の参軍運動と 1950 年婚姻法の施行を通じて具体的に論じたい（主に第 5 章）。

　そして、本書の時期区分について、1951 年で区切ることには、2 つの理由がある。1 つには既述したように従来の新民主主義と社会主義といった時期区分が東北に当てはまるかどうかという問題がある。従来の研究では、1949 年から 1952 年までという区分が主流であり、「経済回復期」とも呼ばれている。なぜ 1952 年で線を引かれたのか。その大きな理由は、1949 年の人民共和国成立後、社会主義改造を基本的に完成するまでには 10 年か 15 年、もしくはさらに長い過渡期を必要とすると提起する「過渡期の総路線」が公布された。これにもかかわらず、1952 年に金融の国公営化や各種資本の国有化などの社会主義化へ急激に進んでいった[94]。しかし、新民主主義や社会主義といった概念にとらわれずに、基層社会や民衆の実態を考察することが本書の課題である。東北地域の現実に基づくならば、1950 年の抗米援朝運動によって、すでに経済回復を基調とする穏健な都市政策から再び社会を厳しく引き締める路線への転換の端緒は開かれていたと考えられる。その後 1951 年末からの「三反」運動および「五反」[95] 運動は、大衆運動が拡大した結果と見なすことができるだろう。それゆえ、1949 年から 1952 年という区分は東北の事例や基層社会の実態にはあてはめることができないように思われる。従って、本書では 1951 年で区切り、「平時態勢（期）」「戦時態勢（期）」という表現を用い、各時期の党と民衆の関係の実態を描きたい。また、関内の大部分の地域は内戦の戦時態勢から直接、朝鮮戦争の緊張感に対応する社会態勢の構築へと転じた。これと対照的に、東北では内戦の戦時態勢期を終え、2 年間の穏健な平時態勢期を挟

んでから、朝鮮戦争へ対応する戦時態勢期に入った。それゆえ、こうした東北地域固有の時期区分を適用した方が、より現実に即した理解が可能になるだろう。このように東北の 1948 年から 1950 年の約 2 年間は中共革命および党と民衆の関係を個別の地域社会と関連づけて理解するうえで貴重な事例であると思われる。そのため、本書では特に平時態勢期について慎重に実証研究を行う。

　もう 1 つの理由は、抗米援朝運動は 1951 年夏以降「愛国公約」や「反革命鎮圧」といった他の大衆運動へと重心を傾けていくが、実際に抗米援朝運動の期間と言えば、1950 年から 1953 年 7 月の停戦協定の調印までと考えられるため、本来は 1945 年から 1953 年までを通して考察することが望まれる。1951 年以降において、中共は「反革命鎮圧」、「三反」「五反」運動といった重要な大衆運動を相次いで発動した。これらの事象の究明は、中共による社会の組織化という課題にとって重要であり、さらに多くの研究が必要となる。しかし、著者の力不足もあり、それらの事象については今後の研究において委ねたいと考えている。

　さらに、本書の根本的な問題関心は党と民衆との関係にあるため、基層社会において中共が政策を実施する際に、民衆と直接にかかわる基層社会に注目して、民衆の反応を考察する。よって、中共の中高層による政策決定の政治過程を詳細に論じないことを予め断っておきたい。

第 4 節　史料について

　本書では、国家権力のマクロな視点と民衆のミクロな視点を合わせて、双方向的な分析を進めるため、日本側史料、中共側の公式史料と内部史料、国民党側史料、地方文史史料に加え、回顧録と口述史料も補足的に用いることにする。

　近年来、中国において檔案史料（公文書）の公開が厳しく制限されてきている。その制約を克服しながら、広く史料を収集したため、1945 年から 1951 年までの各時期によって、主に利用する史料が異なっている。檔案史料については、閲覧が厳しい状況にあるが、幾分かは利用できるものもある。例えば、瀋陽市檔案館檔案全宗 44 を用いる。これは教育部檔案であり、1948 年から 1951 年までの教育関係の一部を閲覧することができた。その中で、第 3 章で労働者教育の実態の解明につながるものがあり、第 4 章で議論する抗米援朝運動の中の社会問題に関する

序　章

内容も含まれている。

　本書の主要な史料は、新聞のジャンルでは『東北日報』である。『東北日報』は
1945年11月に瀋陽で創刊され、1954年に停刊した中共の機関紙である[96]。その
ため、本書の対象時期の1945年から1951年までの全体をカバーしている。東北
において中共革命の展開過程を一貫して考察するのに重要な史料である。さらに、
他の史料や聞き取り調査の口述史料と読み比べるのにも役立つ。しかし、中共の
機関紙という性格をもつため、常に中共の公式イデオロギーに捉われないように
史料批判を心がけたい。『東北日報』は中共の宣伝工作の重要な媒体であるため、
『東北日報』を通じて、各時期における中共が最も地域社会や民衆の注意を引きた
い問題や緊急の指示を知ることができる。その一方で、中共の指示に対する民衆
の反応、基層社会で起こった現象、および中共が最も批判したい、敏感な問題を
読み取ることもできる。『東北日報』は第2章から第5章までの各章で用いる。

　香港中文大学に所蔵される『内部参考』は本書のもう1つの中心的な史料である。
『内部参考』は1949年9月に創刊され、読者を中共内部の中高級幹部に限定して、
基層社会の情報を上へ伝達する重要な経路であった。『内部参考』は敏感な社会
問題を反映する秘密情報の特徴をもち、中央の政策を左右するほどの影響力を持
つと言われる[97]。今現在でも、中国大陸で公開されていないこともあり、『内部参
考』は中共の宣伝工作の媒体ではなく、基層社会の問題が如実に反映されている
重要な史料という性格が窺える。特に、激しく変動する1950年前後の国内外の環
境の中で、基層社会の対応を分析するのに有効である。これを主に第4章と第5
章で用いる。『内部参考』は『東北日報』、口述史料と対照しながら、当該時期の抗
米援朝運動と婚姻法の施行、および基層社会の実態を浮き彫りにするために極め
て重要な史料である。

　さらに、第4章で多用する『中華人民共和国史編年』について簡単に説明する。
『中華人民共和国史編年』は当代中国研究所による中共中央文件、国家法令、会議
内容、党と国家指導者の発言、電報などを収集した史料集である。大事記と類似
する性格を持っているが、より詳細に当該時期の党の政策を辿ることができる史
料である。史料の立場から見れば、中共側の史料であるが、本書においては抗米
援朝運動が展開する経緯や、婚姻法を実施する過程を追跡するために有効である。

　上記の史料以外に、各章で主に利用する史料は以下に示す。

31

第1章では、先行研究の整理を中心に、1945年までの東北社会と民衆の特徴を検討する。特に他の地域に見られない東北の特別な満洲国経験について、膨大な満洲国研究が蓄積されている。これらの研究を踏まえて、『満鉄調査月報』、『満洲評論』、『満洲共産匪の研究』といった当時の史料を用い、1945年以降に中共革命が展開する舞台を立体的に描き出す。

　第2章では、共産党と国民党が東北を争奪する際の戦略や根拠地建設の政策内容等が収録されている中共側の『中共中央文件選集』、および国民党側の『中華民国重要史料初編』を利用して、東北における共産党と国民党の勢力の消長を考察することができる。そのうえで、『東北日報』、中共の内部史料である『中共西満分局資料彙編（内部資料）』、および地方文史史料を加えて、本書が取り扱う第1の戦時態勢期において、各地方勢力の変遷および中共根拠地建設の実態と民衆の反応に迫る。

　第3章では、『東北日報』に加えて、平時態勢期における都市政策の特徴を窺える『城市的接管与社会改造―瀋陽巻』、1950年代の公安檔案が多く収録される内部発行の『営口市公安史長編（内部資料）』などを中心的に利用する。『営口市公安史長編（内部資料）』は特に中共が東北で政権を握ってから、実施した戸籍調査、反動党団特登記、反動会道門取り締まりなどに関する公安檔案を収録しているため、当該時期の中共による民衆統合および民衆の反応を細かく読み取ることができ、中共の公式見解と異なる当時の基層社会の実態を理解するのに有効である。さらに、瀋陽市檔案局の檔案史料などを加えて論証を行う。

　第4章では、『東北日報』、『内部参考』を中心に利用するが、『中華人民共和国史編年』、『抗美援朝専刊』は抗米援朝運動を展開する過程に細かく迫るものであり、『抗美援朝専刊』によって、抗米援朝の展開における基層社会の反応も垣間見える。また、1950年代に発行された『宣伝鼓動員手冊』（東北書店）は、宣伝員育成の問題だけではなく、東北における宣伝組織の変遷を反映する重要な史料である。そのうえに、檔案史料と口述史料を補足的に用い、抗米援朝運動が展開する過程において、発生した問題や、民衆の抵抗と服従の実態を解明するのに役立てることができる。

　第5章では、『東北日報』、『内部参考』、口述史料を中心とするが、『中華人民共和国史編年』などの史料も用い、抗米援朝時期における中共による徴兵の実態に

迫る。その一方で、1950 年に婚姻法を施行する過程について、『新中国婦女』など
の史料を加えて明らかにできる。以上の史料により、1950 年前後、中共革命の連
続と変容、中共のイデオロギーを浸透する特徴、党と民衆の関係などの問題を効
果的に分析することができる。

　最後に聞き取り調査の口述史料について説明を加える。著者は主に 2013 年か
ら 2015 年にかけて、東北の遼寧省で聞き取り調査を実施した。聞き取り調査の対
象は 10 人ほどであったが、本書の中で取り上げるのは、比較的有効である 70 代と
80 代の話者 7 人の口述内容である[98]。話者の詳細な情報はその都度に説明する。
深みのある話を語ってもらうために、多人数よりは限られた話者に対して数回に
わたって調査を実施する方法をとった。知人の紹介を介したため、ほとんどの話
者は 2 回目の調査から自由な気持ちで自分の経験を語ってくれるようになった。
口述史料の内容は満洲国の記憶から、「三反」「五反」運動まで幅の広いものである。

　本書の大きな関心は、中共が発動する革命の中での民衆のあり方、党と民衆と
の相互関係の歴史的動態であるため、当該時期の歴史を経験した人々の記憶は貴
重な史料である。ところで、1940 年代と 1950 年代の歴史を聞き取る場合は、話者
を 70 代、80 代以上に限定している。これらの話者は 1940 年代に生まれ、あるいは
当時 10 代前半である。そのため、本書の第 1、2 章の 1948 年以前の社会生活に関
する自己経験の記憶はないか明瞭でないものである。第 3 章の 1948 年から 1950
年までの内容においても、比較的内部史料と檔案史料の利用が可能であるため、
口述史料がなくても分析に支障がないと考えられる。その一方で、1950 年代初頭
の記憶は自己経験に基づいた可能性が高く、比較的記憶がはっきりしているため、
収集できた口述史料から第 4 章と第 5 章の抗米援朝運動、参軍運動、1950 年の婚姻
法の施行に関する記述を抽出して、文献史料と対照したり、補足したり、さらに
は口述史料独自の意義に注目しながら使用する。

　また、口述史料の性格として、同じ事象に対して、本人の経験によって多様な
記憶が形成されることに注意しなければならない。本書は普遍性やステレオタイ
プを追求せず、重層かつ多様である口述内容によってこそ、民衆による中共のイ
デオロギーに対する抵抗と服従を知ることができるという点にも留意したい。同
じ事象に関する多様な語り方に対する分析によって、特定の民衆意識の形成がい
かに中共のイデオロギーによって影響されたのかを明らかにすることも可能であ

り、国家権力と民衆意識の形成との相互関係に接近するのに有効な方法となり得る。

第5節　本書の構成

本書は序章、終章を除き、5つの章からなる。

第1章「東北地域の歴史（1945年まで）」では、明末清初まで遡って、前近代から近代化、さらに植民地化する過程において、東北で形成された政治的特徴、経済的特徴および移民社会の特徴を検討する。さらに、中国の華南と比較して、1945年までの東北における伝統的な社会的結合や民衆の帰属意識といった側面から、東北の特有の地域性を描き、1945年以降の中共革命の展開にどのような舞台を提供したのかを明らかにする。

第2章「国共内戦期、中共による戦時態勢の構築と東北社会（1948年まで）」では、日中戦争後の1945年から東北全土が中共の支配下に収められた1948年にかけて、東北における中共革命の展開を段階的に考察して、その特徴、および党と民衆の関係を解明する。東北の地域性、および国共内戦の戦局の推移を重視しながら、主に「反奸清算」運動、中共軍の拡張と被害、「剿匪」運動を手掛かりとして、中共軍はいかに急速に拡張できたのか、中共の勝利は民衆の支持によるものなのか、といった問題を明らかにする。

第3章「平時態勢期、中共による民衆統合（1948〜1950年）」では、1948年11月から1950年の朝鮮戦争までの平時態勢期における、中共による都市大衆工作、および党と民衆との関係に着目する。中共による平時態勢期の大衆工作の特徴、その中で党と民衆の関係の変化を明らかにし、平時態勢期における都市大衆工作は革命原理と矛盾する実態を浮き彫りにすることができると考えられる。

第4章「抗米援朝運動と再度の戦時態勢の構築（1950年から）」では、地域社会の特徴に基づき、抗米援朝運動の展開、および民衆の反応を分析する。それにより、抗米援朝運動の中で生じた問題を明らかにし、党と民衆の関係を解明する。さらに、民衆統合という側面に着目して、抗米援朝運動はどのような目的を達成できたのか、また歴史的にはどのような位置づけができるのかを考察する。

第5章「参軍運動と婚姻法施行に見る民衆の抵抗と服従」では、抗米援朝運動の

参軍運動と 1950 年婚姻法の施行の具体的な事例に対する分析を通じて、1948 年から 1951 年までの中共革命、民衆統合の特徴を連続的な視点を踏まえながら検討する。また、徴兵や婚姻法の施行は中共のイデオロギーを浸透させるためにどのような役割を果たしていたかに注目して論述する。それにより、国家権力と民衆とが相互に作用しながら、東北の社会全体において、朝鮮戦争を契機として、生産動員から政治動員へ転換して、平時態勢から再び激しい革命闘争が巻き起こされる動態について、より深く把握できるように努める。

〈注〉

1) マーク・セルデン（小林弘二・加々美光行訳）『延安革命—第三世界解放の原点—』筑摩書房、1976 年。

2) Cohen, Paul A. *Discovering History in China*.Columbia University Press, 1984.

3)「共同体」をめぐる議論は、第 2 次大戦中、満鉄が中国の華北地域を中心に行った中国農村慣行調査に基づく研究である。華北農村をモデルとして、共同体性に注目して中国の農村と日本の農村と比較しながら中国の社会像を論じている。「共同体」に関する代表的な研究成果は旗田巍『中国村落と共同体理論』（岩波書店、1973 年）、内山雅生『現代中国農村と「共同体」』（御茶の水書房、2003 年）などがあげられる。

4)「定期市」理論はスキナーが 1960 年代に四川省の農村をモデルとして、伝統中国の農村市場は常設市場ではなく、周期的に定期市を開くのであり、また、このような定期市場は包括範囲の大きさによって上位市場と下位市場など重層的であるとしたものである（Skinner,William G."*Marketing and Social Structure in Rural China*（Ⅰ）-（Ⅲ）"Journal of Asian Studies,Vol.XXIV,No Ⅰ- Ⅲ ,1964-5.）。このスキナーの「定期市」に対して安冨歩は詳細に分析しており、民衆の「定期市」の市場圏への所属は排他的であると指摘している（安冨歩「スキナー定期市論の再検討」安冨歩・深尾葉子編『「満洲」の成立』名古屋大学出版会、2009 年、462 頁）。つまり、「定期市」のような空間的経済システムは民衆の人間関係の範囲と帰属意識を規定していた。

5)「新民主主義論」中共中央文献編輯委員会『毛沢東選集第二巻』人民出版社、1991 年、692 頁。

6) 田中恭子『土地と権力—中国の農村革命—』名古屋大学出版会、1996 年。

7) 高橋伸夫『党と農民：中国農民革命の再検討』研文出版、2006 年。

8）山本真『近現代中国における社会と国家―福建省での革命、行政の制度化、戦時動員―』創土社、2016年、序章。

9）同前。

10）阿南友亮『中国革命と軍隊』慶應義塾大学出版会、2012年。

11）麦克法夸爾．R・費正清編（謝亮生他訳）『剣橋中華人民共和国史―革命的中国的興起1949-1965年―』中国社会科学出版社、1990年、84-85頁。

12）中国の二段階の革命はすなわち新民主主義革命と社会主義革命である。前者は中国の半植民地的・反封建的社会を変革して、新民主主義の社会を建設する革命である。後者は新民主主義の社会を変革して、社会主義の社会を建設する革命である。

13）奥村哲『中国の現代史―戦争と社会主義―』青木書店、1999年；久保亨編著『1949年前後の中国』汲古書院、2006年。

14）何智霖編『一九四九年―中国的関鍵年代学術討論会論文集―』国史館、2000年。

15）前掲『1949年前後の中国』4-5頁。

16）前掲『一九四九年―中国的関鍵年代学術討論会論文集―』、『1949年前後の中国』。

17）聶莉莉『劉堡―中国東北地方の宗族とその変容―』東京大学出版会、1992年。

18）鄭浩瀾『中国農村社会と革命』慶應義塾大学出版会、2009年。

19）前掲『近現代中国における社会と国家―福建省での革命、行政の制度化、戦時動員―』。

20）「経済回復期」とは、国共内戦後中共の政策が生産を回復することに傾けられていた時期であり、結果として、本当に生産力を回復したのか、どこまで戻したのかについてはまた別の検討が必要である。

21）詳しい内容は「中国人民政治協商会議共同綱領」に示されている（日本国際問題研究所・中国部会編『新中国史料集成第二巻』日本国際問題研究所、1964年、589-597頁）。

22）前掲『中国の現代史―戦争と社会主義―』115-116、126頁。

23）黄愛軍「新民主主義社会提前結束原因研究述論」『中共党史研究』2004年1期。

24）野沢豊・田中正俊編『中国近現代史7：中国革命の勝利』東京大学出版会、1978年、各論。

25）山極晃『東アジアと冷戦』三嶺書房、1994年；前掲『中国の現代史―戦争と社会主義―』。

26）前掲『中国の現代史―戦争と社会主義―』。

27）前掲『土地と権力―中国の農村革命―』。

28）同前　424頁。

29）荒武達郎「抗日戦争期中国共産党による地域支配の浸透―山東省莒南県―」『名古屋大学

東洋史研究報告』25、2001 年；「1850-1940 年山東省南部地域社会の地主と農民」『名古屋
大学東洋史研究報告』30、2006 年；「1944-1945 年山東省南部抗日根拠地における中国共産
党と地主」『徳島大学総合科学部人間社会文化研究』13、2006 年。

30）前掲『党と農民：中国農民革命の再検討』187 頁。

31）同前　137-138 頁。

32）笹川裕史「食糧の徴発からみた 1949 年革命の位置—四川省を素材にして—」前掲『1949
年前後の中国』。

33）角崎信也「食糧徴発と階級闘争—国共内戦期東北解放区を事例として—」高橋伸夫編著
『救国、動員、秩序』慶應義塾大学出版会、2010 年。

34）角崎信也「新兵動員と土地改革—国共内戦期東北解放区を事例として—」『近きに在り
て』57、2010 年。

35）前掲『中国革命と軍隊』。

36）黄道炫「改革開放以来的中国革命史研究及趨向」『史学月刊』2012 年 3 期；黄立豊「近二
十年来社会動員問題研究的回顧与思考」『中共寧波市委党校学報』2013 年 2 期。

37）郭徳宏『中国近現代農民土地問題研究』青島出版社、1993 年。

38）王友明「論老解放区的軍事動員」『軍事歴史研究』2005 年 4 期。

39）黄琨「中国共産党土地革命的政策与実践（1927 ～ 1929）」『長白学刊』2006 年 4 期；『革
命与郷村—从暴動到郷村割拠 1927 ～ 1929—』上海社会科学院出版社、2006 年。

40）行龍編『回望集団化—山西農村社会研究—』商務印書館、2014 年。

41）ピーター・バーク（佐藤公彦訳）『歴史学と社会理論第二版』慶應義塾大学出版会、2009 年、
139 頁。

42）前掲『中国村落と共同体理論』、『現代中国農村と「共同体」』。

43）孫江『近代中国の革命と秘密結社—中国革命の社会史的研究（一八九五～一九五五）—』
汲古書院、2007 年。

44）前掲『近現代中国における社会と国家—福建省での革命、行政の制度化、戦時動員—』
387-390、398-401 頁。

45）前掲『中国革命と軍隊』。

46）何朝銀『革命与血縁、地縁：由糾葛到解消—以江西石城為個案—』中国社会科学出版社、
2009 年。

47）黄琨「中共暴動中的宗族組織」『史学月刊』2005 年 8 期。

48）傅高義（高申鵬訳）『共産主義下的広州――一個省会的規劃与政治（1949-1968）―』広東人民出版社、2008 年、38 頁。

49）小林弘二『中国革命と都市の解放』有斐閣、1974 年、81 頁。

50）西村成雄『中国近代東北地域史研究』法律文化社、1984 年。

51）Levine, Steven I. *Anvil of Victory:The Communist Revolution in Manchuria,1945-1948*. Columbia University Press. 1987.

52）王立新「解放戦争時期中共東北基層政権建設研究」吉林大学博士論文、2012 年。

53）塚瀬進「国共内戦期、東北解放区における中国共産党の財政経済政策」『長野大学紀要』23（3）、2001 年。

54）朱建華『東北解放戦争史』黒竜江人民出版社、1987 年。

55）大沢武彦「内戦期、中国共産党による都市基層社会の統合―哈爾賓を中心として―」『史学雑誌』111（6）、2002 年；「戦後内戦における中国共産党統治下の大衆運動と都市商工業―東北解放区を中心として―」『中国研究月報』58（5）、2004 年。

56）街政権とは、中共が東北を占領してから建設した都市の基層政権であり、区政権の下に街政権、そして居民組、地域によって閭（例えば哈爾賓市）という構図であった。街政権は直接に民衆を動員、組織する中共の末端政権である。

57）前掲「内戦期、中国共産党による都市基層社会の統合―哈爾賓を中心として―」。

58）後の本書の第 2 章で検討する。

59）当該時期の農村研究は、主に農業集団化に関する問題に関心が集まっている、例えば小林弘二『二〇世紀の農村革命と共産主義運動』勁草書房、1997 年；弗里曼、畢克偉、賽爾登（陶鶴山訳）『中国郷村、社会主義国家』社会科学文献出版、2002 年；前掲『回望集団化―山西農村社会研究―』などがある。ここでは詳細な紹介を省略する。

60）前掲『共産主義下的広州――一個省会的規劃与政治（1949-1968）―』。

61）同前　第二章。

62）同前　82 頁。

63）前掲『中国革命と都市の解放』。

64）Lieberthal,Kenneth G. *Revolution and Tradition in Tientsin,1949-1952*.Stanford University Press. 1980.Conclusion.

65）同前。

66）小林一美「中国社会主義政権の出発―「鎮圧反革命運動」の地平―」神奈川大学中国語学

科編『中国民衆史への視座—新シノロジー・歴史篇—』東方書店、1998 年、252 頁。

67) 泉谷陽子『中国建国初期の政治と経済—大衆運動と社会主義体制—』御茶の水書房、2007 年。

68) 金野純『中国社会と大衆動員—毛沢東時代の政治権力と民衆—』御茶の水書房、2008 年、10 頁。

69) ブローデルは大きな歴史の出来事を「歴史の潮がその強力な運動によって引き起こす表面の動揺」として解説している。すなわち「表面の動揺」の下にある「潮」が重要である（フェルナン・ブローデル（浜名優美訳）『地中海 I』藤原書店、1991 年、22 頁）。そして、本書においては地域社会の特徴と民衆の心性を検討することが中共革命史を解明するカギである。。

70) 日本上海史研究会編『近きに在りて—第 50 号上海史特集—』汲古書院、2006 年 ;『建国前後の上海』研文出版、2009 年。

71) 澁谷由里『「漢奸」と英雄の満洲』講談社、2008 年、176 頁。

72) 塚瀬進「満洲の歴史継承性から見た二〇世紀満洲」加藤聖文・田畑光永・松重充浩編『挑戦する満洲研究—地域・民族・時間—』東方書店、2015 年、42 頁。

73) 南満洲鉄道株式会社地方部商工課編『満洲商工事情概要』南満洲鉄道株式会社東京支社蔵版、1932 年、2 頁。

74) 中国基層社会史研究会編『東アジア史の比較・関連からみた中華人民共和国成立初期の国家・基層社会の構造的変動』汲古書院、2013 年、3 頁 ; 奥村哲編著『変革期の基層社会—総力戦と中国・日本—』創土社、2013 年、7 頁。

75) ジュール・ミシュレによる 1846 年の『民衆』（大野一道訳、みすず書房、1977 年）、1847-1853 年の『フランス革命史（上下）』（桑原武夫、樋口謹一、多田道太郎訳、中公文庫、2006 年）が代表的である。

76) アルベール・ソブール（井上幸治監訳、小井高志、武本竹生訳)『フランス革命と民衆』新評論、1983 年。

77) 前掲『フランス革命史（上下）』170、323-325 頁。

78) 前掲『フランス革命と民衆』19、313-314 頁。

79) 前掲『中国社会と大衆動員—毛沢東時代の政治権力と民衆—』15 頁。

80) 今防人「大衆運動」森岡清美・塩原勉・本間康平編『新社会学辞典』有斐閣、1993 年、941 頁。

81）T・パーソンズ、E・A・シルス編著（永井道雄・作田啓一・橋本真訳）『行為の相互理論をめざして』日本評論社、1960 年、39 頁。

82）二宮宏之『二宮宏之著作集 2』岩波書店、2011 年、102 頁。

83）G・ルフェーヴル（二宮宏之訳）『革命的群衆』創文社歴史学叢書、1982 年、8-9 頁。

84）同前。

85）高橋明善「民衆」前掲『新社会学辞典』1397 頁。

86）前掲『革命的群衆』43 頁。

87）同前 27 頁。

88）前掲『土地と権力─中国の農村革命─』、『革命与郷村─从暴動到郷村割拠 1927 ～ 1929 ─』など、研究の視角が異なり、中共革命史観を相対化しつつあるが、この 2 人の研究者が提示する中共革命の事例はいずれも、土地改革すなわち農村の武装闘争という「革命原理」のモデルに属している。

89）前掲『歴史学と社会理論第二版』（88-93 頁、257-263 頁）においては、マルクスとウェーバー、およびその他の「階級」に関する社会理論を整理している。

90）丸山鋼二「中国共産党「満州戦略」の第一次転換─満州における「大都市奪取」戦略の復活─」『アジア研究』39（1）、1992 年。

91）前掲『東北解放戦争史』94-106 頁。

92）前掲『中国革命と軍隊』。

93）前掲『党と農民：中国農民革命の再検討』（189 頁）において、これらの問題が提起されたが、これに十分答え得る研究成果は管見の限り見当たらなかった。

94）前掲『中国の現代史─戦争と社会主義─』126-127 頁。

95）「五反」運動とは、1952 年 1 月から 1952 年 6 月にかけて、贈賄・脱税・国家資材の横領・手抜きと材料のごまかし・経済情報の盗み取りに反対する運動である。

96）最近の『東北日報』に関する研究は梅村卓『中国共産党のメディアとプロパガンダ』（御茶の水書房、2015 年）を参照されたい。

97）『内部参考』を対象とする研究は、台湾の黄正楷『1950 年代中共新華社『内部参考』的功能与転変』（国立政治大学東亜研究所修士論文、2006 年）を参照されたい。

98）史料参考文献の口述史料を参照されたい。

第1章

東北地域の歴史（1945年まで）

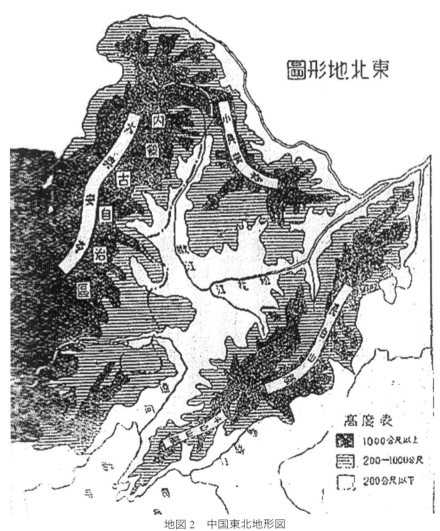

地図2　中国東北地形図
出所：林朋編著『新東北紹介』東北人民出版社、1951年、74頁。

はじめに

　本章では満洲国が崩壊するまでの東北における政治・経済的特徴、移民社会が持つ特性を概観して、中共革命が展開する以前に、東北がどのような社会であったのかを明らかにする。

　中国の東北という地方は、ロシアと朝鮮に隣接して、大小興安嶺、長白山系と内モンゴル草原に囲まれて、中央には広大な平原が広がり、北部と東部は森林、南部は耕地、西部は草原である。四季ははっきりしているが、「春と秋とは短く、冬は約5カ月続き、そのうち4カ月間は川も池も皆固く結氷する」[1]と言われるように、特に冬が寒く、北上すればするほど冬が長くなり、畑でも、川でもすべて凍結して道路になる。

　歴史上、東北は非定住・非農耕民であるツングース系民族やモンゴル系民族が主に生活していた土地である。そのため、漢民族により区別され、東北は「関外」あるいは「塞外」と呼ばれており、万里の長城、山海関と嘉峪関に囲まれた主な漢民族の居住地（もちろん他民族も居住している）である「関内」と対置される。

　日中戦争後、中共革命が展開した舞台としての東北は、いかなる特徴を持ち、関内と比較して、どのような特殊性が形成されたのかについて、本章では東北が近代へ向かう歴史の中で概観していく。第1節では、1931年満洲事変までに形成された東北地域の政治的特徴、経済的特徴、および移民社会の特徴を明らかにする。第2節では、満洲国の樹立後、東北の政治、経済が関内と切り離されたことに注目し、満洲国時期における保甲制度の変遷、協和会の変容に対する考察を通じて、満洲国による民衆支配の特徴を明らかにする。さらに、鉱工業の「特殊工人」を考察して、満洲国の都市労働者の特徴を描き出す。第3節では、華北などの関内地域と比較しながら、社会の結合力に着目して、東北は他の地域と共通する部分がありながらも、特殊性も存在したことを明らかにする。

第1節　満洲事変までの東北社会

1）政治支配の特徴

明代以前、東北では、諸遊牧民族による激しい政権の交替が見られ、高句麗（ツ

ングース系）、渤海（ツングース系）、遼（モンゴル系）、金（ツングース系）、元（モンゴル系）などがこの地の諸勢力を支配してきた。ところが、近代的な政治理念における地域支配と異なり、これらの諸民族の支配原理は空間を面として支配するというより、「属人的」に人々を支配するといったほうがふさわしい。

　明朝は支配権力を東北に伸長して、遼東に軍事拠点を置いた。ただし、その管轄範囲は遼東に限定され、主に遼河の東側、現在の遼寧省の南部、遼東半島とほぼ重なっている。遼東以外の広大な地区では依然としてモンゴルや女真といった民族の勢力が強かった。明朝の東北に対する実質的な支配は、遼東の軍事的管轄に限定され、民政は遂行できていなかった[2]。15世紀以降、モンゴル人が遼東への侵攻を繰り返していたため、明朝は防衛のため、1443年（正統八年）に山海関から開原に至る遼東辺墻を築いた。そこから、東北において、初めて統治者による統治領域の輪郭が形成された[3]。

　16世紀に入り、東北において、明朝の軍事力が低下した結果、各民族は相互に対抗する状態となった。そうした中で、女真のヌルハチが台頭して、異なる民族や集団を征服するにつれて、諸集団の移住と八旗の編成によって新たな集団を作り上げ、自らの勢力を拡大した。1616年にヌルハチは女真の統一国家として後金を建て、1621年に遼東を占領した[4]。ヌルハチを継いだホンタイジは1635年に女真という名称を「満洲」へ改称して、1636年に皇帝に即位し、国号を「大清」に改めた[5]。

　1644年に明朝は滅亡して、清朝は北京へ遷都したが、東北は清朝の発祥地として、引き続いて重要視された。清朝が東北に設置した統治機構は関内の州県制と異なっており、例えば、盛京に盛京将軍をトップとした旗人管理機構と奉天府府尹をトップとした民人[6]管轄機構、戸・礼・兵・刑・工の「盛京五部」、北京内務府の支部である「盛京内務府」を置いた。いわば「旗民分治」であった。しかも、1653年に遼東招民開墾例（以下「招墾例」）が出されて、関内の移民を招致する姿勢をとっても、柳条辺墻を設けて旗界と民界を区別するように努力した。さらに、1667年に旗人の生計や利益を保護するために、「招墾例」が廃止され、長らく封禁時代に入った[7]。

　しかし、19世紀後半、2回のアヘン戦争をへて、外国との関係の中で、自発的ではないが、清朝はアムール川、ウスリー川、図們江、鴨緑江を国境として認識し始めた[8]。また、関内の太平天国の乱、東北での旗人と民人との関係の悪化、ロシア

の東北への進出など、東北をめぐる内外の情勢は緊張を増した。清朝は次第に、旗人と民人との関係の調整や、ロシア勢力に対抗するため、「旗民分治」を放棄して、移民の解禁を余儀なくされた[9]。清朝の移民政策は、東北の社会変容に対して重要であり、後に詳しく検討する。1907 年に清朝はすでに権限が縮小していた盛京将軍、吉林将軍、黒竜江将軍を廃止して、奉天省、吉林省、黒竜江省の東三省を設立した。州県制の拡大、郷約と保甲の設置、警察機構の導入が見られた。郷約と保甲は官側の民衆支配の補完機能を担っていたとされる[10]。その一方で、地方においては、有力者が台頭して、郷団、保険隊、「地主」[11]が形成された。その中で、郷団と保険隊は戦乱の中で形成された民間の自衛組織であり、政治勢力と協力する集団もあれば、それと対抗する集団もあった。前者は警察などに再編され、後者は清朝に「匪賊」「馬賊」と呼ばれていた[12]。張作霖や袁金鎧といった人物は保険隊や郷団の出身であった。そして、地主は本来の官地の管理役の荘頭であった。清朝末期、財政問題を解決するために、官地や旗地の払い下げを行い、荘頭という地方有力者が地主となり、末端社会に対する支配が清朝に公認されたと指摘されている[13]。こうして、19 世紀後半から清朝には近代国家の国境という属性が持ち込まれながら、清朝は統治力を末端社会へ浸透させようと試みた。

　20 世紀から、ロシアと日本の東北に対する侵略が強められたため、民衆の反発が強くなった。さらに関内の革命の風潮に影響され、東北においても革命情勢が形成された。張作霖はこうした背景の中で出世を果たした。張作霖は保険隊を率いて、1902 年に清朝に帰順して、1911 年に革命を鎮圧するため奉天省の警備を任された。1912 年に中華民国が成立し、袁世凱が臨時大総統に就任したが、強大化しつつあった張作霖は奉天の権力をめぐって、袁世凱と対抗しながら、日本と関係を結ぶことを志向した。1916 年に袁世凱が死去すると、張作霖は奉天省の支配権を獲得し、1919 年に東北全土を勢力下に置いた[14]。張作霖統治下の東北の政治的特徴として、支配の中枢は省にあったとされる。東北の三省はいずれも独立して、各自の軍隊も保持していた。張作霖は自ら奉天省を直接に支配しながら、吉林省と黒竜江省を間接的に支配しており、省レベル以下の行政単位に対して、大幅な自治が認められた（「連省自治」）。このような支配をなし得た要因は、その強大な軍事力にあった。その軍事力を拡大できた手段は、東北の大豆取引を通じての民衆に対する収奪であったと指摘されている[15]。その経済構造については、

第 1 章　東北地域の歴史（1945 年まで）

次項で詳細に述べる。

　1928 年に張作霖は爆弾による事件の犠牲となり、張学良は東北易幟（国民政府に帰順して、抗日の立場をとること）を宣言して、東北の支配を維持しようとした。しかし、その後の満鉄包囲線や葫蘆島の港の建設は、明らかに日本の権益を侵したため、1931 年に満洲事変が勃発して、1932 年に満洲国が成立するに至った。

2）社会経済の特徴

　1644 年清朝の入関以降、東北の人口が激減して人家がまばらとなり、土地が荒れ果てていた。そこで、清朝は招墾例を公布し、関内から開墾移民を招致する政策をとった。その後、封禁政策が実施されたが、ロシア勢力の進入、鉄道の建設、清政府の財政困難といった情勢の中で、封禁が放棄され、農業は東北の主産業となるまでに発展した。1858 年の天津条約により営口が開港されてから、東北の経済は世界市場に影響され始めた。1900 年前後の鉄道の建設は東北の社会経済にさらに大きな変容をもたらした[16]。鉄道の発展によって、関内から労働力の流入が急増して、東北の農業生産を加速させた。また、満州里からウラジオストック、哈爾賓から大連、更に関内まで鉄道でつながるようになり、東北からヨーロッパ、日本、関内への農産物の大量の輸出が可能になった。20 世紀に入り、鉄道網の形成によって、東北は完全に世界市場に巻き込まれ、商業的農業をはじめとして、経済が著しい発展を遂げた。そこで、以下に流通ルートと商人の特徴を中心に概観する。

　まず、東北はモンゴル草原と隣接するため、モンゴルの豊富な馬資源を利用できる。さらに、冬になると大地が凍結するという特徴を生かして、古くから馬車による輸送システムが形成された[17]。農民は馬車を利用して、直接商業中心地の県城まで行き、取引を行うことが可能であった。いわゆる「県城経済」[18]である。鉄道網が形成されると、「県城経済」の特徴を一層深め、その馬車システムは鉄道に連結して、鉄道を軸とする樹状の「県城経済」が形成された。こうした東北経済の特徴について、安冨歩らはスキナーによる四川モデルと華北農村の定期市網の経済構造と比較しながら、東北における定期市の希薄性を指摘し、経済の県城一極集中という特徴を主張している[19]。すなわち、東北においては、四川と華北の農村で形成された定期市のような市場圏および「県城の定期市―中間規模の定期市―小規模の定期市」という重層構造が不在あるいは希薄であった。そのため、

45

農民の横のつながりが弱いと考えられる。また、物資の流通には「港湾都市―大都市―県城―農村」というルートが存在しており、人口・資源、経済活動が県城などの商業中心地に集中していた[20]。商業経済の発展に従い、県城などの商業中心地の都市機能が発達して、農村に対する掌握力が高く、商人の農民に対する影響力が相対的に強かったと言える。こうした経済的特徴は張作霖政権や日本の東北支配に有利な条件を提供したと指摘されている[21]。

すでに述べたように、張作霖は強大な軍事力により、東北を支配していた。その軍事力の維持と拡大が可能となった要件は、上述の東北の「県城経済」であった。東北の気候は冬が寒くて長いため、殆どの農民は冬になると馬車を駆って県城まで行って、糧桟と呼ばれる穀物問屋（金融機関の機能も備える）に直接的に大豆などの農産品を売却して、一年の生活費を稼ぎ、生活必需品を県城で購入した。しかし、このようにして順調に生活を維持できる農民は少なく、糧桟からの前借りで、一年の生活をまかなう農民が多かった。そして、翌年借金返済のために糧桟に大豆を買いたたかれた。農民はさらなる借金を必要とする悪循環が形成されたという[22]。このように農民は都市商人と緊密にかかわり、強く糧桟に依存していたことが分かる。

張作霖政権は各省に中央銀行を設立し、銀行に所属する糧桟を設置したことで、上記の大豆取引の経路を掌握するようになった。大豆を安く買いたたき、紙幣を発行してインフレを起こして、農民に対して持続的に収奪し、莫大な利益を得て、軍事力を拡張したのである[23]。県城一極集中型の「県城経済」に基づいて、張作霖政権は大豆流通の最終段階（県城まで）を掌握した。これによって、農村に対する支配も強め、政治基盤を強固にすることができた。かくして、東北においては、省レベル以下は自治（「連省自治」）であった政治構造にもかかわらず、特有の経済構造により省と省以下の行政単位が緊密に結びついていた[24]。このように県城一極集中型の「県城経済」は統治者の政治支配を補完する機能を有しており、支配者にとって政策や指示を浸透させやすい側面があったと言える。

次に、経済界と政治勢力との関係も注目に値する。上記の経済構造に基づいて、経済の拡大につれ、必然的に経済活動の中核に位置する商人たちの力が増大した。そして、張作霖のような支配者は権力を維持するために、これらの商人と接近したり、自ら商人になったりして、政治勢力と商人の一体化を図った[25]。上田貴子

第 1 章　東北地域の歴史 (1945 年まで)

は 1920 年代から東三省銀行という政権主導下の金融機構の経営者や、政権と深く関係を持つ人物が奉天商会の指導者層になったことを検証している[26]。そして、経済界に対して、政治勢力の影響力が拡大していったと主張している。結果的に同郷の人的ネットワークが強い中国の伝統的商業の特徴に対して、東北の経済界の背後に存在していたのは「権力による上意下達が重視される社会」であったと指摘されている[27]。

　以上の経済構造があったため、東北は支配者の権力が県レベル以下に浸透しやすい特性を持っていた。その一方で、政治権力に大きく影響される経済活動に巻き込まれた民衆にとっては、支配者の権力が比較的身近に存在し、自らの生活が容易に政治権力に介入されることになった。

3) 移民社会の特徴

　明朝から漢民族の統治は東北の遼河流域に入り、遼東辺墻が築かれた。清朝に至って、「旗民分治」もあり、柳条辺墻が構築され、東部は満洲人、西部はモンゴル人、南部は漢人と明確に規定された[28]。こうした生活空間を明確にした地域秩序は関内から移民の増加によって、次第に変わっていった。漢人の移住は絶えることはなかったが、その規模は清朝の移民政策に大きく左右された。東北への漢人の流入は 3 つの段階に分けられる。すなわち、初期の (1653-1667 年) 招墾例による移民の段階、中期の (1669-1860 年) 漢人の流入を厳しく取り締まる封禁の段階、後期の (1861 年-) 土地の払い下げと招墾の行われた解禁の段階である[29]。

　まず、初期の移民の段階は、明清交代期の戦いおよび 1644 年清朝の入関によって、遼河流域の空白地化に対応するため、1653 年に招墾が実施された。招墾例の重要な内容としては、一定数の移民を招いた移民のリーダーに官位を授け、同時に様々な補助をするというものがあった[30]。この時期の移民先は、主に遼東に限定されており、前述の柳条辺墻の辺内、現在の遼寧省に相当する場所である (辺外は現在の黒竜江省と吉林省に相当する)。その中で、先行研究は遼陽と海城の労働力の増加は最も著しかったと論じている[31]。清朝は従来の生活区間の秩序を積極的に守り、「旗民分治」に努めていたことが分かる。ところが、14 年後の 1667 年に招墾例が廃止された。廃止の理由については、研究者の間でも説が一様ではない。各説を要約すれば、招墾例は効果が見られ、それ以上移民に頼らなくても、

47

人口の増加や農業生産の発展ができたこと[32]、招墾例による移民のリーダーに官職を授与することによって、官僚秩序の混乱を招いたこと[33]、満洲族の生活空間、満人の生計を維持すること[34]、などの諸要素が挙げられている。

　そして、中期の封禁の段階である。封禁とはいえ、完全な移民の禁止ではなく、手続きに従えば東北へ入ることが可能であった。しかし、吉林省と黒竜江省（辺外）への移民の流入は依然として厳しく制限していた。また、時期によって、その政策は弛んだり、厳しくなったりしている。全体的に見れば、康煕年間は移民に対する制限が弛緩しており、乾隆以降はだんだん厳格に取り締まっていった[35]。しかも、長い封禁の歴史の中で、当該時期の社会状況により一時的に解禁されることもしばしば見られた。例えば、乾隆8年（1743年）天津などの地域の旱魃、乾隆57年（1792年）山東の旱魃、嘉慶8年（1801年）関内の災害に対応して、一時的に解禁していた[36]。そのため、封禁政策の最中にもかかわらず、1776年に奉天地区の移民は約90万人、吉林地区は約30万人、黒竜江地区は約11万人、封禁条件下に東北への移民は合計131万人ほどであったとも言われる[37]。

　1860年から、解禁の段階に入った。19世紀後半、ロシアの東北への進出や関内の太平天国の乱といった内外情勢に対応したため、清朝は「旗民分治」と移民の封禁の放棄を余儀なくされた。この時期の移民の特徴は、ロシアに対抗するためもあり、従来の移民先は主に南満の奉天地区であったのに対して、北満の吉林と黒竜江も移民先として重視されたことである。黒竜江省の人口は19世紀末までにはおよそ100万人であったが、清末までには約300万人まで増加したとされる[38]。この時期の招墾政策は、官地・旗地の払い下げ、免税、奨励といった特徴があった。こうした政策は関内からの人口の流入を促した。清朝の旗人を保護する制度は総崩れとなり、民人人口は旗人人口を大きく上回り[39]、東北における多民族雑居の社会秩序が形成された。また、鉄道の敷設によって、人口の流入はさらに加速され、鉄道に沿う商業中心地に人口が集中して、大都市が形成された。その代表的な都市は哈爾賓、長春、大連である。本来東北の政治・経済の中心であった奉天は、鉄道網のハブともなったため、都市機能は更に拡大した。これらの都市に対して、従来の主要な港であった営口の機能は低下していった[40]。

　本節では、満洲事変以前、東北地域の政治的特徴、経済的特徴、および移民社会的特徴を概観してきた。まず政治的側面において、中華思想による帝国的支配の

第 1 章　東北地域の歴史（1945 年まで）

背景の中で、明朝から曖昧な領域概念が形成され始めた。清朝に入ると、19 世紀後半には近代国家の支配領域の概念が更に明確に認識された。その一方で、近代国家的な地域社会に対する支配が早くも試みられた。経済的側面においては、漢民族の歴史が浅いため、県レベル以下ではスキナーが提唱した重層的定期市の分布が希薄であり、樹状の県城経済が特徴的であった。張作霖統治期に当たって、県城経済の中枢を掌握した政治勢力が都市の商人と深く関わっていたことによって、民衆を効果的に掌握できた。結局、支配者の権力が個々の民衆へ浸透しやすい社会秩序が形成されており、民衆が政治情勢や支配者に対して相対的に敏感であった [41]。さらに、移民社会の側面において、東北における漢民族の移植は北上すればするほど遅くなり、多民族雑居の社会が形成された。

第 2 節　満洲国時期の東北社会

満洲国時期の鉄道網と都市の発達（地図 3）、および社会統制をへて、東北の移民社会の特徴や支配者の権力が個々民衆へ浸透しやすい社会秩序がさらに補強されると考えられる。

1）地方支配―保甲制度

張作霖の死後、張学良による東北易幟の選択、さらに鉄道の建設などは日本の東北における権益を侵すものであった。このような背景の下、1931 年に満洲事変が起こり、1932 年には満洲国が建国された。こうして東北は中国の他の地域と異なる道を歩んでいくこととなった。では、満洲国はいかに地方を統治しようとしたか、どこまで遂行できたのだろうか。ここでは、満洲国の地方支配の特徴について、保甲制度（後に街村制へ移行された）を中心に概観していく。

満洲国の統治機関の特徴について、一般に総務庁中心主義と関東軍の「内面指導」としてまとめられている [42]。つまり、鄭孝胥、張景恵がトップとなった国務院は実権を持たず、日本人が重要なポストに勤めた総務庁は満洲国の中枢の統治権力を持っていた。また、関東軍の「内面指導」も満洲国の統治を動かすことができ、戦局の変遷につれ、関東軍の権力は総務庁を上回るほどに拡張したこともあった。さらに、満洲国の統治機関のもう 1 つの特徴は、議会に相当する機関が

49

地図 3　1945 年満洲国鉄道と主要都市
出所：『満鉄四十年史』「南満洲鉄道所管鉄道図」に基づき作成。

存在しなかったことであり、国民の政治参加[43]を拒絶したと指摘されている[44]。
　満洲国の地方支配においては、建国当初は地方有力者に頼るものであったが、間もなく、省長は親日的人物にとって代わられ、各省公署に日本人官吏が配置さ

50

第 1 章　東北地域の歴史 (1945 年まで)

れた。1930 年代後半、県長人事への介入も強め、日本人は県長を務めることが多くなった。さらに、県以下のレベルにおける旧支配層の人事を改めようとしたが、それほどの人材を持たず、実現できなかった[45]。このような満洲国の支配は、省レベルで強いが、県になると弱くなり、県以下は行政力が浸透できない状況であった。そこで「満洲国による地方支配の礎石」[46]とも言われる満洲国の保甲制度は極めて重要な役割を担った。

　満洲から馬賊を根絶する方針の下に掃匪工作および招撫工作を進めているが、〔中略〕さらに恒久的対策を樹立すべく中央治安維持委員会が中心となって種々対案を考究した結果、清朝時代の旧制度たる満洲および支那〔満洲国以外の中国、主に関内地域―引用者〕の独特の保甲制度の長所を採り、目下民政部当局をして保甲令起案を行わしめている。〔中略〕保甲令は自治的細胞組織を指導および取り締まるための法令であって、良民の生活を脅かす外匪を防衛せしむる一方、対内的にも所属団体より匪賊あるいは犯罪者を出せる場合は連座法を適用し責任者を処罰しもって安寧秩序を維持せるものである[47]。

　上記から、保甲制度が実施される背景は、反日勢力を根絶するためであったことが分かる。満洲国の建国初期、地方支配の最大の課題は、反日勢力を鎮圧して、治安を維持することであった。満洲国の治安工作について、建国から 1933 年 10 月までは、関東軍が主導した武力討伐、いわば治標工作が重点的に行われた。1933 年 10 月から、治安工作の主力が関東軍から警察と満洲国国軍へ移行し、武力討伐と政治工作を併用するようになった[48]。政治工作は治本工作と宣撫工作の 2 つに区分された。保甲制度の実施は治本工作の中心であった。宣撫工作については、協和会を中心に次項で論じる。

　1933 年 6 月、「国政の重点を治安第一主義とし、部隊の分散配置による徹底的掃匪を実施するために軍官民一致協力の態勢が必要である」[49]と関東軍が提唱して、「〔反日勢力に対して――引用者〕治標、治本、宣撫三工作の緊密にして強力なる統一的統制指導連絡機関」[50]――治安維持会――を設立した。直ちに「軍官民一致」の態勢を構築するために、治安維持会が保甲法の制定に着手して、12 月に「暫行保

51

甲法」を公布した[51]。保甲法の基本内容は以下のようであった。

　　本法は保甲制の組織と、連坐法の適用、自衛団の組織の3つから組み立てら
　　れ、隣保友愛、相扶相助をもって、地方の安寧を保持し、不測緊急の危害を
　　防止することを目的として警察の補助的役割を果たさしめた。治安の確立、
　　警察制度の進展にともない廃止する暫行的なもので、新京、ハルビン、奉天
　　のように警察の完備した大都市は適用からはずした[52]。

　以上から見れば、保甲制度は主に治安粛清を目的としたものであった。その最
も重要な内容は、自衛団と連坐法とされた。自衛団は義務的に保甲内の18歳以上
40歳未満の男子によって結成され、「匪賊」の討伐にも携わった。ゆえに、保甲は
「匪賊を対象とする暫定的民衆警察制度」とも言われる[53]。その一方で、連坐法に
よって「牌内から治安紊乱の犯罪人を出した場合は」、「各家長に対し連帯責任を
負わせ、連坐金を課す」[54]ようになった。この連坐法によって、民衆は相互監視下
に置かれ、区域内の治安維持と反日勢力の排除を図ろうとしたと考えられる。
1935年から、反日の高潮に対抗して、保甲制度が強化され、奉天省の瀋陽・撫順
など50ほどの県を指定して、「保甲特別工作」が実施され、保甲制度は最盛期に達
した[55]。ところが、遠藤正敬が満洲国の保甲制度と台湾の保甲制度と比較しなが
ら、その行政的機能は狭くて、治安粛清に関係することがとりわけ重視されてい
たことを指摘している[56]。風間秀人が満洲国の保甲制度は警察制度が発達するま
での暫定的な組織と位置付けられたため、行政機能が極めて低かったと指摘して
いる[57]。これらの指摘通り、満洲国の保甲制度は地方行政組織ではなかった。そ
して、満洲国は保甲制度から近代国家的な地方自治の本格な行政組織である街村
制へ移行しようとした。
　街村制は1934年から奉天省で実験的に始まり、1936年に「暫行街村制」が公布
されて、奉天省から繰り広げられたとされている[58]。奉天省における街村制と保
甲制の関係は以下のように説明された。

　　本省の一般的状況に鑑み、街村制をもって地方制度の基本とし、これと保
　　甲制度とを地域的人的一致せしめ、郷村自衛を本質目的とする保甲をして、

第1章　東北地域の歴史（1945 年まで）

更に街村行政における行動的役割を負担せしめ、もって両者とともにその
発達を期すべきことを強調し来たところである[59]。

　上記から、奉天省は早い段階から街村制と保甲制度を並行的に行ったことが分
かる。そして、1936 年までには奉天省の各県の下に「旧村制および保甲制度の新
街村制への整理統一を一応形式的にではあるが完了し、且つ保甲精神もその他の
県に比較して普及していると見られ」、「奉天省下各県の自衛団の方は、訓練装備
において相当優秀」[60]であったと評価された。つまり、南満洲、特に奉天省におけ
る民衆の間には保甲制度の理念が比較的普及しており、満洲国の地方支配が比較
的浸透していたと考えられる。
　街村は建前として、「国民並びに領土に対する基本的統治組織を確立し、国家行
政の浸透を図るをもって第一目的とする」[61]のであった。しかし、風間秀人は街村
組織の業務が保甲制と同様に自衛団の運用を第一とするものであった[62]、遠藤正
敬は街村の職員がほとんど保甲職員の横滑りであったため、機構上には大きな変
化がなく、保甲制度の遺制であった[63]、車霽紅は街村の機能は保甲と変わらず、
治安粛清であったため、保甲制と根本的な区別はなかった[64]、とそれぞれ指摘し
ている。要するに、街村は結局行政組織の機能を整えず、保甲制度と同様に警察
機構の補完組織にすぎなかった。
　1940 年以降、太平洋戦争に対応して、地方支配を強化するため、「国民隣保組織
確立要綱」によって、都市を中心に国民隣保組織が結成され始めた。国民隣保組
織は行政機構と国民動員組織である協和会の二位一体を実現しようとしたもので
あり、いわゆる「官民一途、挙国一体」の戦時動員体制へ進んでいった[65]。民衆は
協和会に入会しなければ、国民隣保組織に編入されることができず、その場合、
食料や生活必需品の配給を受けられない仕組みであった。満洲国統治者はこうし
た組織を通じて、民衆を掌握しようとした[66]。しかし、国民隣保組織は都市で進
められたが、農村ではなかなか進展しなかった。その原因は、満洲国の統治機構
の人材の不足があり、とりわけ都市と農村の性質の差異にあった。農村は都市ほ
どの管理社会になっておらず、切符配給制下においては自給化傾向が強くなり、
闇市場[67]に頼る人が多かったと指摘されている[68]。

53

2) 国民創出——協和会

　国民とは、民族や人種と関係なく、国家政策によって同一国家への帰属意識が形成された人々によって構成されるものであった[69]。第1節で述べたように、19世紀後半から、ようやく中国における清朝による近代的国民国家の形成が主張され始めた。しかし、その実践は領土と地方支配の側面に限られていた。辛亥革命の反満思潮（満洲族を追い出す）は狭義の民族主義にすぎず、近代国家の国民意識とは言えない。辛亥革命後、孫文は「五族共和」を主張して、国民国家の道へ歩み出すことを試みたが、革命の失敗にみえるように、課題のまま残された[70]。東北においては、満洲国は初めて相当な強度をともなった形で近代的国民の創出を試みたのである。満洲国に対する民衆の帰属意識と忠誠心を養成する手段は、本項で建国理念、教育政策についても触れるが、「民衆教化団体」であった協和会を中心に概観する。

　満洲国の統治理念は、3つの段階に分けられる。建国初期は「順天安民、王道主義、民族協和、門戸開放」の建国理念に基づき、儒教理念を積極的に利用して王道楽土の国家建設をうたっていた段階であった。その次は、1935年4月溥儀の第1回訪日後、儒教理念に加えて、「日満一体化」を強調した段階であった。さらに1940年溥儀は2度目の訪日後に、儒教理念に代えて、天皇の「惟神の道」の統治理念を提唱した段階であった。統治理念の変容にともない、満洲国と日本の関係も同盟関係から、君臣関係へ、さらに父子関係へと位置付けが変化したという[71]。

　これらの統治理念を民衆へ浸透させるために、1932年3月に「各学校課程には四書孝経を使用教授し、もっと礼教を尊崇せしむ。およそ党義に関する教科書のごときは此れを全廃する」という命令が下され、「従来の三民主義教育を排」した。張学良時代の関内地域と同じく国民教育部組織法に基づく「三民主義の下に排外、特に排日の思想感情を根強く鼓吹していた」教育が全廃された[72]。このように、国民意識の形成において、東北の学校教育は関内と分断され、儒教の重視と三民主義の排除がその特徴であった。

　ところが、当時学校教育を受ける民衆は限られており、より広範な民衆に対する思想統制を行うには、協和会が重要な役割を演じていた。1932年4月に満洲青年連盟の成員を中心に、関東軍の支援の下で、思想戦のために国民的組織である協和党が結成され、7月に協和会と改名された[73]。協和会の目的は「建国精神の作

興と王道政治の宣化にあり」[74]、その綱領は「礼教を重んじ天命を楽しむ。民族の協和と国際の敦睦とを図る」[75]とされている。当初、関東軍による反満抗日勢力の討伐とともに、協和会は宣撫工作を行い、各県に弁事処を設置して、思想戦を展開した。さらに、日本語教育の普及、農業の指導など積極的に民衆の生活に介入し、会員数は30万人に達した[76]。塚瀬進は、1934年の改組まで、協和会は自らの目的と綱領に沿って活動を行う理想主義が色濃くあったと指摘している[77]。

　1934年から、行政と一線を画した協和会は関東軍や政府との摩擦の中で、改組が強いられた。政府官僚は協和会の要職を兼任して、協和会と政府との表裏一体関係が樹立され、協和会は民間団体から行政組織へ変容した[78]。1936年に協和会は再度改組され、民衆を動員する組織として位置づけられた。2度の改組の結果として、協和会に対する政府の統制力が強化されたと指摘されている[79]。それ以降、協和会は急速に拡張し、1937年に分会2600以上、会員80万人以上を有したのに対して、1940年に分会が3500以上、会員が177万人以上に達した。協和会は農村まで影響力を及ぼして、民衆生活と深く関わるようになったとされる[80]。このような膨大な会員を持つ協和会は、ほぼ同時期の保甲制度と街村制の推進を援助した。

　さらに、1940年以降、太平洋戦争に対応する戦時体制を構築するために、民衆の動員や末端社会の統制が強く求められた背景の中で、協和会と行政の二位一体制が採用され、協和会は地方行政支配を推進する主体となった。具体的には、既述した国民隣保組織は、主に協和会会員によって構成された[81]。協和会は、青年団の育成、義勇奉公隊の組織、生活必需品の配給、勤労奉仕運動といった末端社会の戦時動員を具体的に推進した[82]。こうして、満洲国において協和会を利用して、末端社会への行政力の浸透や、民衆に対する支配は空前のものであったと言わざるを得ない。

3）労働力統制―鉱工業における「特殊工人」

　前節で述べたように、東北は歴史上人口が希薄であり、関内の労働力の流入に頼っていた。しかし、満洲国の建国から1937年まで、治安維持や日本人発展の保護といった理由で関内から労働者の入国を制限していた[83]。その結果は1933年57万人、1934年63万人、1935年44万人、1936年36万人というように入満者数

表 1-1　1931 年から 1943 年まで、中国人労働者の満洲国への入境・離境の人数（人）

年度	入満	離満	残留	備考
1931	416,825	402,809	14,016	
1932	372,629	448,905	△ 76,276	満州事変による入満者数減少
1933	568,768	447,524	121,244	
1934	627,322	399,571	227,751	
1935	444,540	420,314	24,226	
1936	364,149	366,761	△ 2,612	
1937	323,689	260,000	63,689	支那事変による入満者数減少
1938	492,376	250,000	242,376	
1939	985,669	390,967	594,702	
1940	1,318,907	846,581	472,326	
1941	918,301	688,169	230,132	
1942	1,068,625	661,235	407,390	
1943	791,960	139,910	625,050	

出所：『満洲国史　各論』（満洲国史編纂刊行会、1971 年、1156 頁）に基づき作成。

は次第に減少しつつあった（表 1-1）。特に 1937 年の日中戦争の勃発もあり、入満者数は 32 万人までに減った。このように労働者の入満制限はかなりの効果を発揮して、成功であったと評価されている[84]。ところで、1937 年の「満洲産業開発五カ年計画」の実施や、日中戦争の勃発のために労働力需要の増加に対して、労働力供給の不足が著しくなった。そして、労働者政策を入満制限から積極的な労働者誘致へ一転させた。1938 年に労働統制機関として満洲労工協会が設立された[85]。1939 年に予定の 100 万人に近い労働力の導入が成功し、1940 年において 130 万人にも達したと評価された[86]。

　華北から入満した労働者はほとんど技術を持っておらず、肉体労働に従事して、「苦力」とも呼ばれていた[87]。さらに、彼らは流動性が高かった。宣教師クリスティーは、東北の都市とイギリスの都市、関内の大多数の都市との間の差異について、「男子の数が遥かに女子を超過することである」、「他省の故郷から未だ家族を呼びよせざる無数の職人や労働者がいる」、彼らは「1 年に 2 度帰省するだけで、その妻女をここに連れて来ようとも考えない」と述べていた[88]。華北から入満した労働者は、大雑把にいえば、東北の季節に従って「春去冬帰」の特徴を持っており、定住しようとした人は多くなかった[89]。また、出稼ぎ労働者として、常に高賃金などの有利な条件を求め、地域と職種の間で移動し続けていた[90]。

　満洲国建国後、1938 年に労働者登録制度が実施されるまで、労働者の「移動率は

第 1 章　東北地域の歴史 (1945 年まで)

低いところでも 50 〜 60％、高いところでは 200 〜 300％に達し、特に炭砿におい
て甚だし」[91]いとされた。季節の流動に加えて、季節性がある農業と土建業と比べ
て、定着性を必要とする鉱業は華北出身の出稼ぎ労働者と互い条件が合わなかっ
たと考えられる。1933 年の統計によれば、鉱工業に従事する入満労働者は全体の
7％弱しかいなかった[92]。荒武達郎は撫順炭坑の事例について、鉱山は主に周辺の
都市と農村の余剰労働力に頼っており、1935 年に奉天出身の鉱山労働者が最も多
かったと指摘している[93]。張克良は昭和製鋼所 (鞍山) の事例に沿って、鉱山労働
者は主に現地住民を募集したのは、労働者の流動性を減少させるためもあったと
論じた。また、日本人は「現地住民〔その時点以前入満した人々を含む──引用者〕
は山東、河北の労働者と比べて、機敏性が不足しながらも穏やかであり、山東と
河北の労働者のような集団的抵抗の危険性が少ない」と認識していた、という興
味深い指摘もある[94]。

　こうして、鉱工業労働力は現地出身者に頼ったため、満洲国の労働者入国政策
や華北からの入満労働者の変動にあまり影響されていなかった。1938 年から入満
の労働者が大幅に増加したにもかかわらず、昭和製鉄所の中国人労働者の中で華
北労働者は 1937 年 0％、1938 年 2％であった。1939 年にようやく 21.3％へと伸び
た。ところが、1939 年以降、日中戦争の長期化、日本による華北の占領といった
情勢の中で、華北から労働力の調達が次第に困難となった。1940 年華北から 2 万
360 人 (中国人採用予定者の 30.9％) の労働者を調達する計画であったが、実際に
は 4815 人しか達成できなかった[95]。

　満洲国内の深刻な労働力不足に対応して、1941 年に全民皆労の労務新体制が制
定され、強制的な労働力統制段階に入った。鉱工業の労働者構成には変容が生じ
た。そこで「特殊工人」の導入が注目に値する。「特殊工人」とは、華北・内モン
ゴルから連行した八路軍・国民党軍の戦争捕虜の「補導工人」、および清郷工作[96]
で逮捕された一般中国人の「保護工人」からなった[97]。「特殊工人」を供給するた
めに、1941 年に石家荘に石門俘虜訓練所という専門の俘虜を「職業訓練」する機構
が設けられた。1941 年 8 月から 1942 年 12 月まで、累計 1 万 2477 人が収容され、
1 万 1094 人の「特殊工人」が満洲国に送り込まれ、その内 7500 人近くは昭和製鋼所
の関連企業に配属された[98]。また、表 1-2 と合わせてみれば、「特殊工人」は南満
洲の炭鉱に集中していたことが分かる。その一方で、「特殊工人」は元共産党や国

57

表 1-2　1942 年 4 月までの地方部門別・省別「特殊工人」就労者数（人）

省別	人数	就労地別	人数
吉林省	8,400	東辺道開発	2,027
奉天省	12,227	満炭（満鉄）	6,120
四平省	15	昭和製鉄	3,008
安東省	474	本渓湖煤鉄公司	3,207
錦州省	2,316	舒蘭炭鉱	8,270
通化省	2,027	阜新炭鉱	726
		北票炭鉱	385
		その他	1,716
合計	25,459	合計	25,459

注：軍関係へ供給された「特殊工人」が 7883 人というが、この表に含まれていない。

出所：『満鉄労働史の研究』（松村高夫、解学詩、江田憲治（編著）、日本経済評論社、2002 年、103 頁）、『「満洲国」労工の史的研究』（王紅艶、日本経済評論社、2015 年、288 頁）に基づき作成。

民党の関係者が多くて、労働条件がもっとも悪かったなどの原因で、他の労働者と比べて、自発的逃走者が多かったと言われる[99]。表 1-3 に示しているように、1941 年 12 月から 1942 年 3 月末まで、軍以外の重要産業[100] へ送り込んだ「特殊工人」は 2 万 3198 人に対して、同時期に逃走した「特殊工人」は 1 万 353 人であり、1942 年 3 月時点の「特殊工人」の合計は 1 万 5711 人であった。

さらに、重労働や虐待による死亡者が跡を絶たず、日本敗戦前夜、逃走した「特殊工人」が更に多くなったと指摘されている[101]。そして、完全な統計がなかったが、上記の事例によれば、鉱工業に従事する大規模な労働者数に対して、「特殊工人」の数が極めて限られており、1945 年終戦前後逃走せず、鉱工業現場に残ったのはさらに少なかったと推測できる。

本節では、満洲国時期の保甲制度や協和会による地域・民衆を支配する特徴、および鉱工業の「特殊工人」の特徴を概観してきた。満洲国の統治は省から県、そ

表 1-3　1942 年 3 月末までの「特殊工人」の満洲国への入境と逃亡の人数（人）

労働先	42 年 3 月末、総数	41 年 12 月〜42 年 3 月、入満者数	41 年 12 月〜42 年 3 月、逃亡者数
東辺道開発（6 つの採炭所）	2,107	2,655	723
満鉄（4 つの炭鉱）	5,452	7,642	2,585
昭和製鉄所（1 つの製鉄所と 4 つの採鉱所）	2,231	4,286	1,551
満洲炭鉱（2 つの鉱業所と 3 つの炭鉱）	2,765	4,988	4,342
本渓湖煤鉄公司	3,143	3,627	1,152
永吉県水力発電工事	13		
合計	15,711	23,198	10,353

出所：『満鉄労働史の研究』（松村高夫、解学詩、江田憲治（編著）、日本経済評論社、2002 年、102 頁）に基づき作成。

して県レベル以下という順で、だんだん支配力が弱くなる構造であった。とはいえ、前節で検討したように満洲事変以前にすでに比較的近代化、管理化されていた東北社会は、満洲国による絶えざる地方支配の強化によって、それらの特徴がさらに強固にされた。東北において、それまでの歴史上満洲国ほど支配が民衆の生活へ介入したことはなかった。さらに、保甲制度や国民隣保組織の実施の特徴から見れば、都市は農村より支配者の影響力が強かった。ところが、満洲国は終始民衆の政治参加を拒絶したため、本来政治勢力とかかわりたくない民衆は、さらに政治への関心が薄くなり、政治参加の習慣がなかった。また、本書の第2章に関連する鉱工業労働者について、東北現地の労働者は華北の労働者と比較して反抗が少ないといった要因で、現地調達の傾向が強かった。戦局の変遷に従い、「特殊工人」が生まれ、その内情として元共産党員や元国民党員が多く、不安定な要素であり、自発的逃亡が目立った。ゆえに、1945年終戦までに、工場・鉱山に残る「特殊工人」は少なかったと考えられる。

第3節　比較の視点から見る東北の社会的結合と民衆の帰属意識

1)「馬賊」と秘密結社の変容

　伝統的中国社会において、「国家が十分な政治力を持たず、法的な保護機能の役割を果し得ないでいる時と所では、人民は自らその利益を守り発展させる機構を作り上げる。血縁、地縁、業縁はいずれもその目的のために動かされる」という[102]。その中で、血縁に基づく宗族が最も注目されている[103]。宗族は、特に華南に著しいとされる[104]。華南と対照的に、荒武達郎が「華北では宗族は未発達であり、華中・華南のような宗祠での祖先の祭りはそれほど普遍的ではない。一般的には「墓」での祭祀を執り行う、世代深度も範囲もより狭い血縁関係に過ぎない」と指摘している。華北の人々の移民先としての東北では、その傾向がさらに強かった[105]。本来機能性が弱い東北の宗族関係は、張作霖政権と満洲国の地方統治の強化、思想統制、経済発展によって、一層弱まったとされる[106]。その中で、19世紀後半から形成された都市商人などの地方有力者は、張作霖の統治をへて、満洲国にあたって、親日的政治勢力の代理人によって取って代わられた。そして、地方のリーダーは宗族などの地方集団と無関係となり、地方集団の自治機能が破

壊された[107]。本来宗族の力が希薄な地域社会の内部において、ますます分散的となり、政治権力に対する自立的な血縁関係に基づく結合力を形成することが難しかった。

　以上の宗族という伝統的漢民族のネットワークの希薄を補ったのは、「義兄弟」という擬似的親族関係や同郷関係であった。まず、「義兄弟」の例として、「馬賊」が挙げられる。澁谷由里は東北の「馬賊」が、「地域社会では収容しきれない、しかし共存していく必要のある人々」だけではなく、「社会で生きにくい人々を迎え入れ」、社会的弱者を保護する特徴を強調している[108]。また、満洲国以前、地方は大幅な自治に任せられ、政治勢力が人々を保護することが期待できない社会であった。こうした社会情勢の中で、匪賊の略奪や暴行から自己を防衛するために、地域の有力者や富裕層は「馬賊」に経費を払って保護を求めたのである[109]。こうして、「馬賊」は縄張りを形成して、自らの縄張りの範囲内の治安を守り、その範囲外では通常の匪賊と同じく、略奪・暴力といった行為を繰り返した。つまり、東北の「馬賊」は地域の有力者と連携して、治安を請け負う武装自衛集団の性格を持っていた[110]。これらの「馬賊」の特徴を総合的に見れば、地域を外部からの侵攻に対抗する機能を備えていたことが分かる。このような「馬賊」は20世紀に入ってから、次第に減少していった。

　　匪賊はその数の最大なものも300を出でず、特に奉天省内に於いては20〜30より40〜50名を普通とし、百名以上の部隊は長白山近接地方または洮昌道西部のような人煙僅少な地域に限られていた。これは事変前の状態である[111]。

　上記の史料に加えて、第1節第1項で述べたように、20世紀に入って、清朝は「馬賊」を含め、各種の在地の武装勢力の帰順を奨励し始めた。そして、帰順した「馬賊」を再編してから、抵抗した「馬賊」の討伐に投入したのである。その中で、張作霖の帰順は周囲の「馬賊」に大きな影響を与え、次々に「馬賊」が帰順したと言われる[112]。さらに、張作霖政権の樹立にともない、大多数の「馬賊」は「馬賊」の身分から脱して、政治勢力へ転じた。結果として、満洲事変以前、東北、特に南満ではすでに大規模な伝統的匪賊は見られなくなった[113]。

第 1 章　東北地域の歴史（1945 年まで）

　次に、民間宗教信仰の性格を帯びる秘密宗教結社が挙げられる。清末民初東北
で起こった紅槍会や紅卍会（慈善団体の性格を持つが、中共は秘密結社と目して
いた）などはほとんど山東や河南で現れてから、移民とともに東北に進出したの
である [114]。ところが、東北の特殊な歴史条件の下で、秘密結社の特徴は関内と一
様でなかった。例えば、戴玄之は関内の官側、軍閥や匪賊に対抗する自衛組織と
して多大な勢力を有する紅槍会に対し、東北の紅槍会は 1926 年か 1927 年にすで
に伝来したが、勢力を広げることができず、満洲事変をきっかけに、「保国衛民保
家郷」という反日スローガンを掲げて勢力を拡大したと論じている [115]。また、孫
江は満洲国の秘密結社の在家裡（青幇）という勢力は上海の青幇と比べものなら
ないほど弱かったため、満洲国統治者は孫文と蒋介石のように会党や青幇を利用
して地域統合を試みることは不可能であったと指摘している [116]。要するに、民国
時期、とりわけ満洲事変以降、東北の秘密結社は、官側や軍閥の略奪に抵抗する
強大な自衛組織との性格は持たなかった。ただし、東北の秘密結社は勢力が弱い
ながらも、外国侵略に対抗した側面が見出されることがその特徴であった。これ
らの結社は満洲国時期に、在家裡のような秘密結社のままにとどまったものもあ
れば、紅卍会を代表とするように政府に協力して、満洲国の公認を得た「宗教化教
化団体」へ変容したものもあり [117]、紅槍会をはじめとする抗日運動に向かって、
次第に東北抗日義勇軍に改編されたり、満洲国に討伐されたりして、消滅したも
のもあった [118]。それらの変容の末、東北における秘密結社の勢力が一層弱まった
のである。

　そして、一貫道については、在家裡や紅槍会と異なり、東北に伝来した時期は
1938 年とされており [119]、比較的遅かったため、満洲国初期の関東軍による軍事討
伐を避けた。また、一貫道は「三期末劫」を中国の歴史に当てはめて、日中戦争に
おいて戦乱から逃れようとする民衆の心性に合致したため、急速な発展を遂げた
と言われる [120]。一貫道と各政権との関係について、各政権の有力者を積極的に信
者として引き入れて、自らの拡大を図ろうとしたが、国民党政権や満洲国から合
法的地位を取得しようとしなかったことが指摘されている [121]。従って、一貫道は
国民党政権や日本統治者とかかわりを持っていたものの、中共による「国民党の
手先」「国民党と結託した」の断定には根拠が不十分であったと主張されている [122]。

2) 同業同郷団体の衰微

都市における、重要な社会的結合として地縁・業縁に基づく同業同郷組織があった。東北も例外ではない。東北における伝統的同業同郷組織の特徴は以下のようである。

国家社会に対する信頼の依るべなき彼等は自然、同族朋友同郷人と共同の利害をもって事業の経営に当り相互救済の方途を採るに至ったのであるが、その具現せられたものが会館であり、公所であり、聯号であった。之等特殊組合を説明すると、会館とは異郷にあって吉凶禍福を共にせんとする同郷団体である。公所とは同業者が共同の利益擁護のための商業団体であって、之に一般同業者組合と、同郷同業組合の二がある。聯号とは字義通りに於いては屋号を連ねるの意であるが、又支那式チェンストアーとも呼ばれ、純粋な経済組織をなしている[123]。

史料が示しているように、東北における同業同郷団体の具体的な形態は会館、公所、聯号があった。会館とは相互扶助の同郷団体であり、公所とは同業者の利益の共同体であり、聯号とは「支那式のチェンストアー」とも呼ばれる。これらの団体の結合には物的関係より、人的関係が重視されていた。このような中国の会館は西洋のギルドと異なり、同業・同郷の利益を守ることが第一の目的となり、政治権力とかかわっても、自己利益のためであって、地方自治の意識が薄く、自治機能が欠如していたと指摘されてきた[124]。ところが、近年の研究では、中国の会館のような都市団体は自立性が弱いが、社会の福祉事業を推進していたと近代地方自治の萌芽的なものを含んでいたと主張されるようになった[125]。言い換えれば、同業・同郷といった小規模集団の利益のための団結力がある団体が存在したが、集団の範囲を広げて政治権力の侵入や外来の支配に対抗する都市全体の結合力が弱かったと言わざるを得ない。これらの特徴は中国の多くの都市が共通していた。

ところが、東北の会館は関内の会館のごとく古い歴史を有するものではなく、「漢民族の満洲移住後に建設せられたものであるから、その歴史も極めて新しい」[126]という。さらに、会館の背景としての東北の都市は、天津などの関内の都市

第 1 章 東北地域の歴史 (1945 年まで)

と比較して、①光緒新政下の趙爾巽による改革、②張作霖政権による大豆取引の支配、③満洲国による社会支配の強化、といった特殊性を持っていたため、会館を含め、都市の社会的結合は以下のような変容が現れた。

> 併し之等の共同経営法も支那における交通機関の発達にともない、之を動脈として流れ来た近代的経済組織の注入と、思想の変化にも依り漸次崩壊の過程にあることは明であるが、支那の保守的思想と永い伝統の力とは尚この共同組織を擁護する根強き基調をなして横はっているのである。
> 而して上述の会館は軈て商業上の共通利害の防護へと転化し来たり、遂に公所とその機能を近似せしむるに至って別に商会と公議会（商務公所）とが現れ、之等が最近法の下で基礎づけられて今日の商会及総商会として発展するに至ったのである [127]。

　まず、第 1 節でも少し触れたが、鉄道の敷設や外国資本の侵入によって、東北の伝統商工業は近代商工業へと変わりつつあった。上記の史料が示しているように、会館の機能も同業・同郷という限界から脱して、近代的商会のような組織へ変容した。奉天経済界を例に見れば、1902 年以降、趙爾巽の改革によって、奉天総商会が成立され、業種と出身地にかかわらず、奉天商人の合法的組織となった [128]。そして、時期が張作霖政権へ下ると、政治勢力の経済界への介入にともない、伝統的同業・同郷の人的ネットワークは次第に緩くなり、団体の結合には人的関係から物的（権力・利益など）関係へ変容した。さらに、東北における同業同郷団体の変容には、外国統治権力による部分が比較的大きかった。西安のような歴史のある古い都は言うまでもなく、天津などの開港都市と比べても、東北には満洲国という特別な歴史経験があり、外国からの影響が強かった。1937 年に『商工公会法』が公布され、満洲国内の日中商会を合併し、商工公会を設立して、すべての商会組織は半年内に改組を完了するように要求した [129]。そして、1938 年に日本人の奉天商工会議所（1907 年に設立された）と奉天総商会と合併して、奉天商工公会となった [130]。このようにして、伝統の同業同郷組織が解体され、中国商人の勢力をさらに弱めた。中国商人は中国商工業者の利益のために動いたり、社会救済を行ったりしたが、日本占領地域、特に満洲国においては、中国商人は常に政治と

63

経済統制に協力するような存在へ変容したと指摘されている[131]。

3) 民衆の帰属意識

漢民族社会の伝統的宗族関係が相対的に弱体である東北の民衆の特徴について、1883 年から 1910 年代まで奉天に滞在していた宣教師クリスティーは以下のように記述した。

> この人々は先祖伝来の郷里を離れてきたこと、並にいろいろの省の出身の家族が集まって混在することにより、保守主義、偏見、および迷信を著しく減じた。人々の考え方や習慣は地方的に甚だしく差異があるが、一緒に住めば互いに中和し合う。その結果一般的に言って、満洲の住民は長城の彼方支那の故郷に居残れる同胞に比し、より自由に新しき印象を受け入れる[132]。

多民族の雑居する社会では、文化の融合が顕著であり、関内の民衆より新しいことに対して受け入れやすい性質を持っていたと言える。既述の東北の歴史を総じれば、東北では各種の政権による統治が比較的進展していたために、自立的な在地勢力を形成されにくい社会となった。東北の民衆は支配者に対して従順であり、抵抗心が弱いといった特質があると考えられる。

しかしながら、中国社会は人と人の間で何らかのつながりを求め、ネットワークを形成して、内部で団結しながら、外部の変動に対応する傾向を持つ。そして、宗族が希薄であった移民社会の東北において、前述の「馬賊」、秘密結社、同業同郷組織が形成された。これらの団体は家族に擬して組織されたため、単なる利益の共同体ではなく、構成員が感情を共有する集団という意味において、さらに重要である[133]。簡単に言うと、人々の帰属意識とアイデンティティの問題である。

中国語で言うところの「故郷に錦を飾る」ことや成員の死後に骨を故郷に返すことを斡旋することが同業同郷組織の重要な機能があり[134]、そこに中国人の強い郷土意識が見られる[135]。しかし、出稼ぎのために東北へ流入した華北の人々にとって、東北という地は仕事場にすぎなかった。人々は同業同郷組織に帰属感を求めていた。換言すれば、東北はそれらの人々の深い故郷愛あるいは郷土意識の

第 1 章　東北地域の歴史（1945 年まで）

対象になっておらず、人々は東北のために戦うという感情が薄かったと考えられる。**表** 1-1 に示しているように、1931 年から 1932 年、および 1937 年に、満洲事変と日中戦争の勃発の時点で、東北から離脱する人数は流入する人数を上回っていた。つまり、東北における、特に移住労働者、流動人口、都市雑業層は東北に対する郷土愛あるいは郷土意識が薄くて、戦争や災害などの時には、故郷に逃げたりして、散り散りになってしまう傾向があった。移民を多く含んだ東北の民衆は東北という地域に対する帰属意識をあまり持たず、持つ者がいたとしてもあまり深くはなかったと考えられる。

　その一方で、関内地域、特に宗族が強い華南と比べると、東北における地域間の対立は弱く、中共が革命において利用可能な地方間の矛盾と在地勢力が少なかったと考えられる。例えば、山本真の一連の研究によると、福建省においては、各宗族の間で利益をめぐる矛盾が多くあった。そして、中共の勢力の侵入に対して、強大な宗族は抵抗する姿勢を示す一方で、弱い宗族は大宗族に対抗するために中共に協力する事例が見られたと指摘している [136]。つまり、宗族が強い地方では、支配者に対する社会の自治性や外部勢力に対する抵抗力が強いという側面を有している [137]。しかし逆に、中共が革命に利用できる武装勢力も存在したこともある。例えば、阿南友亮は広東省の豊順県の事例を取り上げている。豊順県における中共勢力の発展は宗族間の対立と緊密に関係したことを明らかにしている。中共の農民協会に参加したのは、当地の最も大規模な方姓宗族に対抗するための複数の相対的に不利な立場にあった小宗族であった。このようにして小宗族は中共に武装勢力を提供したとする [138]。これらの地域と対照的に、東北においては支配者に対する地方社会の自立性や抵抗力が弱いと同時に、中共が革命に利用できる地方間の矛盾や在地武装勢力も少なかったと言える。

　さらに、民衆の政治的関心については、「社会関係より見れば、宗教的および地域的団体又は同業団体より成立する半自治体であること」、「社会生活の理想は「平安」の一句に収まり、近代文化的色彩極めて希薄であること」、「人民は一般に政治的無関心であること」、「社会団体たる在理会、紅卍字、普済教、大同会等がその社会関係中に発生し宗教的または道義的名分の下に消極的なる政治関心を活躍せしめている」 [139]、といった文章で示しているように、東北の民衆にとって「平安」でさえあれば十分であり、特に政治に対して無関心であった。

65

総じていえば、東北においては、国家権力に対して自立する地域的権力が相対的に弱体的であった。中国の社会の特徴を要約する言葉——バラバラな砂「一片散砂」——は2つの解釈が示され得る[140]。1つは孫文の出身地である広東を中心とする華南社会に基づき、個々の宗族を砂にたとえ、宗族の団結力が非常に強いが、それより上のレベルの社会的結合が弱くて、バラバラであったという。これに対してもう1つは、バラバラな砂の字義通り、個人が比較的自由であるということであり、これは東北に当てはまるだろう[141]。尚且つ、その自由な個人は東北に対する帰属意識が薄く、政治に対して無関心な存在であった。そして、中共が民衆統合を図る時、華南では宗族主義という社会的結合を打破して、中共の革命原理に基づく階級的連帯感を形成させようとした。この過程と比べて、東北においては伝統的な社会結合の打破はそれほど大きな課題にならなかった。しかし、社会の結合力が弱かったため、比較的自由な人々を統合するためには、また別の独自な困難があったと考えられる。

小結

　本章では、日中戦争が終わるまでの東北社会の歴史を概観した。東北においては比較的人々の流動性が高く、支配者に対する自立的な社会的結合が弱かった。国家権力による統治が比較的進んでおり、民衆が支配者に対して相対的に従順な社会が形成されていたことを説明した。

　政治と経済の側面において、関内と異なり、政治権力は東北に対する支配が比較的強力であった。また、東北の地理環境も関わって、19世紀後半から、ロシアや日本といった外国勢力が進出してきた。その影響を受けて、清朝は近代国家の領土や地方統治の方法を模索し始めた。19世紀末から20世紀初頭にかけて、鉄道網の形成は東北の政治、経済の変容を加速し、農村が都市に依存する東北独自の「県城経済」が形成された。こうした経済構造は、政治支配を補完した。そして、張作霖政権は「県城経済」を掌握することによって、その権力がより民衆の近くに浸透し、民衆の生活に介入した。

　そして、満洲国において、保甲制度や協和会を通じて、末端社会に対する支配が絶えず強化されつつあった。特に満洲国後期、食品や生活必需品の配給制度に

第 1 章　東北地域の歴史（1945 年まで）

よって、地方社会に対する支配は強力なものとなった。しかも、このような傾向は農村より都市の方が強かった。1940 年代に入って、東北とりわけ都市は管理社会になっていった。その一方で、本来政治勢力とかかわりたくない民衆は、満洲国時期において終始政治から排除されたため、政治参加の習慣が形成できず、相対的に無関心かつ従順であったと言える。また、戦時体制を構築するために、鉱工業が大きく推進され、大規模な鉱工業労働者が生まれた。その中でごく少数の「特殊工人」がいたものの、大多数が現地の民衆であり、これらの人々は山東や河北の人々より反抗性が低かったと当時の日本人は認識していたという。

　さらに、移民社会の側面においては、東北での漢民族の歴史が比較的浅いため、華南のような強い宗族関係は形成されなかった。その代わりに、馬賊・秘密結社・同業同郷団体が形成されたが、関内におけるような官側に対して自立する自衛的な地方集団ではなかった。一方で、紅槍会のような弱体でありながら、反日勢力へ変容して外国勢力に対抗したことがその特徴の一つとして見出された。また、清朝の宣撫、張作霖政権の出現、満洲国の討伐をへて、東北の地方集団は段階をおって弱体化していった。従って、1945 年の終戦の際、東北における従来からの社会的結合は弱体化されていたと考えられる。

　以上のような東北社会において、中共革命はいかに展開し、民衆はいかなる反応を示したのだろうか。これらの問題は次章以降の課題としたい。

〈注〉

1) クリスティー（矢内原忠雄訳）『奉天三十年　上巻』岩波書店、1938 年、56 頁。

2) 塚瀬進『マンチュリア史研究―「満洲」六〇〇年の社会変容―』吉川弘文館、2014 年、91 頁。

3) 張博泉『東北地方史稿』吉林大学出版社、1985 年、366-368 頁；前掲『マンチュリア史研究―「満洲」六〇〇年の社会変容―』、100 頁。

4) 前掲『東北地方史稿』365-366、390 頁；前掲『マンチュリア史研究―「満洲」六〇〇年の社会変容―』114-116 頁。

5) 細谷良夫「マンジュ・グルンと「満洲国」」柴田三千雄他編『シリーズ世界史へ問い 8 : 歴史のなかの地域』岩波書店、1990 年、125-128 頁。

6) 民人とは、八旗に所属する旗人に対置される存在で、州県制下に管轄される人々である。

67

漢人にほぼ等しい概念と定義されている（荒武達郎『近代満洲の開発と移民』汲古書院、2008 年、32 頁）。だが、漢人はほぼ関内の漢民族をさすが、民人は他の民族も含めるため、民族区分と対応していない。

7) 衣興国、刁書仁『近三百年東北土地開発史』吉林文史出版社、1994 年、3-7 頁；前掲『マンチュリア史研究―「満洲」六〇〇年の社会変容―』120-129 頁。

8) 前掲『マンチュリア史研究―「満洲」六〇〇年の社会変容―』168-169 頁。

9) 路遇『清代和民国移民東北史略』上海社会学院出版社、1987 年、40-42 頁。

10) 前掲『マンチュリア史研究―「満洲」六〇〇年の社会変容―』163-166 頁。

11) 清末、東北における本来の清朝の皇室の陵墓といった皇産を管理する官僚（荘頭）に、実際に陵墓とその周辺の土地を「占有」していた。その後清朝の官地・旗地の払い下げによって、これらの官僚は優先的に元の官地・旗地などの土地に対する「占有」が承認された。しかし、江夏由樹が一連の研究で指摘しているように、東北における在地有力者の土地に対する権利は「永佃権」であり、必ずしも土地の「業主権」（土地を保有し、収益を上げ、納税を行う権利）を保有したわけではなかった可能性がある。そのため、厳密にいえば、地主と言えるかどうかはまだ議論の余地がある（江夏由樹「旧錦州官荘の荘頭と永佃戸」『社会経済史学』54（6）1989 年；「旧奉天省撫順の有力者張家について」『一橋論叢』102（6）、1989 年）。そのため、「地主」に「」をつけて記すが、以下は「」を略す。

12) 前掲『マンチュリア史研究―「満洲」六〇〇年の社会変容―』161-162 頁。

13) 前掲「旧錦州官荘の荘頭と永佃戸」；前掲『近三百年東北土地開発史』275 頁。

14) 張作霖の権力の成長について、澁谷由里『馬賊で見る「満洲」―張作霖のあゆんだ道―』（講談社、2004 年）が詳しい。

15) 小林英夫「「満州国」の形成と崩壊」（小林英夫・浅田喬二編『日本帝国主義の満州支配―15 年戦争期を中心に―』時潮社、1986 年）23-24 頁；安冨歩「県城経済―1930 年前後における満洲農村市場の特徴―」（安冨歩・深尾葉子編『「満洲」の成立』名古屋大学出版会、2009 年）192-193 頁。

16) 塚瀬進『中国近代東北経済史研究―鉄道敷設と中国東北経済の変化―』（東方書店、1993 年）は鉄道の敷設と東北経済の変容について、各地の具体的な事例を取り上げて分析している。

17) 永井リサ・安冨歩「凍土を駆ける馬車」（前掲『「満洲」の成立』）91、96-98 頁。

18)「県城経済」とは、県城あるいは鉄道の駅が県全体の流通の独占的結節点となり、各地の

第 1 章　東北地域の歴史（1945 年まで）

農民がその中心地と直接取引するという形態の構造である（前掲「県城経済―1930 年前後
における満洲農村市場の特徴―」172 頁）。

19）前掲『「満洲」の成立』第 II 部。

20）前掲「県城経済―1930 年前後における満洲農村市場の特徴―」172-181 頁。

21）同前　189-193 頁。

22）前掲「「満州国」の形成と崩壊」22 頁。

23）（前掲「「満州国」の形成と崩壊」22-23 頁；前掲『中国近代東北経済史研究―鉄道敷設と
中国東北経済の変化―』36 頁；前掲「県城経済―1930 年前後における満洲農村市場の特
徴―」191 頁）東北の大豆流通の季節性は、大豆取引がなされる冬には通貨需要が増大する
が、夏には通貨需要が減少するという特徴をもたらした。張作霖政権は銀行が紙幣を増発
して、大豆を買い付けて輸出し、日本円やルーブルといった外貨を獲得する仕組みを作り
上げた。こうしたサイクルによって、収奪を行った。

24）前掲「「満州国」の形成と崩壊」24 頁；前掲「県城経済―1930 年前後における満洲農村市
場の特徴―」191-193 頁。

25）前掲『中国近代東北経済史研究―鉄道敷設と中国東北経済の変化―』36 頁。

26）上田貴子「奉天―権力商人と糧桟―」（前掲『「満洲」の成立』）389-397 頁。

27）同前　365-366 頁。

28）しかし、清朝の八旗制度によって、編成された「満洲人」はすでに女真だけの単一民族で
はなくなり、異なる民族集団からなっていた。

29）前掲『清代和民国移民東北史略』35 頁；范立君『闖関東歴史与文化研究』社会科学文献
出版社、2016 年、28 頁。

30）前掲『近代満洲の開発と移民』30 頁。

31）前掲『清代和民国移民東北史略』37 頁；前掲『闖関東歴史与文化研究』31 頁。

32）前掲『闖関東歴史与文化研究』31 頁。

33）前掲『マンチュリア史研究―「満洲」六〇〇年の社会変容―』123-124 頁。

34）前掲『清代和民国移民東北史略』38-39 頁。

35）同前　39-41 頁；前掲『マンチュリア史研究―「満洲」六〇〇年の社会変容―』128-129 頁。

36）前掲『清代和民国移民東北史略』40 頁；前掲『近代満洲の開発と移民』58-59、63 頁。

37）前掲『闖関東歴史与文化研究』38 頁。

38）同前　40-41 頁。

39) 前掲『マンチュリア史研究ー「満洲」六〇〇年の社会変容ー』167 頁；前掲『闖関東歴史
与文化研究』44 頁。

40) 兼橋正人・安冨歩「鉄道・人・集落」（前掲『「満洲」の成立』）69-79 頁、は東北における
鉄道と都市の衰退と発展を詳細に論じた。

41) 東北の民衆の政権情勢や支配者の交代に対する反応は、西南地区やチベットなどの少数
民族地域と比較して、敏感である。例えば、東北と対照的に、周杰栄・畢克偉（Jeremy
Brown, Paul G.Pickowicz）（姚昱等訳）『勝利的困境ー中華人民共和国的最初歳月ー』（香港中
文大学出版社、2011 年）は人民共和国建国前後の、貴州・四川・チベットといった地域に
おいて、多くの民衆は諸社会集団に属しながら公然と中共政権を承認せず、抵抗したと指
摘している。さらに、西南の山に囲まれた少数民族地域に対して、人民共和国が建国して
も中共の支配は浸透できず、四川と雲南の彝族居住地において、中共の支配の確立が 1956
年以降であったと指摘されている（丸山宏「宗教と中国国家ー四川と雲南における彝族の
民間信仰からの視点ー」『中国ー社会と文化』19、2004 年）。

42) 古田裕「軍事支配 (1) 満州事変期」（前掲『日本帝国主義の満州支配ー15 年戦争期を中心
にー』）131-132 頁。

43) ここでの「政治参加」とは、社会学の概念であり、「社会の構成員が、統治者の選定および直
接ないしは間接に政策決定に関わる行動をいう。同じ政治的な行為であるが、強制的ある
いは誘導による「動員」に対して、「参加」はむしろ自発的な行動に対して用いられる」（秋元律
郎「政治参加」森岡清美・塩原勉・本間康平編『新社会学辞典』有斐閣、1993 年、846 頁。

44) 塚瀬進『満洲国「民族協和」の実像』吉川弘文館、1998 年、34-35 頁。

45) 前掲『マンチュリア史研究ー「満洲」六〇〇年の社会変容ー』205-207 頁。

46) 風間秀人「農村行政支配」（前掲『日本帝国主義の満州支配ー15 年戦争期を中心にー』）263
頁。

47) 『満洲評論』第五巻第十二号、昭和 8 年 9 月 16 日、23 頁。

48) 満洲国史編纂刊行会編『満洲国史　各論』謙光社、1970 年、311 頁。

49) 前掲『満洲国史　各論』329 頁。

50) 治安部参謀司調査課編『満洲共産匪の研究　第二輯』興亜印刷局、1938 年、307 頁。

51) 遠藤正敬「満洲国統治における保甲制度の理念と実態」『アジア太平洋討究』20 、2013 年、
41 頁。

52) 前掲『満洲国史　各論』330 頁。

第 1 章　東北地域の歴史（1945 年まで）

53）前掲「農村行政支配」263 頁；前掲「満洲国統治における保甲制度の理念と実態」42 頁。

54）前掲『満洲国史　各論』330 頁。

55）前掲「農村行政支配」264 頁；前掲「満洲国統治における保甲制度の理念と実態」43 頁。

56）前掲「満洲国統治における保甲制度の理念と実態」。

57）前掲「農村行政支配」270 頁。

58）同然；車霽紅「試論偽満保甲制度的殖民地特点」『北方文物』31、1992 年、89 頁。

59）前掲『満洲共産匪の研究　第二輯』344 頁。

60）同前　345 頁。

61）前掲『満洲国史　各論』189 頁。

62）前掲「農村行政支配」270 頁。

63）前掲「満洲国統治における保甲制度の理念と実態」47 頁。

64）前掲「試論偽満保甲制度的殖民地特点」89 頁。

65）前掲『満洲国史　各論』192 頁。

66）前掲『満洲国「民族協和」の実像』92-93 頁。

67）満洲国における農村の市場特徴は風間秀人・飯塚靖「農村資源の収奪」（前掲『日本帝国主義の満州支配―15 年戦争期を中心に―』）に詳細の分析がある。

68）前掲「農村行政支配」292-293 頁。

69）奥村哲『中国の現代史―戦争と社会主義―』青木書店、1999 年、59-60 頁。

70）前掲『満洲国「民族協和」の実像』66-67 頁。

71）姜念東・伊文成・解学詩・呂元明・張輔麟『偽満洲国史』吉林人民出版社、1980 年、468-471 頁；前掲『満洲国「民族協和」の実像』68-69 頁。

72）前掲『満洲国史　各論』1084 頁。

73）同前　77 頁。

74）満洲評論社編『満洲国と協和会』満洲評論社、1935 年、55 頁。

75）前掲『満洲国と協和会』77 頁。

76）前掲『満洲国史　各論』81-82 頁。

77）前掲『満洲国「民族協和」の実像』82 頁。

78）前掲『偽満洲国史』228 頁。

79）前掲「農村行政支配」285-286 頁。

80）前掲『満洲国「民族協和」の実像』84 頁。

71

81）前掲『満洲国史　各論』141 頁。

82）前掲「農村行政支配」304-314 頁。

83）児島俊郎「満州国の労働統制政策」（松村高夫・解学詩・江田憲治編著『満鉄労働史の研究』日本経済評論社、2002 年）28-29 頁。

84）前掲「満州国の労働統制政策」35 頁；前掲『近代満洲の開発と移民』189 頁。

85）前掲『満洲国史　各論』1162 頁。

86）同前　1164 頁。

87）同前　1156 頁。

88）前掲『奉天三十年　上巻』22 頁。

89）前掲『近代満洲の開発と移民』186 頁。

90）同前　212 頁。

91）前掲『満洲国史　各論』1164 頁。

92）前掲「満州国の労働統制政策」28 頁。

93）前掲『近代満洲の開発と移民』206 頁。

94）張克良「鞍鋼第一代砿山工人和鋼鉄工人」（解学詩・張克良編『鞍鋼史（1909 ～ 1948 年）』冶金工業出版社、1984 年）173 頁。

95）松本俊郎『侵略と開発―日本資本主義と中国植民地化―』御茶の水書房、1988 年、134 頁；前掲「満州国の労働統制政策」60 頁。

96）「清郷」とは、日本と汪精衛政権が 1941 年から 1945 年にかけて、汪精衛政府の所在地南京を中心に、展開した政策であった。その内容は、政治、経済、軍事の多分野にわたり、簡潔に言えば、「三分軍事、七分政治」という手段を通じて、反日勢力を粛清して、支配地を拡大することを図った（中央檔案館、中国第二歴史檔案館、吉林省社会科学院合編『日本帝国主義侵華檔案資料選編：日汪的清郷』中華書局、1995 年、1、22 頁）。また、本書が関心のある部分としては、満洲に対する労働力の提供という内容である。

97）前掲「鞍鋼第一代砿山工人和鋼鉄工人」342-344 頁；前掲『侵略と開発―日本資本主義と中国植民地化―』143-144 頁。

98）前掲『侵略と開発―日本資本主義と中国植民地化―』134 頁。

99）前掲「鞍鋼第一代砿山工人和鋼鉄工人」384 頁；前掲『侵略と開発―日本資本主義と中国植民地化―』144 頁；李力「蜂起」（前掲『満鉄労働史の研究』）469 頁。

100）前掲『満洲史各論』1190 頁、重要産業の内訳は石炭、鉄鉱、運輸、林業、その他。

第 1 章　東北地域の歴史（1945 年まで）

101）解学詩「鞍山製鉄所的変遷」（前掲『鞍鋼史（1909 ～ 1948 年）』）105-106 頁；前掲「鞍
　　鋼第一代砿山工人和鋼鉄工人」384 頁；前掲「蜂起」474-475 頁。

102）仁井田陞『中国の社会とギルド』岩波書店、1951 年、26 頁。

103）華南の宗族と革命関係に関する研究がモーリス・フリードマン（田村克己・瀬川昌久
　　訳）『中国の宗族と社会』（弘文堂、1995 年）、阿南友亮『中国革命と軍隊』（慶應義塾大学出
　　版会、2012 年）、山本真『近現代中国における社会と国家—福建省での革命、行政の制度化、
　　戦時動員—』（創土社、2016 年）、など。

104）瀬川昌久『中国社会の人類学—親族・家族からの展望—』世界思想社、2004 年、122-123
　　頁。

105）前掲『近代満洲の開発と移民』285 頁。

106）聶莉莉『劉堡—中国東北地方の宗族とその変容—』東京大学出版会、1992 年、148-151、
　　296-297 頁。

107）同前　152 頁。

108）前掲『馬賊で見る「満洲」—張作霖のあゆんだ道—』200-204 頁。

109）同前　63-65 頁；前掲『マンチュリア史研究—「満洲」六〇〇年の社会変容—』161-162 頁。

110）前掲『馬賊で見る「満洲」—張作霖のあゆんだ道—』26-27 頁。

111）『満洲評論』第二巻第三号、昭和 7 年 1 月、3 頁。

112）前掲『馬賊で見る「満洲」—張作霖のあゆんだ道—』においては張作霖をはじめ、清末「馬
　　賊」の台頭と「馬賊」の体質から脱却する過程を論じている。

113）満洲事変以降、「敗兵の大部隊が武装のままほとんど全部匪賊の群に投じた」、「又は単
　　独に匪化したため、一団体の匪賊数は最大三千名を算するに至った、最小なものも百名に
　　下らない」（昭和 7 年 1 月『満洲評論』第二巻第三号、3 頁、）という。ところで、これらの
　　匪賊の性格は伝統的匪賊と異なるものであった。その後、満洲国の宣撫と討伐によって減
　　少したことについては本章の第 2 節で言及している。

114）末光高義『支那の秘密結社と慈善結社』満洲評論社、1940 年、自序 2 頁。

115）戴玄之『中国秘密宗教与秘密会社』台湾商務印書館、1990 年、429、484-485 頁。

116）孫江『近代中国の宗教・結社と権力』汲古書院、2012 年、313-314 頁。

117）駒込武『植民地帝国日本の文化統合』岩波書店、1996 年、265 頁。

118）前掲『中国秘密宗教与秘密会社』435 頁。

119）于喜敏「民国時期東北会道門研究」（邵雍等著『中国近代秘密社会研究』上海書店、2016

73

年）214 頁。

120）前掲『近代中国の宗教・結社と権力』498-490 頁。

121）同前　493、512-513 頁。

122）同前　499 頁。

123）南満洲鉄道株式会社地方部商工課編『満洲商工事情概要』南満洲鉄道株式会社東京支社藏版、1932 年、88 頁。

124）前掲『中国の社会とギルド』21-23 頁。

125）吉澤誠一郎『天津の近代―清末都市における政治文化と社会統合―』名古屋大学出版会、2002 年 9-11 頁。

126）『満鉄調査月報』第 13 巻第 10 号、昭和 8 年 10 月、2 頁。

127）前掲『満洲商工事情概要』89 頁。

128）政協瀋陽市委員会文史資料研究委員会編『瀋陽文史史料　第十三輯』1987 年、148 頁。

129）馬敏主編『中国近代商会通史（第四巻）』社会科学文献出版社、2015 年、1580 頁。

130）前掲『瀋陽文史史料　第十三輯』148-149 頁。

131）前掲『中国近代商会通史（第四巻）』第四章。

132）前掲『奉天三十年　上巻』18-19 頁。

133）根岸佶『中国のギルド』大空社、1998 年、153 頁；ピーター・バーク（佐藤公彦訳）『歴史学と社会理論第二版』慶應義塾大学出版会、2009 年、79 頁。

134）前掲『中国のギルド』163-165 頁。

135）故郷を愛する人情は常であるが、中国人にとって特に深いと言われている（同前　77-79 頁）。

136）山本真による一連の研究が挙げられる。地方武装勢力の革命に対する影響を強調する研究として、広東省に関する研究前掲『中国革命と軍隊』も挙げられる。いずれも華南社会を舞台とする研究成果である。

137）前掲『中国革命と軍隊』12 頁。

138）同前　286-287 頁。

139）『満洲評論』第 1 巻第 13 号、昭和 6 年 11 月 21 日、22-24 頁。

140）前掲『近現代中国における社会と国家―福建省での革命、行政の制度化、戦時動員―』1-4 頁。

141）孫文（安藤彦太郎訳）『三民主義』岩波書店、1957 年、106-111 頁。

第 2 章

国共内戦期、中共による戦時態勢の構築と東北社会（1948 年まで）

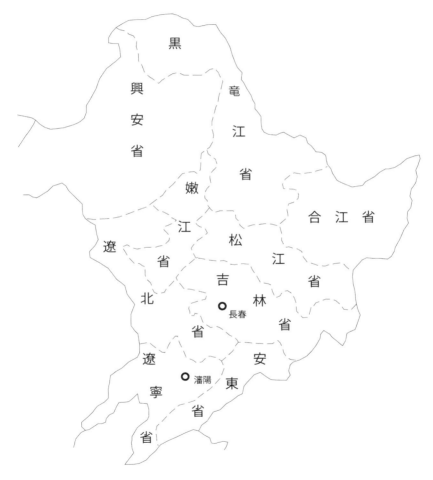

地図 4　1945 〜 1949 年、東北行政区画
出所：『中華民国重要史料初編―対日抗戦時期　第七編　戦後中国（1）』の「東北新省区図」（50頁）に基づき作成。

はじめに

　本章では、戦後 1945 年から東北全土が中共の支配下に収められた 1948 年にかけて、東北における中共革命の展開を段階的に考察することにより、中共革命が展開する特徴、および党と民衆の関係を解明する。

　第 1 章では満洲国時期における、日本による社会統制と社会情勢を検討してきた。満洲国期の研究と比べて、戦後の東北に関する研究は従来手薄である。これまでの国共内戦期の東北に関する研究は、主に以下のような流れが見られる。まず、西村成雄による辛亥革命から 1952 年までの東北地域史研究が先駆的な成果である[1]。東北において中共により政権が形成される政治過程を詳細に検証し、現在でも貴重な研究である。しかし、時代と史料の制約があり、内戦期の東北において、「反奸清算」は民衆の要求であり、かなり自然に展開されたとされている[2]。「反奸清算」「減租減息」といった大衆運動は参軍運動の基盤となり、中共の軍事活動を保障したと高く評価し、民衆の組織や幹部の育成においても、大衆運動が根本的な位置を占めていたと論じている。大衆運動における問題が指摘されたが、その原因は運動準備の不足、地方幹部養成の不十分に帰されている。同時代の研究として、中共が勝利する要因を見出そうとした S・I・レヴァインは、政治史の視点から国共内戦期の東北を分析して、土地改革と大衆動員の因果関係を主張している[3]。

　しかし、このような中共革命史観の東北研究は 1990 年代以降、次第に相対化されつつある。門間理良は、国共内戦期の東北における中共による新兵動員の仕組みを考察した[4]。その中で農民が中共側に接近した理由について、①党組織の構築が軌道に乗り出したため、②減租減息によって農民に利益を与えたため、③地主の復讐に抵抗したため、の 3 つが挙げられた。すなわち、中共の拡大の要因および党と民衆の関係を、党の組織機能の強大、党が大衆運動を通じて民衆の利益と安全の要求を満たしたから説明している。特に、「新兵動員工作は、実は「組織作り」そのものであった」と中共の強力な組織化の機能を強調している[5]。さらに、角崎信也は内戦期の東北における食糧徴収と新兵動員を検討して、中共の大衆運動の暴力性と収奪性を論じている[6]。食糧徴収の側面から見れば、土地改革は資源を平等に分配するのではなく、「階級敵」から収奪する構造であったとされる。また、徴兵の側面からすれば、雇用、強制、捕虜獲得といった様々な手段が用

第 2 章　国共内戦期、中共による戦時態勢の構築と東北社会（1948 年まで）

いられた一方で、土地改革は単にこれらの手段を行使するために、経済的保障（収奪の利益）を提供しただけであると主張している。

　門間理良の研究では脱革命史観の姿勢が見られるが、中共革命の展開に対する戦争の制約を十分に考慮しておらず、中共の組織力、および土地改革と中共の拡大の因果関係を強調している。これに対して、角崎信也は一層中共革命史観を相対化する視角を打ち出しているが、やはり中共の徴兵は土地改革の展開と関連するという前提のもとで議論を展開している。また、東北地域の特徴と東北内戦の複雑な戦争の背景に対する配慮が不十分で、東北軍隊の構成は他の地域と大きな違いがないという結論を導いた。党と民衆の関係について、両氏の研究はともに静態的に捉えているため、特に東北における国民党と共産党による一進一退の内戦の推移にともなう党と民衆の関係の変化が見えにくくなっている。そもそも、戦後の東北において、中共は真っ先に進軍したが、都市を重視する戦略が長い間存在したこともあり、直ちに土地改革を展開できなかったし、展開しようともしなかった[7]。

　東北の奪取において、中共は四平戦役の敗北まで（1946 年 5 月）、「都市戦略」と「農村戦略」の間で揺れ動いたが、結局「都市戦略」が主導となり、農村工作が本格的に展開されなかった。ところが、四平戦役の敗北により、「農村重点」の工作方針が確定された[8]。そして、1946 年 5 月 4 日に「中央関於土地問題的指示」（「五四指示」）[9]、7 月 7 日に東北においては「東北的形勢和任務」（「七七決議」）が出された[10]。この時から、東北における中共革命の方針は、農村根拠地の建設に重点を置かれることになった。とはいえ、徹底的な土地改革の意図を表面に出せず、中小地主と大地主、土豪、悪辣な支配者に対する態度を区別すべきとの指示が出されたという[11]。完全な階級原理に基づき、地主を消滅して、「耕者有其田」という徹底的な土地均分の土地改革方針は、1947 年 10 月 10 日の「中国土地法大綱」においてはじめて要求されたのである[12]。1947 年 10 月という時点は、秋季攻勢で中共側の勝利がほぼ確定して、東北全土を占領する 1 年前であった。以上の経緯を踏まえると、東北における中共の勝利は階級原理に基づく土地改革との関係が薄く、中共革命の展開や党と民衆の関係について、土地改革と距離を置いて検討すべきではなかろうか。

　以上を踏まえて、本章では対外的には対米および対ソ関係を考慮しながら、対

77

内的には中共の大衆運動に関して、大衆路線、組織力、暴力性に注目する。さらに、東北の地域社会の特徴と中共の軍事的な勢いの変動過程（特に 1947 年夏以前と以降、中共軍勢力の縮小と拡大）を重視しつつ、主に中共軍の拡張と被害（一度改編した敵対勢力の反逆によるもの）、「反奸清算」運動、「剿匪」運動を手掛かりとして、中共革命の展開を検討する。これにより、東北における中共革命の特徴および変遷をへた党と民衆の関係を解明する。第 1 節では、戦後の東北における、ソ連の進攻、中共軍の優勢、国民党軍の進軍といった戦争の推移を追跡し、中共による根拠地建設が展開する背景を明らかにする。第 2 節では、中共軍の拡張と被害、「反奸清算」運動、「剿匪」運動を中心に、中共による根拠地建設における党と民衆の関係を描きだし、その関係を規定する各要素を解明する。第 3 節では、共産党と国民党との政治を比較しながら、1948 年前後の東北の社会情勢を明らかにする。

第 1 節　国共内戦の推移

1) ソ連軍とともに東北へ進軍した中共軍

　1945 年 8 月 8 日、ソ連はヤルタ条約による東北における権益が確保されることを前提として、日本に対して宣戦を布告した。8 月 9 日、日本、中共、国民党の予想外に 100 万以上のソ連軍が東北へ進撃した [13]。ソ連の電撃的進攻は日本の降伏を早め、中共と国民党は対応に迫られた。東北での国共内戦において、中共は東北がソ連やモンゴル、北朝鮮といった友好的な国々に囲まれていたという有利な地理的条件を有していた。そして、ソ連軍とともに、周保中 [14] はそれまでソ連領内へ退却していた東北抗日聯軍を率いて、東北へ帰還した。これは、最初に東北へ進軍した中国人部隊であった。また、ソ連軍の指示によって、東北の 57 の大、中都市には抗日聯軍が駐在して、都市の行政を接収した [15]。ところが、この時期の東北抗日聯軍は中共の指導ではなく、ソ連の指示の下で行動したのである。そのため、中共軍が実質的に東北へ進軍を果たしたのはその後であった。

　ソ連軍の東北進軍に対して、中共はすぐに反応し、翌日の 8 月 10 日に全党に対して以下のように都市と交通の要路を占領することを指示した。

　各中央局、中央分局および各区党委は、直ちにすべての力を動員して、敵・

第 2 章 国共内戦期、中共による戦時態勢の構築と東北社会（1948 年まで）

偽に対して広範的に進攻して、我が解放区を迅速に拡大し、我が軍を強大するように手配すべきである。また、日本が降伏する際に、我々は迅速に包囲下にある大小都市と力の及ぶ限りの大小都市と交通要路を占領するように準備すべきである[16]。

さらに、2 日を経ないうちに、延安から 7 つの命令が発せられた[17]。第 2 号、第 3 号、第 6 号の命令は、初期の東北への進軍に対応するためのものであった。その中で、第 3 号は主に内モンゴルを対象とする指令であり、第 6 号は華北で日本軍と戦っていた朝鮮義勇軍の東北進軍を指示した内容であるため、ここでは詳しく取り扱わない。8 月 11 日 8 時の第 2 号の命令の内容は以下のようである。

ソ連紅軍の中国領内への戦闘に協力し、日満敵偽軍〔敵偽軍は敵軍と偽軍の意味で、前者は主に日本軍を指している。後者は満洲国国軍を指している。—引用者〕の投降を受けるため、以下のように命じる。
一、元東北軍呂正操の部隊は山西綏遠の現地から、チャハル、熱河に向かって出動する。
二、元東北軍張学思の部隊は河北、チャハルの現地から熱河、遼寧に向かって出動する。
三、元東北軍万毅の部隊は山東、河北の現地から遼寧に向かって出動する。
四、現在河北、熱河、遼寧の境に駐在している李運昌の部隊は、即日に遼寧、吉林に向かって前進する[18]。

上記の部隊の中で、李運昌部隊は東北の隣接地に駐在していた。そして、李運昌を筆頭として、「東進工作委員会」が組織された。1 万 3000 人の部隊と約 2500 人の幹部は、8 月末に中共の最初の東北への進軍を果たした[19]。中国の内陸に駐屯していた国民党軍と比べて、中共軍は有利であった。しかし、8 月 14 日にソ連と国民党は「中ソ友好同盟条約」を結び、ソ連は東北における接収と管理の権利が中華民国国民政府にあると承認した。そのため、中共の進軍と工作の展開に制限が加えられた。そして、中共は中共軍の名義を使わず、ソ連軍が駐屯していない中小都市へ進駐するように指示して[20]、極力ソ連軍との衝突を回避する姿勢を取っ

79

た。9月から、東北抗日聯軍は東北の八路軍と新四軍と合流して、10月に中共の
命令によって、これらの部隊と東北へ進駐する予定の部隊を統一して、「東北人民
自治軍」[21]と名付けた。中共のこうした有利な条件に基づいて、1945年9月に彭真
と陳雲らが瀋陽に赴き、中共中央東北局を設立した[22]。こうして、抗日聯軍との
合流および東北局の設立によって、中共軍は東北の大部分の都市に進駐した。
1945年8月25日から1945年10月10日まで、共産党と国民党の重慶和平交渉が
行われていたが、中共は東北への戦闘部隊の増派を怠らずに、1945年11月末まで
に東北に進出した中共軍は11万人に達したと言われる[23]。1945年11月に至って、
中共軍は東北における完全な優勢を築いた。

2) 国共内戦の拡大—国民党軍の攻勢

　中共の素早い東北への進軍と対照的に、国民党軍の東北への進出は2カ月ほど
遅れた。国民党軍の主力は中国西南部に配置されており、東北への進軍の時間稼
ぎや国際および国内の圧力により、蒋介石は毛沢東に3つの招待の電報を打った。
毛沢東も同じくソ連と国内の圧力の下、蒋介石の招待に応えることを余儀なくさ
れた。こうして、国共重慶和平交渉が行われたが、両党とも東北を争奪する意志
は揺るがなかった[24]。

　ソ連との「中ソ友好同盟条約」があったため、国民党は東北に対して軍事接収よ
り、行政接収を先に進めた。1945年8月31日、長春に軍事委員会委員長東北行営
（以下「東北行営」と略す）を設置し、熊式輝を東北行営の委員長に任命した。9月
4日、蒋経国が外交部駐東北特派員、張嘉璈が経済委員会主任委員とされた[25]。そ
して、10月12日、熊式輝をはじめとする国民党の東北接収の人員は長春に到着し
た。その翌日から、国民党軍の進駐やソ連軍の撤退といった事柄に関して、ソ連
側と交渉し始めた。交渉を重ねていたとはいえ、ソ連は国民党軍の東北進駐に対
して、協力的とは言えなかった[26]。ソ連軍の非協力的な態度に対して、17日から
東北行営の人員が北平へ移り始めた。それから、ソ連軍の国民党に対する態度の
変化が見られた[27]。ソ連軍は中共軍を長春、瀋陽といった大都市から撤退させ、
国民党による東北接収に協力した。ところが、アメリカの東北権益に対する干渉
などを背景に、1946年1月中旬にソ連は国民党に対する態度を再度変化させ、国
民党に通達せずに軍隊の撤退を延期したり、突然撤退したりして、国民党軍によ

第 2 章　国共内戦期、中共による戦時態勢の構築と東北社会（1948 年まで）

る接収を妨害した[28]。結局、ソ連は 1946 年 5 月に東北からの撤兵が完了したと宣言した[29]。ソ連軍の撤退にともない、中共軍と国民党軍の戦いが本格的に始まり、国民党軍の勢力が拡大していった。この時点で、東北における中共軍の優勢は完全に失われた。

　この国民党攻勢期において、主要戦役は以下のようである。まず、林彪による東北の国共内戦における最初の勝利として知られる秀水河子戦役（1946 年 2 月 11 ～ 14 日）である。国民党軍は北寧線（北平から瀋陽の鉄道）を確保するため、鉄道の南側の遼中と北側の法庫へ進攻して、中共軍を追い出すことに成功した。しかし、13 日から 14 日にかけて、林彪の部隊は彰武と法庫の間にある秀水河子で国民党軍 1500 人を全滅させた[30]。

　3 月 12 日にソ連軍が瀋陽から撤退したと同時に、国民党軍の主力は瀋陽へ進駐した。その一方、3 月 18 日にソ連軍が撤退した後の四平は中共軍によって占領された[31]。そして、国民党軍は瀋陽の周囲へ拡張し、本渓、鞍山、四平といった戦略の要地へ進攻した。国民党軍の攻撃に対して、中共は長春の占領を図り、北満を確保するために、北満へ進出する要地である四平を最も重視した。中共中央は 3 月 24 日、25 日、27 日に東北局の林彪、彭真らに 3 つの指示を下し、全力で四平を確保するように命じた[32]。4 月 15 日に中共軍により長春が占領されてから、国民党に対しても、中共に対しても四平の戦略上の重要性はさらに増した。そして、4 月中旬から四平戦役（1946 年 4 月 17 日～ 5 月 18 日）が本格化し、四平をめぐって、国共両党の激戦が繰り広げられた。4 月 27 日から 5 月 15 日まで、両軍が対峙する状態になった。四平を争奪するために、中共も国民党も、続々と軍隊を増派していた。中共は本渓を放棄して、本渓で戦闘していた部隊を四平へ派遣した。結局、国民党は 10 個師団の兵力をもって、15 日に中共軍に新たな攻撃を加え、四平戦役を終結させた[33]。5 月 19 日、中共は四平を放棄する指示を林彪へ送った[34]。この戦役において、国民党軍の 1 万人ほどが殲滅されたものの、30 万人の中共軍に半数以上の死傷者を出させる成果を収めた[35]。四平戦役において、国民党軍は勝利したが、戦線が拡大し、軍隊の消耗は深刻であり、北満への継続的進攻は中止せざるを得なくなり、2 回目の停戦が実現した。停戦後、国民党は「先南後北、南攻北守」の戦略を定め、中共軍への次の攻撃を計画していた[36]。

　1946 年 10 月、「先南後北」の戦略に基づいて、国民党軍は 10 万人の兵力を集中

81

して、南満の中共根拠地に対して大規模な攻撃を行った[37]。中共軍は新開嶺（新開嶺戦役、1946年10月30日～11月2日）で国民党軍を撃退したが、国民党の絶え間ない攻撃の下で、11月から中共軍の占領地域が次々と国民党軍に奪われ、12月に入って、中共軍は完全に守勢に立たされた[38]。戦争において、国民党に相変わらず有利であった。

1946年12月から、国民党軍は中共軍に対する攻撃の範囲を拡大した。国民党軍は南満の安東省の臨江県を中心に攻撃しながら、中共軍の援軍を阻止するために長春の北側の各要地においても軍隊を配置して守備した。こうした攻勢に対して、中共軍は3度松花江を渡り、迎え撃った。国民党軍の4度の攻撃に対して、中共軍は臨江地区を守り抜いた（三下江南四保臨江戦役、1946年12月～1947年4月3日）[39]。この戦役によって、国民党軍と中共軍は対峙する段階に入っていき、次第に戦争において、中共軍の有利な情勢へと転換し始めた。

3) 国共内戦の終結―中共軍の攻勢

1945年11月中旬、ソ連は国民党に協力する態度へ転じた。中共軍は瀋陽や長春といった大都市と交通要路から後背地への撤退を余儀なくされた。その後、中共の劣勢は1947年4月まで続き、南満の占領地を相次いで失い、国民党軍により北へ追い詰められつつあった。ところが、三下江南四保臨江戦役以降、中共軍に転機を迎え、連続的な攻勢によって、1948年11月に東北全土を占領した。

1947年5月13日～6月3日、北満と南満をつなぐために、中共軍は国民党軍に対して、夏季攻勢を起こした。第1段階は長春と四平の間の国民党軍を破り、瀋陽と長春の間の大部分の地区や、瀋陽から吉林までの鉄道の大部分を奪還した。第2段階では四平に対する攻撃を行い、国民党軍に大きな打撃を与えたが、成功には至らず、戦役を終結した[40]。この段階にいたって、東北の戦局は完全に逆転して、国民党軍は防御へ転じることを余儀なくされた。中共が占領する地域は78.3万㎢、人口は2655万にまで拡大して[41]、次期の攻勢に必要な条件を確保した。

1947年7月、陳誠は熊式輝にかわって、国民党東北行営主任に就任し、軍隊の配置を調整し、関内の援軍を待っていた。こうした動きに対して、中共軍は1947年9月15日～11月5日、秋季攻勢を発動して、長春から四平までの鉄道を破壊した。10月に蒋介石は戦局を逆転するために、自ら瀋陽へ赴いたが、結局国民党軍は長

春、瀋陽、錦州、営口といった 20 余の孤立した都市に押し込められた[42]。

1947 年 12 月 15 日〜1948 年 3 月 15 日、冬季攻勢が起こされた。東北と関内を連結する北寧鉄道が分断されたため、国民党軍は関内から援軍を運輸することも困難となり、さらに瀋陽、長春、錦州へと追い込まれ、孤立した。その時点で、中共軍はすでに東北の 97％の地域と 86％以上の人口を支配下に置いていたと言われる[43]。

1948 年 9 月 12 日〜11 月 2 日、中共軍は国民党軍に対する決戦である遼瀋戦役を決行した。5 月から包囲されていた長春が 10 月 19 日に陥落し、5 カ月近く、軍事・経済封鎖された長春においては、国民党軍だけでなく、一般の民衆も飢餓に苦しんで、餓死者も少なくなかった[44]。そして、錦州、瀋陽、営口が相次いで中共に勝ち取られ、東北全土は中共の統治下に置かれた。

本節では、戦後、東北の内戦戦争における中共軍と国民党軍の勢力の変遷を概観した。このような戦争の背景の下で、中共は根拠地において、どのような工作を展開して、戦争を支援したのか。如何なる効果がみられたのか。これらの根拠地建設の工作の展開は戦争といかなる相関関係があるのか。これらの問題を次の節で分析する。それにより、内戦期東北における中共の戦時態勢の構築過程、その過程における党と民衆の関係を解明する。

第 2 節　中共による戦時態勢の構築

1）中共軍の拡張と被害

周知のように 1945 年当初東北へ進軍した中共軍は 10 万余りの兵力であったが、1948 年の東北解放当時、「100 万精兵」（「百万雄獅」）と称するまで拡張した。中共軍が爆発的に増加できた要因と大量の新兵の構成については、兵力の拡張の特徴によって、第 1 期の 1945 年 8 月から 1945 年 12 月まで、第 2 期の 1946 年 1 月から 1947 年 4 月まで、第 3 期の 1947 年 5 月から 1948 年 11 月まで、3 つの時期に分けられる（表 2-1）。

前節で述べたように、中共の命令によって、東北へ最初に進軍を果たしたのは、1945 年 8 月末、李運昌が率いた 1 万 5000 人ほどの「東進工作委員会」であった。11 月に李運昌の部隊は 8 万人にまでに拡大したという[45]。中共による根拠地建設や大衆運動がまだ展開されていない時期において、李運昌の部隊だけではなく、中共

表 2-1　東北の内戦における中共軍兵力の変遷と主要戦役および捕虜の数

		兵力（人）	戦役	備考
第 1 期	1945.10	11 万		3 カ月間約 16 万人の拡張
	1945.12	27 万		
第 2 期	1946.2		秀水河子戦闘	16 カ月間内 8 万人の元冀察熱遼軍区部隊を除き、約 11 万人の拡張
	1946.3	31 万		
	1946.4 ～ 1946.5		四平戦役	
	1946.5		鞍海戦役（捕虜：2,104 人）	
	1946.10		新開嶺戦役（捕虜：5,800 人）	
	1946.11	36 万		
	1946.12 ～ 1947.4		三下江南四保臨江戦役	
	1947.4	46 万		
第 3 期	1947.5 ～ 1947.7		夏攻勢（捕虜：6 万人）	18 カ月間約 85 万人の拡張、内 1948 年春までに二線兵団から 37 万人、残り 49 万人の拡張
	1947.7	51 万		
	1947.9 ～ 1947.11		秋攻勢（捕虜：4 万 9,900 人）	
	1947.11	73 万		
	1947.11 ～ 1948.3		冬攻勢（捕虜：10 万 5,000 人、8,320 人（蜂起））	
	1948.4	98 万		
	1948.9 ～ 1948.11		遼瀋戦役（捕虜：30 万 6,200 人、2 万 6000 人（蜂起）、8 万 3,000 人（投降））	
	1948.11	132 万		

出所：『第四野戦軍』（戴常楽、劉聯華（主編）、国防大学出版社、1996 年、1-11、229-231 頁）、『遼瀋決戦　下』（中共中央党史史料征集委員会、1988 年、684 頁）、に基づき作成。

軍の拡大は敵軍の改編が主要な手段であったと考えられる。まず、山東局から東北へ軍隊を派遣する際に、中共中央から以下のような指示が出された。

　　目前、国民党およびその軍隊がまだ東北へ到達していない時期（短時間内に到着できないと推測できる）を利用して、我が力を迅速に拡大し、我々の東北における地位を固めるため、中央は山東から 4 個師団、12 の連隊、ともに 2 万 5000 ～ 3 万人を引き抜いて、分散して海路で東北へ入らせることを決定した。また、肖華を派遣して、統一の指揮を取らせる。我が軍は東北へ入って、活動する際に、目立つように宣伝せず、八路軍の名義を使用せず、東北義勇軍および東北の他の地方軍の名義を使う。まず、農村、小都市お

第 2 章　国共内戦期、中共による戦時態勢の構築と東北社会（1948 年まで）

よび〔ソ連——引用者〕紅軍が占領していない中級都市と交通線に進駐して、大衆を立ち上がらせ、力を発展させ、地方政権を建設する。偽軍を改編し、地方武装を組織する[46]。

　上記の指示によれば、中共中央は国民党が東北へ進軍するまでの時期を利用して、ソ連紅軍と「中ソ友好同盟条約」を配慮しながら、東北における地位を固めようとした。そのために、満洲国国軍の改編を積極的に意識して、迅速に力を拡大する意思が明白であった。この時期における中共の軍を拡張する意図と手段については、同じ 9 月の中央から全軍に対する下記の指示から読み取れる。

戦争〔日中戦争——引用者〕が終わったが、敵偽の武装はまだ解除されていない。敵偽の力を粛清し、内戦の危機を阻止して、戦後に平和民主が真に実現することを保障するために、我が八路軍と新四軍の補充・拡大が差し迫っている。日本軍が投降を宣言してから、我が軍は百以上の都市を解放して、〔解放区には——引用者〕2000 余万の人口を増加し、銃を 10 万余丁手に入れた。そして、中央は特に 10 月、11 月、12 月の 3 カ月以内に、八路軍と新四軍は十数万人を補充し拡大するように努力すべきと決定した。各区はいくら拡張するかを決めてから中央へ報告する。新兵の出所は、主に民兵の動員に依拠するが、新解放区内においては、個別的に拡大し、および偽軍と捕虜を我が軍の味方に引き入れる。目前、軍隊の組織の整備と拡張は各根拠地の最も重要な任務である[47]。

　中共は国民党との戦いに備えるために、全軍に対して、軍備拡張の命令を出した。当該時期において、軍隊の拡張は極めて重視され、各解放区の最も重要な任務と位置付けられた。また、戦後僅か 1 カ月ほどで日本軍や満洲国国軍から大量の武器を獲得したことも分かる。そして、中共は日本軍と満洲国国軍に依拠して、迅速に軍備の拡張が実現できると認識して、新解放区の軍隊の拡張において、満洲国国軍と捕虜に対する政策を重要視していた。中共にとって、最も肝心な新解放区であった東北における、満洲国国軍改編の詳細な史料を示すことは困難であるが、その実態について、当時の党の幹部の回顧から垣間見える。

85

最初に東北へ進軍した「東進工作委員会」の東路隊の司令官曾克林は「関内から出た部隊は〔1945年——引用者〕8月中旬、熱河、承徳、平泉へ先に進攻した。西路部隊は興隆県を奪い返す際に、熱河西南地区の防衛司令官黄方鋼の偽満軍4つの連隊、7つの討伐大隊の1万人あまりが決起（原文「起義」）した」、「中路隊は8月下旬、平泉で偽満軍の1つの旅団の武装を解除して」、「敵偽5000人を捕虜とし、青竜県偽討伐隊2000人は我が軍に投降した」と回想した[48]。上述の中共中央の9月に出された満洲国国軍の改編に関する指示に従い、東北において満洲国国軍に対する改編が展開された。さらに、10月に中共中央は、敵偽・捕虜に対して「一切の体力が強い兵士を全部味方に入れて、我が部隊を補充すべき」[49]と何度も強調した。「10月末、瀋陽の3つの労働者大隊および撫順で八路軍の捕虜となった人員を基幹に瀋陽保安旅団を編成した」[50]。「瀋陽に到達して間もなく〔1945年11月前後——引用者〕高尚斌の偽匪の非正規軍（原文「偽匪雑牌軍」）2000～3000人を収容して、保安2旅団に改編した。高尚斌は東北軍の元部下であり、旅団長として任命された。私は部隊を掌握するために李英武を派遣した。李は20余名の幹部を率い、〔2旅団の——引用者〕政治工作を行ったが、我が軍が瀋陽から撤退した際に、2旅団から400～500人しか連れてこなかった」[51]。

　これらの幹部の回顧から、当該時期の中共は満洲国国軍などの武装勢力に対して、改編を加えるだけでなく、隊長などの任命も行ったことが分かる。つまり、1つの大隊に相当する人数を連れて投降すれば、そのリーダーはそのまま大隊長として任命される。1つの連隊に相当する人数であれば、そのリーダーはそのまま連隊長とされる。例えば、上記の黄方鋼や高尚斌は旅団長に任命された。こうした任命の方法によって、中共軍は迅速に拡大できたと考えられる。しかし、後述するが、こうした改編・任命の仕方は中共軍に大きな被害をもたらした。

　中共軍による満洲国国軍と捕虜の改編は国民党側の史料からも確認できる。1945年12月、陳誠の蒋介石へ提出した中共軍情報によると、中共は「遼吉2省においては、中央軍の名義を借りて、偽満警察憲兵、失業労働者、匪賊ごろつき（原文「土匪流氓」）、失業分子」といった者「合計15万人を募集したり、強制連行したりした」[52]。さらに、斉世英は「〔国民党の——引用者〕中央の東北における最大の致命傷は偽満軍隊の収容ができなかったことにほかならない、そのため彼ら〔偽満軍隊——引用者〕は余儀なく各自の道を選択した。そして、中共は強大化するこ

第 2 章 国共内戦期、中共による戦時態勢の構築と東北社会（1948 年まで）

とができた」と回顧した[53]。国民党側の幹部も中共軍が東北において急速に拡大できた要因は、満洲国国軍に対する収容の成功であったと認識していた。

ところが、これまで見てきた史料の中で、特に中共側の史料において、鉱山労働者を軍隊に取り入れる記述も見られた。満洲国国軍に対する収容・改編は中共軍の拡張の要因であることを確かめた上で、ここではさらに第 1 章で検討してきた満洲国の「遺産」としての工場・鉱山労働者と中共軍の拡張との関係を考察したい。

> 私〔呂正操──引用者〕は 2 つの連隊を率いて瀋陽へ入ってから、2 つの旅団まで編制を拡大した。〔中略〕その後、鉱山労働者を組織して部隊へ取り入れて拡大した。これらの鉱山労働者は日本軍に関内で捕えられて、東北へ送られた労働者であった。その大部分は冀中〔河北──引用者〕出身であったため、冀中部隊の到来を待ち望んでおり、先を争って参加した[54]。
> 我が軍は東北へ進軍してから 3 カ月の間、国民党軍が未だ到着していない時期を利用して、大量の幹部と一部の部隊を引き抜いて派遣した。〔彼らは──引用者〕鉱山地区へ立ち入り、宣伝と部隊の編制を拡大する工作を展開した[55]。

第 1 章で述べたように、満洲国後期、日本統治者は戦時体制を構築するために、工場・鉱山に華北出身の労働者を計画的に投入した。日中戦争後、鉱山労働者は中共に協力する典型的な事例として、撫順炭坑で強制労働に服していた 400 余人の「特殊工人」が自ら武装して鉱山を守って、その後、中共に改編され、部隊に取り入れられたことが見られる[56]。この事例から見れば、中共軍に協力する鉱山労働者は主に「特殊工人」であった。「特殊工人」は他の華北からの出稼ぎ労働者とは異なり、少数の華北、内モンゴルから連行した八路軍、国民党軍の戦争捕虜と清郷工作で逮捕した一般中国人に限られていた[57]。満洲国の労役に対して反抗的な一部分の労働者とも言われる[58]。ただし、第 1 章で検討したように、本来少ない「特殊工人」の大多数は逃亡したため、東北の中共軍の拡張において、鉱山労働者は一定程度の役割を果たしたが、その人数は限られていたと考えられる。

以上により、戦後 1945 年末まで、中共軍による急速で大規模な拡張は満洲国国軍に頼ったことが明らかになった。こうした拡張が可能となった要因は、中共の

87

主観的な意図と客観的な勢力の強弱によるものと言える。なぜ中共は身分と階級を問わず、あらゆる人員を部隊に引き入れたのか。これについて、1945年において東北では新兵動員の組織が形成されていないという論点がすでに提示されている[59]。しかし、中共による満洲国国軍に対する改編は、決してやむをえないことではなく、国民党が到着するまでに自らの勢力を固めるために、積極的に満洲国国軍を収容して改編したという姿勢が窺える。ただし、呂正操によれば、政治工作と思想教育を通じて、これらの兵士を掌握できると見込んでいたようである。1945年末まで、国民党軍はまだ東北には手がとどかず、ソ連軍と協力して進攻する勢いを得たことは中共による満洲国国軍の改編に対して有利な条件を提供した。中共軍に抵抗できない満洲国国軍は武装勢力として、中共以外の選択肢がない中で、余儀なく中共に改編された。また、相当の人数を連れて中共軍に投降すれば、連隊長や旅団長に任命されるため、権力を目当てに、中共軍に従った人々も少なくなかったと考えられる。

　以上の経緯で拡張された中共軍は、1945年末における国民党軍の東北への進軍の時点および1946年4月における中共軍の四平からの撤退の時点において、大きな被害を受けることになった。中共軍に大量の反逆者、逃走者が出て、幹部が殺害される事態も発生したことについては、以下で検討する。

　第2期の1946年1月から1947年4月までは、東北において中共軍は優勢を失い、国民党軍の攻勢期となった時期であった。中共は瀋陽や長春といった大都市と鉄道の主要線路を放棄することを余儀なくされた。進攻から後退へと転じた中共軍にとって、第1期のように容易に満洲国国軍や従前から存在した武装勢力を改編することができなくなった。さらに、すでに改編された在地の武装勢力が相次いで軍事力が優勢となった国民党側に寝返った。これにより中共軍は大きな被害を負うこととなった。その具体的な様子と深刻さは以下の史料から窺える。

　　我々は最初に東北へ進出した際に、東北の情勢に対して十分に理解していなかった。我々は収容、改編と任命の方法によって、一部の武装勢力を拡大した（1つの大隊を拡張すれば大隊長と任命する、1つの連隊であれば、連隊長と任命する）。偽満の役人に対しても任命を行い、抗聯の裏切り者さえ任命した。これらの部隊は後に寝返って、我々を攻撃して、我々の幹部

を殺した。〔中略〕南満、東満には詳細な統計がなかった。知っている限り、一昨年〔1945年─引用者〕12月、1つの旅団が撫順で寝返った。東満の周保中の部隊では一度で7000人が寝返った。当初、李運昌の部隊は4万人と言われたが、錦州から撤退した後、大部分が寝返り、熱河に到着した際に5000人もいなかった。〔中略〕〔1946年──引用者〕5月末、四平戦役後、我が主力が後退してから、奉吉線と瀋陽、長春の西側における地方部隊はあちこちで反逆し、総崩れとなった。大衆は我が方の落後した主力兵士の銃を奪ったりして、北満双城で騎兵連隊の寝返りが発生した[60]。

上記の史料によれば、中共軍の第1期の拡張において、満洲国国軍と旧武装勢力に対する任命が第2期の中共軍の深刻な被害へと直接につながったと考えられる。当初、兵力の拡張の典型な事例として宣伝された李運昌部隊は4万人から5000人へ減員された。表2-2は、北満だけで反逆者は3万人以上であり、100人以上の幹部が殺害されたことを示している。こうした実態は当時幹部が不足していた中共にとって大きなダメージであった。

第2期における中共によって改編や組織された民兵などの地方部隊の寝返りと逃走が際立ったもう1つの時期は1946年4月から5月までの四平戦役であった。反逆者は中共軍の軍隊に取り込まれた新兵だけでなく、初期に組織された民兵も寝返り、撤退途中の中共軍に襲いかかった。次項において詳細に検討するが、これらの地方部隊は初期の「反奸清算」や「剿匪」といった大衆運動の中で組織されたが、内実は複雑であって、中共にとって容易に掌握できない組織であった。しかし、第2期の中共軍の拡張においては、民兵などの地方部隊の掌握は困難であったにもかかわらず、やはり重要な新兵の供給源として位置付けられた。これらの現実を以下の史料が示している。

兵士の供給源を保障するために、臨時の動員に頼るだけでは間に合わないのであ

表2-2　1945年末北満の部分の省における在地の武装勢力の反逆と中共が受けた被害（人）

省	反逆に加わった人数	殺害された幹部
合江	5,600	25
牡丹江	11,600	40
松江	7,500	20
龍江	2,000	9
嫩江	7,000	60
合計	33,700	154

出所：「東北剿匪工作報告」（『中共西満分局資料彙編（内部資料）』中共斉斉哈爾市委党史工作委員会編、1985年、162-163頁）に基づき作成。

る。現在大部分の地方武装はすでに相当の数がある。匪賊の大部分もすで
に消滅した。ただし、大部分の地方武装は深く大衆を立ち上がらせる前に
組織したため、強い中堅幹部がいなければ掌握しにくい。そして、各地の
地方武装は、当該地域の治安状況によって出身の比較的よい一部分を除く。
この部分を中堅として、減息を組織して、敵偽の土地を分配する闘争の中
で継続的に拡大する。残りの大量〔地方武装——引用者〕を引き抜いて、直
ちに主力を補充できるように、独立連隊、大隊を編成する[61]。

　この史料により、個別の臨時動員による兵力の補充は戦争や軍の需要に追い付
かないことが明言されている。要するに、戦争での劣勢が続く中で、満洲国国軍
という兵力の供給源を失った中共は、地方部隊を組織する手段に着手した。東北
局は「剿匪工作に関する決定」（「東北局東北民主聯軍総司令部関於剿匪工作的決
定」1946 年 6 月）、「情勢と任務に関する決議」（「関於形勢与任務的決議」1946 年
7 月 7 日）といった指示により、各種工作の重要な目的として民衆の武装化と組織
化を度々強調した。地方での武装勢力は「民兵」「自衛団」「独立連隊」といった形
式を持ち、中共は「民兵→地方部隊→主力部隊」というルートで主力を補充しよう
とした[62]。しかし、表 2-1 からみれば、こうした兵力を拡張する手段はこの段階に
おいては大きな効果を挙げられなかったようである。結局 16 カ月間に 11 万人を
新たに軍隊に取り入れたが、第 3 期において拡張した人数とは比較にならないほ
ど少なく、第 1 期の 2 カ月間で拡張した新兵人数にも及ばなかった。こうした事
態から当該時期において、中共は地方部隊をうまく組織できないし、組織しても
掌握しきれなかったことが窺える。これに対して、民衆側が中共による武装化・
組織化の動員を積極的に支持したとは考えられない。東北における内戦は中共軍
と国民党軍の一進一退の戦いであり、一部分の民衆は「八路軍は勝利できるが、少
しずつ粘らないと。関内と一緒だ、現在八路軍に付いてはいけない、勝利が近づ
くと〔八路軍と協力するあるいは八路軍に参加するなどを——引用者〕やってあげ
る」[63]と考えた。すなわち、中共軍は戦争において劣勢に立つ限り、民衆は保身な
どの合理的打算に基づいて、中共に協力しにくいのが現実であった。
　第 3 期の 1947 年 5 月から、戦争において中共軍は優勢へと転じて国民党を破り、
1948 年 11 月に東北全土を収めた。戦争の情勢の好転にともない、中共軍は爆発的

第 2 章　国共内戦期、中共による戦時態勢の構築と東北社会（1948 年まで）

に兵力を拡大することができた。第 3 期の 18 カ月間において、中共軍が拡大した
兵士は 86 万人であった（表 2-1）。まさしく羅栄桓の言葉にあるように「りっぱな
戦いができれば、兵力の供給源は問題にならない」[64] という事態であった。つまり、
戦争の情勢の好転は中共軍のために民兵の組織と捕虜の改編という 2 つの供給源
の確保を可能としたのである。

　大規模な戦争の条件を満たすために、中共は民衆の武装化に一層注力した。
1947 年 7 月下旬に、東北局は「二線兵団の設立に関する決定」（「関於成立二線兵団
的決定」）を出した。野戦軍あるいは民兵などの地方部隊から少数幹部や古参兵
を引き抜いて中堅として、大量の新兵によって独立団を編成して、二線兵団とし
た。こうした二線兵団は短期間の訓練をへて、直ちに中共軍の主力を補充するこ
とができると規定された[65]。さらに、1947 年 12 月に「東北局の 1948 年の任務に関
する決定」（「東北局関於 1948 年任務的決定」）で、「解放軍の主力を一層拡大する
ように動員し、さらに 2 倍にして、かつ十分な訓練を経験した予備を保障して、兵
力を補充する。1948 年 4 月末に完成すべし」[66] と指示した。そして、1948 年春まで
に 176 の二線兵団が組織され、37 万人の新兵が供給されたと言われる[67]。

　大規模な二線兵団を組織できたことの前提としては、中共軍の攻撃と連続的勝
利によって、占領地が拡大し基本人口が増加したことにある（表 2-3）。また、当初
弱小であった中共に対して、消極的あるいは抵抗的であった（金銭の利益、身の安
全、権力といったことを重視する）[68] 民衆は、また同じ理由で当時強大化してきた
中共を支持するようになったと考えられる。ゆえに、第 3 期における民衆の武装
化・組織化や、これらの武装勢力を利用して、主力に兵力を補充することが比較
的順調に展開したことは、中共の軍事的優勢が根本的な要因であったとは言える。

表 2-3　東北の国共内戦における中共軍が占領する地域と基本人口

	県城	面積（㎢）	人口（人）
合計	155	102 万 3,646	3,432 万 8,929
1946 年 1 月	146	99 万 5,877	3,166 万 8,190
1947 年 3 月	100	76 万 3,105	1,598 万　286
1947 年 6 月	約 140	約 99 万 3,000	約 2,952 万 2,800

註：「合計」は 1947 年に東北全土における県数、総面積、総人口を示す。
出所：『中華民国重要史料初編―対日抗戦時期第七編戦後中国（二）』（中国国民党中央委員会編印、
　　　1981 年、889-890 頁）、『第四野戦軍』（戴常楽、劉聯華、1996 年、8 頁）、に基づき作成。

91

しかし、必ずしも中共の組織力 [69] が向上して、民衆の自覚が高くなったためであるとは限らない。

　ところが、改めて表 2-1 を見れば、中共軍は 1948 年 4 月の 98 万人が 1947 年 11 月の 73 万人より 25 万人増加していた。この 25 万人は全員地方部隊から供給したとは限らないが、全てが農民からの新兵でもなかったと考えたほうが妥当であろう。いずれにせよ、1948 年春までに東北局の兵力を 1947 年より 2 倍にするという任務は達成できなかった。なぜならば、下記のように地方における兵力と労働力の徴収はすでに農業生産、後方支援と矛盾を生んでいたからである。

　大規模な軍隊建設には、大量の人力、物力の支持が必要である。しかし、現在解放区の大衆の負担はすでに非常に重い。これは矛盾である。北満には 1400 万の人口があり、統計によればすでに兵力 30 万、労働力（原文「民夫」）10 万が供出された。ある地方においてはすでに総人口の 6％〜8％を占めていた。北満の人口の 3 分の 1 は都市人口で、約 400 万人である。土地闘争の中で 20％弱の人口に打撃を与えて、これが約 250 万人である。ゆえに、農業生産ができるのはただ 750 万人が残され、しかも年をとって体力が弱い者も含んでいる。さらに、北満において、生産に携わらない軍政人員は 30 万いる。従って、700 余万人は 400 万の都市人口の食糧と 30 万人の衣食を供給しなければならない。大衆の負担は決して軽くはない。去年〔1947 年―引用者〕徴収した公糧はすでに大衆の総収入の 50％を占めた。去年農民は土地、動産を分配されたため、負担が重いとは感じていなかった。今年農業生産は大きな困難が発生しかねない [70]。

　上記によれば、北満を事例として、大規模な戦争を維持するために農村人口の減少は、農業生産に影響を与え、拡大しつつある占領地域、特に都市、および軍隊を養うには限界に達した。1947 年に農民は土地や財産が分配されたため、食糧徴収は農民の総収入の半分を占めても、不満を引き起こすまでには至らなかった。しかし、分配できる土地がなくなり、次第に農民から食糧の徴収が困難になることも予想された。ここに厳しい現実が見てとれる。当該時期の党と民衆の関係においては、金銭、土地に関わる経済利益は大きな役割を果たしたことが窺える。

第2章 国共内戦期、中共による戦時態勢の構築と東北社会（1948年まで）

さらに、以下のように1948年に前線と後方の矛盾が各地で現れ、中共はついに各軍区へ指示を出して、地方における兵力の拡張に制限をかけた。

今年華北、華東、東北、西北の各区において、個別の地方は原案の兵力拡張計画の実行を許可する。それ以外には、その他すべて兵力を拡張すべきではない。農村の人口は大きく減少した。〔中略〕各区の兵力の拡張（東北を含め）はすでに飽和点に達した。前線支援と後方の可能性の間に極めて大きな矛盾が発生した。この矛盾を解決しなければ、長期の戦争を支持することができない。ゆえに、今年後方は原則的に兵力を拡張すべきではない。来年、兵力を拡張するかどうかは、また情勢に応じて判断すべきである。今後、前線の兵士の供給源は全部、捕虜および地方部隊の昇格に依拠する。あなたたちおよび各軍はこれに対して覚悟すべきである。〔中略〕今後、都市を攻める際に、野戦の際に獲得する捕虜は大いに増加できる。各区および軍は力を入れて、捕虜の訓練工作を組織して、原則的に一人も釈放せず、大部分を我が軍に補充して、一部を後方の生産に参加させる。一人も無駄にしてはならない。我が軍が蔣介石に勝つための人的資源は主に捕虜に依拠する。この点について全党において注意すべきである[71]。

上記の史料によれば、地方での徴兵が制限された背景には農村人口の減少の中で、戦争による十分な捕虜が獲得できることを大前提としていたからであったと考えられる。当該時期の中共中央の捕虜に対する政策は原則的に一人も釈放せず、全員を軍隊に補充するものであった。それに、表2-1を合わせて見れば、第3期の合計86万人の兵力の増加から、1948年春までに供給された37万人の地方部隊を除いても、なお49万人の兵力が増えていた。同時期の捕虜数は48万余人であった。第3期においては、地方部隊からの兵力供給が限られており、中共軍の拡張はほとんど捕虜に依っていたと考えられる。換言すれば、中共にとって新たに現地の個別の民衆を対象とする徴兵や大規模な地方部隊の編成を行わなくてもよく、民衆の徴兵に対する支持と協力は必要で不可欠なことではなくなった。

93

2)「反奸清算」運動

1945年末、東北における優勢を失った中共は、大都市を放棄することを余儀なくされた。11月20日、「幹線を開き両側を占領する」(「譲開大路、占領両廂」)へ東北政策を変更し、12月に「強固たる東北根拠地を建設する」(「建立強固的東北根拠地」)方針が定められた。東北における根拠地建設の主要任務は、既に検討した軍隊の改編(民衆の武装化による軍隊拡張)以外には、民衆の動員(「反奸清算」など)、および匪賊の粛清(「剿匪」)があった[72]。ところが、東北の根拠地建設に際して、困難が大きく2つあった。

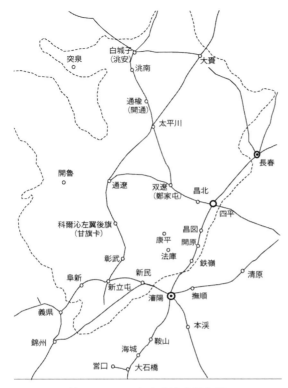

地図5 1948年中共遼吉根拠地
出所:『解放戦争中的遼吉根拠地』図一に基づき作成。

1つ目は、民衆の正統思想である。国民党は合法政党であり、東北においても政治的影響力が大きかった。そして、民衆は共産党に対して、懐疑と傍観の態度を持ちながら、国民党の到来と統治を待ち望んでいた状況であった[73]。著者の聞き取りでは、当時の民衆は国民党に対する思いを表す早口言葉「中央を想う、中央を待つ」(「想中央、盼中央」)も口ずさんでいたという[74]。国民党と対照的に、中共は合法的地位を持たず、戦争においても劣勢に立っていたため、民衆を動員するのは困難であった。こうした民衆の思想は中共によって「盲目的正統思想」と呼ばれる。

2つ目は財政の問題であった。第1章で述べたように東北では19世紀末から鉄道を軸とする樹状の「県城経済」が形成された。農村は直接都市と取引を行い、強

第 2 章　国共内戦期、中共による戦時態勢の構築と東北社会（1948 年まで）

く都市に依存した。さらに満洲国の経済統制をへて、物資は高度に瀋陽や長春といった大都市に集中されていた。そのため、中共は 1945 年末に大都市から撤退させられたが、その根拠地では、自ら及び支配下の民衆のための生活物資、そして軍需物資が極めて不足する状況に陥った。

　こうした背景の下で、中央と東北局は数多くの指示文件を出した。それらの文書では敵偽の財産を清算することは、大衆動員に有効であると書かれている [75]。そして、西満分局は中央と東北局の指示を具体化して、1945 年 12 月に「大衆を発動して反奸清算運動を行うことに関する指示」（「関於発動群衆反奸清算運動的指示（密）」）[76] を出した。「反奸清算」の清算の対象は、日本統治者の勢力を借りて、悪事を働き、財産を築いたことで民衆に恨まれていた戦犯、漢奸特務分子であった。「反奸清算」運動をリードしたのは「敵偽資産清算動員委員会」[77]（以下「清動会」と略す）であった。「清動会」は、7 〜 15 人の委員からなり、政府の高級幹部が指導して、民衆を立ち上がらせる組織と位置付けられた。実際の「反奸清算」は、上から下への運動という性格が強く、敵の資産の清算と処理の権限はすべて「清動会」にあった。「反奸清算」運動の目的は、「東北大衆の政治自覚を高め、生活を改善する」ことであった。また、「政府を設立し、軍隊の財政基礎を築く」、「清算運動を上手に行うことに依拠して初めて我々の財政問題を解決できる」[78] とも強調された。かくして、当面の「反奸清算」は民衆を立ち上がらせる運動というより党と軍の財政を維持する手段として重視された。しかし、民衆の動員や財政問題の解決はいずれも簡単には達成されなかったようである。

　まず、軍隊の物資や財政の問題の解決においては、1946 年の防寒服（冬衣）の配給が厳しく制限された [79]。当時の西満分局の宣伝部長陳沂の回顧によれば、物資の不足は 1947 年夏の中共軍の反撃まで改善できなかった。三下江南戦役（1946.12 〜 1947.4）の際に、服と靴の供給が極めて不足して、凍傷になった兵士は 1 万人弱と言われる [80]。つまり、「反奸清算」運動が 1945 年末すでに行われたにもかかわらず、軍隊の物資や財政の問題を解決するほどの利益はなく、この状況は 1947 年夏の中共軍の攻勢への逆転まで続いた。

　こうした現実的効果の限界とは対照的に、新聞記事などに掲載されている中共の公式見解の中において、「反奸清算」は高く評価された [81]。『東北日報』で多くの記事が載せられ、宣伝の素材となった [82]。その評価の側面は主に以下のようで

95

あった。①民衆は金銭の利益を分配され、生活が改善された。②運動の中で労働者や農民は自ら自衛団体や貧民会を組織した。③中共は民衆と繋がり始めた、などである。ところが、現実と中共の宣伝とはかけ離れていたことが窺える。実際には自らの財政問題を解決することを目的とした「反奸清算」運動であったため、必然的に民衆に対する働きかけの効果は限られた。次は法庫県における「反奸清算」運動の事例である。

> 我々が法庫で工作を展開したのは去年〔1945年—引用者〕11月であった。最初には幹部や自らの武装勢力がすくなく、活動を展開できず都市内を回っただけであった。しかも、匪賊および寝返った武装勢力に何度も都市から追い出された。12月下半期、省委軍区は法庫へ移り、大量の幹部（30余人）が村へ派遣された。6つの区で区政権が建設された。それから幹部が続々と増加した。古参幹部は最も多い時は60余人（一部分は家族が臨時に仕事を手伝うこと）に達した。ただし、幹部の投入は分散的でしかなく、主に上から指導の形式で工作を展開した。4月4日、法庫を第一回目に失った時までに、秀水河子戦闘を経験して、1200万の糧秣代金を徴収した。大衆工作は長くなかった（2カ月半）。大衆工作の内容は清算であった。当時は清算をもって、財政任務を解決した（毎月200万元を納めなければならない）。そのため、大衆に配分する利益は過少であるだけでなく、工作の方法も独断的な上からの指導の形式（単純な政権形式）がとられたこともあり、大衆を立ち上がらせることができなかった。ただよい印象を残しただけであった[83]。

上記の史料の中で取り上げられた法庫県は瀋陽市の後背の平原地域である。瀋陽や瀋陽から長春までの鉄道を確保するための要地となり、秀水河子戦闘（1946年2月）の戦場ともなった。全県は県城、200余の行政屯、300〜400の自然村からなり、人口は20余万であった。人家が密集していたため、民衆の支持があれば、遊撃戦に有利であった。法庫県は1945年12月から中共軍の占領下であったが、1946年4月4日に一度国民党軍に奪われ、14日にまた中共軍に奪還された。6月に再び国民党軍に占領されてから、1948年2月まで、ずっと国民党の統治下にあった。中共軍は1945年11月に法庫に入り、12月から「反奸清算」を中心とする大衆

96

第 2 章　国共内戦期、中共による戦時態勢の構築と東北社会（1948 年まで）

工作が展開された[84]。先に引いた史料によれば、当該時期の「反奸清算」は毎月
200 万元を納める財政任務を達成するためであって、民衆に分配する利益は非常
に少なかった。「反奸清算」の果実を含め、2 カ月半の大衆工作によって、秀水河
子戦闘のために 1200 万元の糧秣代金が徴収された。そして、「反奸清算」運動は
民衆の中で宣伝効果しか残らなかった。中共が宣伝するように、民衆に利益を分
配して、生活を改善するどころか、実際には民衆の負担は決して軽くはなかった。
さらに、運動は独断的な上からの指導によって展開されたため、民衆を立ち上が
らせることができなかったと述べている。

　また、初期の「反奸清算」運動の実態を通じて、民衆の中共に対する姿勢を窺い
知ることができる。「各階層は普遍的に国民党に極めて大きな空想を抱いていた」、
その中で、清算運動の対象は固く中共に反対した。中間階層も下層民衆も中共よ
りも国民党の軍事力を信じていた。さらに、「反奸清算」の果実の大部分は財政の
補充に当てられ、民衆の中でもとりわけ貧しい人は中共からほとんど利益が与え
られないため、中共に対する不信感が強かった。秀水河子戦闘後、中共軍が撤退
した際に、民衆は荷車さえ中共軍に提供したくなかった。これに対して、「中央軍
が丁家房周辺と大孤家子周辺に到達した際、各村は旗を振って、行列をつくって、
歓迎していた。（昔我々は大衆大会を招集しても、大衆はほとんど来なかったの
に）」[85]。

　さらに、北満の商業都市である牡丹江市の事例を見ていく。

去年〔1946 年――引用者〕6 月に嵐のような反奸清算運動が展開された。主
要な目標は配給店、警察、特務と大漢奸、大悪覇であった。この運動は「八
一五」の全市 4 万人が参加した大漢奸王鵬九の公開審判の際に、頂点に達し
た。しかし、9 月には退潮した。原因は土地改革を行うために大量の幹部
を農村へ派遣して、都市工作を顧みる余裕がなくなった。また、配給店を
闘争するため、一部の商工業者が恐れてあわてて逃げたことである。そし
て、商工業に対する影響を恐れて、指導者の決意が動揺した。今年の 2 月に
貧民工作が再開したが、経験不足と力量不足のため、土地に関する問題の
ある個別の街道において土地闘争を行った以外に、殆ど展開できず、進め
なかった。悪覇に対する闘争にしても、家屋分配にしても、大衆の情緒は

高くなかった。家賃を下げても、低すぎると、大衆の要求に満足できない〔家賃を収入として生活する大衆の場合——引用者〕。〔中略〕夏季攻勢に勝利したため、大衆の勝利に対する自信を高め、反動の凶悪な気焔に打撃を加え、大衆の闘争の勇気を鼓舞した。特に周辺の各県の農民は徹底的に「生煮え」を消滅する運動を引き起こした。その規模・勢い・激しさ、および大衆の情緒はいずれも空前のものであった。この潮流は市内まで突き進んだ。人々は逃亡地主や悪玉を捕まえ、臓品を引き出し、動産を運び出し、不動産を差し押さえた[86]。

　上記の牡丹江市は満洲国時期、日本の関東軍の拠点として、軽工業も発展したが、商業が最も盛んであったため、北満の商業都市と言える。戦後、日本軍と日本人の撤退にともない、人口は 23 万から 10 万余に減り、商業戸も 5000 戸から 1500 戸ほどへと減少した。そのため、戦後牡丹江市には、特務、ごろつき（原文「流氓」）、泥棒や匪賊があちらこちらに現れた。特務や匪賊による騒乱が多いが[87]、牡丹江はソ連軍が撤退してから、一貫して中共の統治下に置かれ、その重要な根拠地となっていた。都市における「反奸清算」運動の展開は農村より遅かった。牡丹江市の「反奸清算」運動は 1946 年 6 月から始まり、8 月にクライマックスに達したが、9 月に鎮静化してしまった。1947 年 2 月に運動を再開しようとしたが、失敗した。1947 年夏、中共軍が国民党軍に対する反撃を開始できた背景の下で、農村大衆運動の勢いを受けながら、都市での貧民工作[88] が展開していった。都市における「反奸清算」などの大衆運動の問題点を幾つか挙げることにする。まず、「反奸清算」は商工業に影響し、その営業を破壊する恐れがあった。また、悪覇への闘争や家賃の値下げだけでは、民衆に与える直接的利益を見出せないか、あったとしても過少なものにとどまった。さらに、幹部不足の問題も加わり、都市工作と農村工作との両方を併せて展開することができない矛盾があった。

　上記の「反奸清算」運動を通じて、中共が民衆に利益を分配したことを確認できた。また、中共が重視していた「反奸清算」運動を通じて、民衆を組織するという目的をどこまで達成できたのかについては、下記の事例から窺うことができる。

　〔牡丹江市——引用者〕東安区柴市街の貧民工作は、今年〔1947 年——引用

第 2 章　国共内戦期、中共による戦時態勢の構築と東北社会（1948 年まで）

者〕7 月から始まった。合計 29 人の悪者を闘争した（内アヘン常習者 2 人、盗人の親玉〔原文「小偸窩主」──引用者〕2 人、悪玉 12 人、泥棒 3 人、警察 2 人、悪覇 3 人、特務 3 人）。闘争果実は 1823 万元、合計 132 人の〔貧民会──引用者〕会員を受け入れた。ただし、会員の構成は非常に複雑である。〔中略〕〔およそ闘争の 3 カ月後──引用者〕関心を持つ果実の問題も討論された。少ない一部分を抽出して（132 万 2000 元が）分配された[89]。

牡丹江市柴市街の事例から、都市における貧民工作の本格的な展開が 1947 年の中共の夏季攻勢以降であったことが確かめられる。1947 年 7 月は、中共軍が夏季攻勢には勝利した時期である。これにより「反奸清算」運動を比較的展開しやすくなったのだろう。中共は宣伝したように民衆の組織化を開始した。しかし、貧民会の構成員の出身は非常に複雑であった（表2-4）。合計 132 人の貧民会の会員の中には、中共が望んだ労働者、石炭くず拾いといった最も貧しい人々は約 20 人に止まった。こうした事態が発生した要因は、民衆と中共との両方から分析する必要がある。中共による農民会や貧民会の組織に対する民衆側の反応は、聞き取り調査の口述史料から窺える。

1948 年一般の人々は、あえて先頭に立たなかった。日本の統治や国民党の統治を経験したから、顔をだすと、後で捕まえられて、刑罰を受けることを恐れた。だから、多くの人は最初に顔をださなかった。ろくでなしやごろつき（原文「流氓」「二流子」）などが先頭に立って、あれこれの職務を務めた[90]。

上記のように、中共の内部へ浸透する国民

表 2-4　牡丹江市柴市街における「反奸清算」運動の成果──貧民会の構成と闘争の果実

出身	人数
行商人	70
労働者	15
水販売者	2
煎餅販売者	6
卸者	5
石炭くず拾い	3
偽組長	2
アヘン販売者	2
妓楼経営者	1
特務	1
特務の手先	1
ごろつき	2
くず屋	21
アヘン常習者	2
悪覇	
合計	132
闘争の果実	1823 万元
分配の果実	132.2 万元

出所：1947 年 10 月 17 日「柴市街貧民会整理経過」（『城市群衆工作研究』張烈ほか編、東北書店牡丹江分店、1948 年、13-15 頁）に基づき作成。

党の特務分子を除き、戦時の不安定な社会環境の中で、民衆は保身のため、当初は中共に対して積極的に接近しなかった。また、地元のごろつきのような人々は、投機心を抱いて、権力や金銭利益の獲得といった何等かの目的を持ち、中共の大衆工作に応じたと考えられる。その一方、東北局は下層民衆がたじろいで、事に臨む度胸がないため、大衆工作の当初には地元のごろつきを用いるのは重要であると指示を出していた[91]。中共も「ごろつき分子を闘争の中へ取り入れるべき」[92]との意図を持っていた。また、闘争の果実の分配の実態も垣間見える。柴市街は清算運動によって1823万元の果実を獲得したが、民衆に配分したのは132余万元であり、全体の8%にも至らなかった。

　以上の事例を通じて、国共内戦期、東北における民衆の政治選択は戦争の進捗に大きく左右されたことが分かる。特に1947年夏まで、大多数の民衆は中共に対して懐疑的あるいは傍観的な姿勢を示したと言える。中共軍は戦争において劣勢である中で、党と軍の財政困難を解決する手段として、1945年末に「反奸清算」運動を展開した。しかし、軍は戦争においての劣勢が変化しない限り、中共が民衆の協力を得るのは困難であった。ところが、1946年の秀水河子戦闘（1946年2月）と四平戦役（1946年4月〜5月）をへて、民衆の中共軍の実力に対する懐疑は多少改善された。だが、中共軍と国民党軍との一進一退の戦いの中で、前述したように八路軍が勝利する可能性があると思った民衆はいたものの、現段階では中共の呼びかけに応じたり、参軍したりすることは危険と感じる保身的な姿勢が顕著であった。そして、1946年までの民衆の武装化について「地主の銃を農民に配ったが、目下の民衆の自覚の水準の下で、敵が来たら、往々にして銃をまた地主に返した」ため、「民衆の武装勢力を組織しない」[93]ことにしたという現実であった。次いで、1947年からの中共軍の攻勢にともない、根拠地において広範な「反奸清算」運動が展開され、民衆が組織されたように見えた。しかし、組織の構成員の成分の複雑さなどの問題は深刻であった。さらに、中共は当該時期の都市における大衆運動をまだ農村の大衆運動の延長線上に位置づけていた。革命原理に基づく武力闘争の性格がいまだ強かったのである。

3)「剿匪」運動

　東北における、中共の主要工作の3本の柱のもう1つは「剿匪」運動であった。

第 2 章　国共内戦期、中共による戦時態勢の構築と東北社会（1948 年まで）

東北は歴史上有名な匪賊の地であり、周知のように張作霖は匪賊の出身であった。第 1 章で触れたように満洲事変以後の段階では、東北における匪賊の総数は 30 万人余りと言われている。その構成は、張作霖政権の解体によって、匪賊化した部隊や、政権交替の混乱を機に蜂起した紅槍会、大刀会などの秘密結社であった。これらの匪賊は 1936 年までに、集家工作[94] や保甲制度を通じて、ほとんど討滅あるいは弱体化された[95]。政治の空白期においては、匪賊が増殖しやすい。そして、1945 年、東北での戦争と政権の空白期における社会混乱の中で、匪賊が再び蜂起した。しかし、この時期の「匪賊」は伝統的な匪賊とは異なる性格を持っており、国民党の任命を受けた旧満洲国国軍や警察、地主武装勢力からなると言われている。彼らは中共に「政治土匪」とも呼ばれた。さらに、中共軍に改編された満洲国国軍や組織された民兵が相次いで反逆して、中共と対抗したため、1945 年末の東北の匪賊はピークを迎えた。彼らは 10 万人ほどおり、北満の県の 3 分の 2 を匪賊が支配していたと推測された[96]。従って、大都市の占領から根拠地建設へ転じた中共にとって、「剿匪」は緊急の課題となった。従来の研究では、東北における 1946 年 5 月までの「剿匪」は大規模な匪賊を粛清した時期とされる。考察も上記の時期に集中しているようである[97]。しかしながら、本項で明らかにするように、東北における「剿匪」はその特徴によって、2 つの時期に分けられる。第 1 期は、1945 年 12 月から 1947 年 4 月までであり、中共軍の主力部隊あるいは民兵などの地方部隊による武力討伐の方式の「剿匪」であった。第 2 期は、1947 年 4 月からである。残存した匪賊は規模にかかわらず、すでに活動が不可能となり、地方や民衆の間に潜んでいた。中共は大衆運動を利用して、これらの匪賊を摘発したのがこの時期の「剿匪」であった。

　まず、第 1 期において、1946 年 6 月の国共内戦の拡大まで、中共は主力部隊を持って、西満、東満、北満の各地で「剿匪」を行った。例えば、西満においては「部隊の大部分を特定の地域へ分散させて剿匪を実施し、根拠地を建設する」[98] ように指示した。1946 年 6 月以降、中共軍の主力は国民党軍との正面戦争に臨んだため、根拠地における「剿匪」は主に中共により組織化された地方部隊に頼っていた[99]。いずれにしても、この時期の「剿匪」は大衆運動ではなく、武力討伐であった。既述の行政的「反奸清算」と比較して、軍事的「剿匪」は大きな成果を挙げたと言える。1945 年末、北満の 65 県の内、3 分の 2 は匪賊に占領されていたが、「剿匪」を

101

へて、1946 年 4 月には、7 県を除き、58 県が中共に奪還されたという [100]。さらに、1946 年 6 月以降の「剿匪」の状況は以下のようであった。

　寒い天気に加えて、部隊は疲労しており、剿匪の意欲は衰えやすく、活動も往々にして積極的ではない。そのため、剿匪を行う前に突っ込んだ政治動員を行うべきである。剿匪の厳重な意義を説明する。すなわち、各種の会議を開き、党内外において討論を行い、競争、奨励の方法を案出する（例えば、重要な匪賊の頭を捕まえたら、奨励金を与えたりして、剿匪において成績がある単位と個人に対して、精神上の奨励だけでなく、物質による奨励を行うことも可能である）[101]。

　主に民兵などの地方部隊に依拠した「剿匪」では、部隊の士気が衰えやすかったため、奨励金などの利益をもって、兵士の積極性を引き出すことが行われたようである。この結果、各地で武装「剿匪」の成果が上がっていた。1946 年の西満における「剿匪」では、蔣、匪の士官と兵士を 2 万 3000 余人打ち殺したり、生け捕ったりしたという。歩兵銃 1 万 3554 丁、各種の砲 110 門など大量の武器を手に入れた。それだけでなく、獲得した 916 頭の役畜を民衆に分配したともいう [102]。
　さらに、中共は「剿匪」を匪賊の粛清のための武力討伐として評価するだけでなく、中共の地方部隊の建設と緊密に関わり、間接的に中共軍の主力を補充することに役立てた。中共軍は劣勢に立ち、「反奸清算」運動によっても民衆に大きな利益を与えることができなかった。それにもかかわらず、地方部隊は一時期の中共軍の重要な兵力の供給源となった。このような時期において、中共はいかに地方部隊を組織したのか。そこでは、下記の史料のように、中共による民衆と地主や匪賊との間の対立を作り出して、民衆を武装化・組織化させる意図が垣間見える。

　大衆を動員して、漢奸と大地主の土地、食糧、牛羊を分配する清算や減租などの闘争を引き起こす。基本大衆は実際の利益を得て、地主と仲たがいしてから〔原文「和地主撕破臉」──引用者〕、自ら積極的に立ち上がり、地主の武装や隠れていた匪賊の武装を掘り出す [103]。

102

第 2 章　国共内戦期、中共による戦時態勢の構築と東北社会（1948 年まで）

　この史料が示しているように、「剿匪」などの大衆運動では、地主や匪賊から「果実」が奪取された。民衆はこれらの「果実」を受け取った後に、地主や匪賊の力が回復して復讐されることを恐れたために、自ら「剿匪」に加わり、武装化するようになった。また、武装化した民衆が積極的に次の利益を求めるという循環が生じた。この過程においては、上記の史料が示したように「地主と仲たがいさせる」ことがもっとも重要であった [104]。そして、陳雲が提示した「経済―武装―再経済」法則 [105] を理解するためには、冒頭の「経済」という概念において、経済利益だけではなく、その利益に伴う「不安・恐怖」を考慮に入れることが不可欠である。このように、中共は大衆工作において、民衆に「不安・恐怖」と「希望・欲望」の両方を与えることで、彼らの間の連帯感の生成と強化を促して、人々を操作することを企図した。しかし、この連帯感は身の安全と経済利益をめぐるものであり、中共との連帯感ではなかった。こうした経緯で組織化された民衆は、本節の第 1 項で検討したように中共によって容易に掌握・操作できるものではなかった。要するに、民衆は利益をもらったために、即時的に中共を支持し、武装化・組織化に協力したと単純には言えないだろう。この段階において、最初は民衆を危険な立場に置くか、さもなくば民衆に身の危険を感じさせることによって、はじめて民衆の武装化・組織化を実現できたのではないか。そして、民兵などの地方部隊があってこそ、本当の意味の清算闘争や土地改革などの大衆運動が展開できたと考えられる。

　次いで、1947 年 4 月から、中共軍は攻勢へと転じ、地方部隊も一定程度に発展したため、「剿匪」は武装闘争から大衆運動へ転換した。ただし、下記の史料が示しているように、この時期においても、民兵などの地方部隊は相変わらず「剿匪」運動が展開される重要な前提であった。

　今日、大衆を立ち上がらせるために、武装問題が非常に重要である。現在、奪い返した地区では、大排、聯庄が普遍的に存在している。これらは純粋の地主の反動武装勢力であり、必ず真っ先に解決しないとならない。方法は、告発運動の中で大衆を団結して、まず区隊を創立する。区政府はこの武装勢力に依拠して、呼びかけおよび強制的に大排を改編する。〔軍隊の――引用者〕主力を補充するために、〔大排、聯庄の――引用者〕上下頭を排除し

103

て、残りを区隊へ取り入れ、審査、教育、粛清する。抵抗者に対しては、武力の打撃を与え、取り上げ、早くこの種の武装勢力を解除することを望む。同時に、大区隊主力を補充する重要な方式となるべきである[106]。

　上記の史料によれば、大規模な匪賊が粛清されたが、「大排」や「聯庄」と呼ばれた地方の地主が有している在地の武装勢力がこの時期の主な闘争対象であった。これらの武装勢力に対して、武力討伐ではなく強制改編という手段がとられた。つまり、第1期の「剿匪」をへて、大規模な匪賊がすでに粛清され、初歩の民兵などの地方部隊が形成された。これにより匪賊の告発や利益の獲得にともなう民衆の不安・恐怖が希薄化しつつあった。そのかわりに、新たな利益を増やすために、「剿匪」に参加して、武装を強化し続けるという循環となった。言い換えれば、初歩の地方部隊の保証があるからこそ、大衆運動が展開でき、さらに大衆運動の中で地方部隊を継続的に発展することが可能となった。さらに踏み込んでいえば、民衆の当面の利益をめぐる集合心性が強化されつつ、その中の復讐される「不安」が少なくなり、利益に対する「希望」が膨らみ続けた。こうした民衆の心性の変容は大衆運動の展開とつながった。その一方、注目したいのは、これらの残存の地主武装勢力のリーダーを取り除き、残りの大多数を教育してから、中共軍の兵力を補充する政策であった。つまり、1945年末までに中共軍が拡大できた原理と同じであって、軍事的優勢を背景とした時、初めて在地の武装勢力に対する改編が可能となった。これらの地方武装勢力は中共軍の主力を補充するための重要な供給源として位置付けられた。さらに、在地の武装勢力は中共軍に兵力を提供しただけでなく、下記のように武器まで提供することができた。

　　目前、農民武装勢力の主要な形は民兵である。〔中略〕民兵の武器の出所は、主に民兵が自ら動いて、地主・匪賊から取り上げた武器に依拠し、上級からの供給がその次である。民兵の基本任務は匪賊の防止、漢奸の排除、後方の強固、前線の支援である。しかも、次第に中堅たる地方部隊にまで昇格する[107]。

　当該時期に中共軍の主力は国民党軍との正面戦争に参加した。そのため、民兵

などの地方部隊は「防匪自衛」というスローガンを掲げて、「剿匪」などの大衆運動の展開を保障した。また、各種の闘争によって地主と匪賊から没収した武器をもって、新たに組織された地方部隊に供給した。つまり、「剿匪」は中共軍に兵力を提供しただけでなく、武器までも提供したのである。このように、「政治土匪」は東北における中共革命の展開にとって重要な存在であった。「剿匪」は中共が地方部隊を組織するために契機を提供するだけでなく、兵士と武器の供給源でもあり、中共の軍備拡張と繋がっていた。

　本節では、中共軍の拡張、「反奸清算」運動、「剿匪」運動を論じた。そして、中共の東北における発展と勝利は、従来の中共の強力な組織力や民衆の自発的協力と支持を中共の大衆運動と関連付ける説を相対化したことが明らかになった。であれば、特に1947年夏まで、大衆運動が順調に展開できず、民衆の協力の積極性が欠けた中で、中共軍は如何に戦争において1947年夏以降攻勢へ逆転したのかが問題となる。そこで、次項では、東北における米ソの干渉を含め、共産党と国民党の軍事と政治を検討する。

第3節　東北における国民党と共産党

1) 東北における米ソの干渉

　戦後、中国の東北の問題に対するアメリカとソ連の干渉が国共内戦に多大な影響を与えたことは言うまでもない。第2次世界大戦の終結が視野に入る1945年2月に、ソ連、アメリカ、イギリスの首脳はヤルタ密談を行った。ヤルタ密談において、ソ連の対日参戦を促した。その見返りに、ソ連の中国東北における港湾と鉄道の権益が確保された[108]。こうして、同じ戦勝国であったアメリカとソ連は戦後の世界秩序の形成に対して、協力する調和的な関係を見せた。しかし、間もなく、資本主義体制の大国であるアメリカと社会主義体制のソ連は、イデオロギーの対立もあり、各自の権益、陣営を拡大するために、矛盾が深刻化して、対立し続けてきた。その矢先には、1945年以後の政治空白期に位置した東北の政権をめぐる問題があった。

　1945年8月9日、ソ連はヤルタ密談の内容に基づいて、中国の東北へ出兵して日本軍を攻撃した。8月14日、ソ連は国民党と「中ソ友好同盟条約」を調印した。ソ

連はヤルタ密談で合意された東北における権益について、国民政府の承認を得ることが最大の目的であった。この目的を達成するために、国民党と条約を結ぶのは最も便宜的な手段であった。その一方で、国民党は「中ソ友好同盟条約」によって、東北を接収する権利が保障され、ソ連の軍需品や物資の援助は完全に国民党に与えられることも規定された[109]。ソ連は国民党軍の華北、東北への進軍に協力しながら、9月にアメリカ海軍が天津に上陸すると、アメリカの東北への関与を懸念し出した。そして、ソ連は表面上「中ソ友好同盟条約」を守りながら、実際には国民党軍の東北進軍を妨害し、一方で、東北における中共の発展を黙認して、軍需品を援助した。ソ連は中共を利用して、国民党とアメリカを牽制しようとしたのである[110]。

それ以降も、ソ連の国民党に対する態度は再三揺れ動いた。しかし、アメリカとソ連の関係が緊張しつづけても、当該時期に両国とも中国の内戦を望まなかった。ソ連はアメリカとの摩擦を回避しながら、自らの権益を確保する姿勢であり、同時に、アメリカ側は中国の内戦を阻止して、中国で蒋介石政権を持続させることが、自らの権益のためになると認識していた[111]。そして、1945年8月、アメリカの働きかけとソ連の後押しの下で、毛沢東が蒋介石の招待に応え、重慶会談が実現した。しかし、軍隊の指導権の問題を未解決のままにして、「双十協定」が結ばれた。それゆえ、「双十協定」はすぐに紙くず同然となって、共産党と国民党は積極的に軍隊を結集して、局地的な戦闘を繰り広げることになった。その一方で、アメリカ、ソ連は国共内戦を阻止しようとする意図を変えず、12月に米ソが合意した上で、アメリカのマーシャル大使による調停が再開された。1月に停戦協定が締結され、関内の停戦が実現されたが、東北問題は停戦協定から除外され、軍隊の国家化は依然として懸案事項であった[112]。東北問題は停戦協定の対象外であったため、国民党軍は調停期間中に、アメリカの協力によって東北への大規模な進軍を果たした。ほぼ同時期に、アメリカとソ連の間ではイランやトルコといった西アジアと中東地域における権益をめぐる対立も深刻化した。こうした背景の中で、ソ連は秘密裡に中共軍の拡張を援助しながら、1945年末から1946年1月にかけて、国民党に対して、重工業方面での経済協力の提案をした。しかし、アメリカの干渉もあり、国民党に拒否された[113]。

このように、東北において拡大しつつある国民党軍とアメリカの勢力に対して、

第 2 章　国共内戦期、中共による戦時態勢の構築と東北社会 (1948 年まで)

1946 年 1 月にソ連軍は国民党に通知せずに撤退を開始し、遼陽、本渓、鞍山といった南満の工業地域を中共軍に接収させた。繰り広げられた中共軍と国民党軍の戦いに対して、ソ連は中共に対する支援を次第に強め、次々と占領地域を中共軍に渡した。東北の問題が深刻化してきたことを懸念して、マーシャルは再び調停へと動き出したが、各地でそれぞれ優勢な状況を有する共産党と国民党は互いに妥協しない姿勢を示した [114]。1946 年 4 月から 5 月にかけて、激しい四平戦役の後、中共軍は北満へ追い込まれたが、国民党軍も北満へ追撃する力がなかった。そして、1946 年 6 月、蔣介石は軍隊の整備や関内の戦争の準備もあり、マーシャルの調停をうけ入れ、停戦を宣言したことを余儀なくされた。しかし、7 月に共産党と国民党は決裂して、マーシャルの調停は失敗に終わった [115]。それからの戦局の変遷は、国民党と共産党の各自の主観的軍事と政治問題でありながら、アメリカとソ連の支援が大きかった。四平戦役後ソ連は全面的に中共に援助を提供した [116]。これと対照的に、1946 年末にアメリカ大統領トルーマンは蔣介石の国民政府を継続して支持することを明言したが、積極的ではなくなった。特に 1947 年 3 月、トルーマンが東西冷戦を宣言すると、アメリカにとって、中国よりヨーロッパが重要であり、また国民党政府の腐敗と弱体化に不満を感じ、中国の内戦から抜け出せなくなることを懸念した [117]。

　複雑な国際環境を背景とした国共内戦は、米ソの干渉に大きく左右されたが、戦争の初期段階で優勢であった国民党が敗北した要因は自らの戦略の失策にあったことを次項で述べる。

2) 国民党の失敗

　上記の複雑な国際関係の中で、中共の発展と国民党の失敗を理解するために、国民党側の諸要素を無視してはならない。また、戦後、国民党の失敗は、経済、政治、軍事といった多側面にわたったと著者は考える。

　まず、経済の問題である。1945 年 8 月、全国 (東北を含めない) の平均物価は 1937 年より 2000 倍以上に上がったという。関内でのインフレに対して、1946 年に瀋陽が国民党に占領されてから、物価は北平、天津を追い越すような勢いで上昇していったという [118]。具体的には瀋陽において、1946 年 5 月の物価は 1945 年 8 月の約 4 倍となり、1946 年 12 月にはさらに 2 倍以上に上昇した [119]。そして、東

北の都市においては、たとえ物資があったとしても、民衆にとっては、高すぎて買えない状態であった[120]。1947 年夏から、国民党軍はすでに劣勢に転じたため、物資の不足もあり、1947 年の 1 年で瀋陽市の食糧の価額は、米が 42 倍以上、高粱が 106 倍以上に高騰した[121]。東北社会のインフレと経済混乱に対処するために、国民党は東北の貨幣や為替の統一などに努めた[122]。しかし、戦争状況の中で、これらの政策を思惑どおりに実行することは困難であった。持続するインフレに有効な手を打つことができなかったなど、経済側面において国民党が無能を露呈したことは、民衆の信頼や協力といった政治資源の流出を招いたとも言われる[123]。治まらないインフレから、1948 年に中共に占領される直前の瀋陽における民衆の生活の苦しさが想像し得る。

　また、経済と表裏の関係となる政治の問題である。その中で特に国民党の腐敗が知識人に批判され、中共の宣伝に利用された[124]。当時の東北の国民党官僚は「機構制度は実際の需要にそぐわない。特に機構が雑多であり、定員が膨大であって、権限が分割され、効率が低下している。これは目前の最も深刻な問題である」と国民党の政治を評価した。また、「党員証を売買して、金をかき集めて私腹を肥やす」などのこともあり、国民党官僚の悪行が目に余ったという[125]。国民党は瀋陽へ進駐してから、政府の腐敗を目にした知識人は国民党に対する失望をあらわにした。瀋陽における国民党の軍人は最も権威的であり、東北の民衆に対して優越感を抱いていた。東北の民衆は軽蔑・冷遇された。これらの民衆にとって、戦後の東北は「南方の人の世界」であり、生活は満洲国にさえ及ばなかったと言われる[126]。

　次いで、軍事問題が国民党の敗北に直接関係した。日中戦争後、全国の範囲において国民党軍の兵力は中共軍と比べて、圧倒的優勢を誇っていた。1946 年 3 月まで、東北における国民党軍と中共軍はともに 30 余万人であったが、国民党軍の素質や装備は中共軍よりはるかに上回っていたと言われる[127]。しかも、1945 年 8 月 14 日に結んだ「中ソ友好同盟条約」という有利な条件があり、蔣介石をはじめ、国民党の中核的指導者の多くは楽観的な考えを持っていた[128]。そして、蔣介石は最初に全力で関内を接収してから、ソ連軍から東北を接収する意図であったため、東北に対する武力接収の準備が遅れた[129]。また、当時の東北保安司令官である杜聿明の回顧によると「熊〔熊式輝——引用者〕は『中ソ条約の調印によれば、中国に

直ちに東北を回復することができる。東北被占領地区は華北、華中、華南よりも早く回復できる』と自信たっぷりに話した」と述べている[130]。結局、前述のように米ソの複雑な国際関係の影響を受けて、国民党はソ連に裏切られた。さらに、国民党内部において、戦争派と和平派が分裂した。最終的に戦争を支持するグループが優位に立ったが、全面内戦に対応する兵力の配置や戦略などについて、蒋介石は全体的で具体的な計画を立てていなかった。加えて、国民党軍の配置は分散的であって、主要な作戦地区を東北、河北、蘇北の間で躊躇しており、中共軍に対する重点的な攻撃を行うことができなかった。さらに、国民党が占領する地域が拡大する状況の下で、これらの地域を守備しながら、戦線をさらに拡大することになり、兵力を分散させてしまい、次第に効果的な攻撃ができなくなったという[131]。こうした軍事的な失策は東北の四平戦役（1946年4月〜5月）の後に明瞭に現れた。四平戦役において、国民党は戦略要地の四平の奪還戦に勝利し、長春へ進駐したが、激戦による兵力の消耗や、戦線が伸びきるという弱点が深刻になった[132]。熊式輝の後任陳誠は「当時東北の情勢は、四平街で勝ち戦さをしたばかりであったが、〔内戦の——引用者〕全体の情勢からみれば、絶対に挽回できない」[133]と当時の東北の戦局を認識していた。四平戦役後、国民党軍が引き続き北上して中共軍を撃破するには後方補給は困難があった。そのため、蒋介石は拒み続けてきたマーシャルの第3回の調停を承諾して、第2回目の停戦を実施した[134]。しかし、中共軍の攻勢を受け、最終的には国民党は東北から追い出された。

　国民党の無能と腐敗とは、すでに共通の認識と言っても過言ではなかった。しかし、このことから、中共が民衆の利益を代表する政党であった、あるいはその政治が優れていたと結論付けることはできない。日中戦争後の瀋陽の様子を目にした知識人の言葉を借りると「中共軍が来たら、損害や破壊を免れない。国民党高官が来たら、提灯をさげて財物を収奪する」（原文「共軍来了、難免一番摧残破壊了！　大員来了、又是一打着灯籠淘金」）という有様であった[135]。具体的な中共の政治と東北社会の実態については、以下に記述していきたい。

3）中共の政治と東北社会

　従来の中国革命史研究においては、中共が勝利した要因は、国民党の政治的失敗によるものであったとする説が一定の地位を占めている[136]。ところが、国民党

の政治的失敗は必ずしも中共が優れた政党であることや中共が宣伝したような民衆の味方であることを意味するものとは限らない。

　まず、1945 年末まで、中共軍は有利な環境において、幹部から兵士まで、規律が乱れていた様子が見られる。例えば、「現在、我々の部隊の一部分は、物資を収集する際に政策を考えずに手当りに次第にやったため、あるいは、部隊の幹部と兵士はぼろ儲けをしたい考えがあったため」、「規律が極めてすたれた現象が発生した」。そして「現在いくつかの地区で民衆の大きな反感を引き起こした」[137]。1945 年 12 月、根拠地建設の方針が定められ、「反奸清算」運動が展開されたが、民衆の利益を守り、民衆に利益を与える大衆運動とは言えず、党と軍の財政問題を解決する手段であった。従って、中共が占領した地域の民衆の負担は相変わらず重いものであった。

　　大衆の負担は 3 月の糧秣代金 1200 万元を除き、軍靴 2、3 万足、食糧の借り上げは数百万斤（食べた後、借用メモあるいは食糧配給切符で済ませた）、ただし、最も重いのは 500 余人の徴兵であった。村はほとんど金銭で雇ったのである。仕事のよくできる人の場合は、地主が金銭を出して身代わりを雇った。仕事の能力が低い人は土地を出して身代わりを雇った。すくなくとも 1000 万元と推定できる。従って、負担は軽くなかった。ただ偽満や国民党統治下の新民〔法庫と隣接する県——引用者〕（新民の毎日の土地の割り当て金額は合計 600 元）と比べて、まだ軽い方である。さらに、二、三、四区においては、粗布 6500 匹を徴収した。これは 850 万元に値する[138]。

　1946 年において、民衆の負担は決して軽くはなかったことは地方幹部にも認識されていた。中共軍が食事をしたり、食糧を分けてもらったりして、空手形を振り出したこともしばしばあった。徴兵は、ほとんど地主が金を出して雇用した形であった。ただ、国民党と比較すればまさっていた。また、法庫県の北にある康平県を例とすれば、1946 年に中共が占領していた際、毎日の土地の平均税金は 700 元に対して、国民党に 15 日間占領された康平県の三面船鎮では、毎日の土地の平均税金は 1000 元であった[139]。つまり、中共が民衆の利益を代表したというより、国民党という比較の対象があるからこそ、民衆は共産党を選んだと言える。

110

第2章　国共内戦期、中共による戦時態勢の構築と東北社会（1948年まで）

それは「八路軍は会議ばかり、中央軍は税金ばかり」、「北では土地の分配が行われる、南では税金を要求される、納税より土地分配の方がましだ」（「八路軍開会、中央軍要税」「北辺分地、南辺要税、分地強過要税」）という表現に示されるような、やむを得ない選択を強いられたものであった。さらに、下記の史料が示しているように、中共軍は戦争を遂行するために交通線に対する破壊も行っていた。

　　道路を破壊し、犬を殺し、交通溝を掘り、電線を壊す。東北の交通は非常に発達していたため、我々の遊撃活動に不利である。真剣に破壊を加えなくてはならない。最初道路を破壊する際に、50メートルごとに、縦5尺〔3尺は1メートルである──引用者〕横3尺の横溝を掘り、車や荷車を通行させない。しかし、敵は容易に修復できたため、蛇形の交通溝を道路に沿って掘るようになった。歩行者だけが通行可能であり、車や馬は通行できないし、容易に修復できない。大衆は道路の破壊に対して不満があるが、突っ込んだ動員を行うと、大衆は基本的に受け入れる。〔我々が──引用者〕生存するためには、行政力を行使することも必要である[140]。

　上記のように、戦争のために、中共による交通線の破壊は深刻であった。この種の破壊工作に対して、民衆は必ずしも理解できず、協力もしないというのが現実であった。そのために、強制力の行使も必要であるとされ、強制的に行われた。従って、中共は民衆の利益を代表するというより、民衆に与えた負担、あるいは民衆に感じさせた負担が国民党より比較的軽いというだけであった。1947年から戦局が逆転して、中共軍は次第に国民党軍に対する攻撃に出た。こうして中共による大衆運動は軍事的ヘゲモニーの下で展開が容易になったものの、民衆の負担が軽くなることはなかった。前節で述べたように、中共軍の大規模な攻撃戦を保障するために、大規模な地方部隊（二線兵団）の建設が要求された。そして、根拠地における労働人口の減少や糧食の大量徴収も民衆の負担となった。1948年3月冬季攻勢の後、遼瀋決戦を準備した段階で東北の市場において、物価の変動やインフレが発生した。その原因と具体的な様子は以下の史料から窺える。

　〔1948年──引用者〕3月において物価が変動する要因が2つあった。（甲）

111

紙幣の発行量が大量に増加した。発行量が増加した原因は、主力部隊と二線兵団の人数の増加である。同時に40万噸の食糧を購入しなければならない。去年冬と今年春の支出が増加して、また支払の手段とする物資がなかったため、貨幣の発行量が2月末の1400万元から今日の6000万元にまで増加した。平均物価指数も3.5倍近く上昇した。（乙）去年食糧が不作であった。故に、貨幣の発行量の激増と、食糧の需要が供給を上回ったという二重の影響によって、食糧の価格は先頭を切って10倍も値上げした。2月末の毎斤160元から今日の1600元にまで暴騰した。1948年度合計134万噸の公糧を徴収した。貿易局は40万噸を購入した。必須の分を除けば、市場を調節する力がそれ以上ない[141]。

　1948年東北が解放される直前に当たって、市場のインフレは極めて深刻であった。中共の大規模な攻撃戦にともない、労働人口が減り、非労働人口が増加した。農業の不作の状況下で大量の非労働人口を養うために、中共が8月に発行した紙幣の量は2月の4倍以上にのぼり、市場の平均物価は3.5倍近くに上がった。その中で、食糧の価格は10倍にも暴騰した。そこから、内戦終結の直前の東北における、民衆の生活の苦しさが窺い知れる。深刻な経済情況は、次の段階の東北における中共の大衆工作にも影響する問題であった。

小結

　本章では、1945年8月の日中戦争後から1948年11月に中共が東北を占領するまでの時期において、中共軍の拡張と革命の展開は、民衆が積極的に参加した大衆運動によるものではなく、軍事的ヘゲモニーによって大きく規定されていたことを論証した。その内容をまとめると、以下の通りとなる。

　戦後、中共軍は素早く東北へ進軍して、東北の鉱工業都市において、満洲国時期の「特殊工人」と呼ばれるごく一部分の華北出身の鉱山労働者を軍隊に取り入れた。しかしより重要であったのは、この初期の中共軍の急速な拡張が、主に満洲国国軍と在地の武装勢力の改編・任命を行ったことによるものであった。1945年末、国民党軍が東北へ進出し始め、アメリカおよびソ連の干渉がある状況の下

第 2 章　国共内戦期、中共による戦時態勢の構築と東北社会（1948 年まで）

で、中共軍は完全に優勢を失った。1945 年末以前に改編・任命された武装勢力は次々と裏切り、中共軍に被害を加えた。中共軍は北満を中心とする周辺地域への撤退を余儀なくされ、ここでの根拠地建設を開始した。しかし、国民党こそが正当な支配権を有するという正統思想を持つ東北民衆は、国民政府の統治を期待しており、弱小な中共に対しては協力的ではなかった。さらに、中共によって 1945 年末に展開された「反奸清算」運動は、民衆を立ち上がらせる大衆運動でなく、その本質は党と軍の財政問題を解決する手段にすぎなかった。そして、各自の打算がある民衆を協力させることは困難であった。ところが、同時期に展開された武力討伐による「剿匪」を通じて、中共は民衆と地主、匪賊との対立を作り出して、民衆を危険な状況に置くことによって、武装化させることに成功し出した。しかし、このようにして組織された民兵は民衆が自らの安全を守るために形成したものであり、中共の武装勢力とは言い切れず、中共が把握困難なものであった。そして、これらの民兵はいざという時に四散することもあり、結果的に共産党に被害を加えることもあった。

　ところが、ソ連の積極的援助、国民党の経済的、政治的、軍事的失敗、アメリカの国民党に対する失望といった要素によって、1947 年夏以降に東北での戦局が中共軍の攻勢へと切り替わり、中共と民衆との関係も大きな転機を迎えた。最初に上からの指導で強制的に展開した「反奸清算」は、これ以降においては大衆運動にまで発展した。民衆は次第に身の安全を守り、また土地や金銭の利益を獲得するため、中共に協力するようになっていった。このような民衆の行動の奥底に存在したのは、身の安全を脅かされる不安と、利益を獲得したいという希望あるいは欲望であったと言える。ところが、中共は 1948 年の戦局にあたって、新たに民衆から徴兵するのではなく、敵軍の大量の捕虜をそのまま兵力の供給源とした。このため、勝利するための兵力の供給源の確保という側面からみれば、民衆の支持と協力は大きな意味を持っていなかった。そして、大衆運動の中で民衆を立ち上がらせ、革命に民衆を組織したという通説や、民衆の組織化に成功し、軍隊を拡張した通説などと異なって、東北においては、軍事的ヘゲモニーこそが重要であった。つまり、中共軍の軍事的優勢を背景に地方部隊を組織・安定化させてから、大衆運動を展開できる構造であった[142]。

　本章で分析した内戦期における党と民衆との関係は軍事力に大きく規定されて

113

いた。そして、中共の軍事的ヘゲモニーという背景の下で民衆は自己の打算に基づいて、中共に従った。民衆は中共のイデオロギーを単純に共有したとは考えられない。

〈注〉

1) 西村成雄『中国近代東北地域史研究』法律文化社、1984 年。

2) 同前　347 頁。

3) Levine, Steven I.*Anvil of Victory: The Communist Revolution in Manchuria, 1945-1948*.　Columbia University Press.1987.

4) 門間理良「国共内戦期の東北における中共の新兵動員工作」『史境』35、1997 年。

5) 同前　34 頁。

6) 角崎信也「新兵動員と土地改革―国共内戦期東北解放区を事例として―」『近きに在りて』57、2010 年；「食糧徴発と階級闘争―国共内戦期東北解放区を事例として―」高橋伸夫編著『救国、動員、秩序』慶應義塾大学出版会、2010 年。

7) 丸山鋼二「中国共産党「満州戦略」の第一次転換―満州における「大都市奪取」戦略の復活―」『アジア研究』39（1）、1992 年。

8) 同前　49 頁。

9) 劉少奇『劉少奇選集　上』人民出版社、1981 年、377-383 頁。

10) 中共遼寧省委党史研究室編『解放戦争中的遼吉根拠地』中共党史出版社、1990 年、31-36 頁。

11) 楊奎松『中華人民共和国建国史研究 1』江西人民出版社、2009 年、13-16 頁。

12) 中央檔案館編『中共中央文件選集』第 16 冊、中共中央党校出版社、1992 年、547-550 頁。

13) ソ連の東北への出兵について、毛沢東と蒋介石は承知していたが、正確な時間をつかむことができなかった。また、8 月 6 日にアメリカは日本に原子爆弾を投下したため、ソ連は東北へ進攻する予定の 8 月 11 日を繰り上げたという（徐焔（朱建栄訳）『一九四五年満州進軍―日ソ戦と毛沢東の戦略―』三五館、1993 年、13-15、83-84 頁）。

14) 周保中は中国東北抗日聯軍の創設者の一人である。1932 年から東北で抗日運動を指導していたが、満洲国の討伐に耐えられず、1940 年にソ連領内へ後退した。その後、ソ連の援助を受けて、ソ連紅軍に編入された。

15) 前掲『一九四五年満州進軍―日ソ戦と毛沢東の戦略―』116-117 頁。

第 2 章　国共内戦期、中共による戦時態勢の構築と東北社会（1948 年まで）

16) 1945 年 8 月 10 日「中央関於蘇聯参戦後準備進占城市及交通要道的指示」中央檔案館編『中共中央文件選集』第 15 冊、中共中央党校出版社、1991 年、215-216 頁。

17) 同前　217-224 頁。

18) 同前　219 頁。

19) 李運昌「冀熱遼部隊挺進東北配合蘇軍作戦回憶」遼寧省政協文史資料委員会編『遼寧解放紀実（遼寧文史史料総 24 輯）』遼寧人民出版社、1988 年、23 頁。

20) 前掲『中共中央文件選集』第 15 冊、257-258 頁。

21) 東北における中共軍の名称は、「東北人民自治軍」(-1946 年 1 月)「東北民主聯軍」(-1948 年 1 月)「東北人民解放軍」と幾度か改称された。本書では、基本的に「中共軍」で統一するが、引用史料によって、史料中の名称を使う場合もある。

22) 李鴻文、張本政主編『東北大事記』吉林文史出版社、1987 年、1044 頁。

23) 前掲『一九四五年満州進軍―日ソ戦と毛沢東の戦略―』153-154 頁。

24) 同前　136-140 頁。

25) 中国国民党中央委員会編印『中華民国重要史料初編―対日抗戦時期　第七編　戦後中国（一）』1981 年、32-38 頁。

26) 石井明『中ソ関係史の研究』東京大学出版会、1990 年、27-36 頁。

27) 前掲『中華民国重要史料初編―対日抗戦時期　第七編　戦後中国（一）』83 頁。

28) 同前　220-221 頁。

29) 1946 年 5 月 3 日にソ連は撤兵が完了したと宣言したが、実際に、北部のいくつかの都市にはまだソ連軍が駐在していた（松本俊郎『「満洲国」から新中国へ―鞍山鉄鋼業からみた中国東北の再編過程 1940 ～ 1954―』名古屋大学出版会、2000 年、102 頁）。

30) 戴常楽・劉聯華主編『第四野戦軍』国防大学出版社、1996 年、122 頁；丁暁春・戈福録・王世英編著『東北解放戦争大事記』中共党史資料出版社、1987 年、42 頁。

31) 前掲『東北解放戦争大事記』45-46 頁。

32) 3 月 24 日「中央関於控制長春、哈爾賓及中東路保衛北満給東北局的指示」、3 月 25 日「中央関於停戦前堅決保衛戦略要地給林彪、彭真等的指示」、3 月 27 日「中央関於東北目前工作方針給東北局及林彪的指示」前掲『中共中央文件選集』第 16 冊、100-105 頁）。

33) 前掲『東北解放戦争大事記』48-58 頁；前掲『第四野戦軍』124-125 頁。

34) 5 月 19 日「中央関於主動放棄四平準備由陣地戦転為運動戦給林彪的指示」前掲『中共中央文件選集』第 16 冊、166-167 頁。

115

35) 前掲『中ソ関係史の研究』133 頁。ただし、史料によって、中共軍の死傷者数について、食
　　い違いがあり、中共の公式見解によると中共軍の死傷者数は 8000 人と言われる（前掲『第
　　四野戦軍』125 頁）。

36) 朱建華『東北解放戦争史』黒竜江人民出版社、1987 年、164 頁；前掲『「満洲国」から新中
　　国へ—鞍山鉄鋼業からみた中国東北の再編過程 1940 ～ 1954—』104 頁。

37) 前掲『第四野戦軍』126-127 頁。

38) 前掲『東北解放戦争大事記』87 頁；前掲『「満洲国」から新中国へ—鞍山鉄鋼業からみた
　　中国東北の再編過程 1940 ～ 1954—』107 頁。

39) 前掲『東北解放戦争史』164-178 頁；前掲『第四野戦軍』127-129 頁。

40) 前掲『第四野戦軍』129-131 頁。

41) 前掲『東北解放戦争史』201 頁。

42) 同前　201-209 頁；前掲『第四野戦軍』131-134 頁。

43) 前掲『第四野戦軍』134-136 頁。

44) 遠藤誉『卡子—出口なき大地—』読売新聞社、1984 年；Dikötter,Frank.*The Tragedy of
　　Liberation:A History of the Chinese Revolution 1945-1957.* Bloomsbury Publishing PLC.
　　2013.pp3-8.

45) 1945 年 11 月 4 日「関於増調兵力控制東北的指示」（前掲『中共中央文件選集』第 15 冊、
　　401-402 頁）。李運昌の回顧によれば、11 月まで、約 10 万人に拡大したという（前掲「冀熱
　　遼部隊挺進東北配合蘇軍作戦回憶」27 頁）。

46) 1945 年 9 月 11 日「中央関於調四個師去東北開闢工作給山東分局的指示」前掲『中共中央
　　文件選集』第 15 冊、274-275 頁。

47) 1945 年 9 月 21 日「中央書記処関於拡兵与編組野戦軍的指示」同前　288-289 頁。

48) 曾克林「先機挺進東北的冀熱遼部隊」前掲『遼寧解放紀実』34-35 頁。李運昌の回顧でも
　　同じことが見られる（前掲「冀熱遼部隊挺進東北配合蘇軍作戦回憶」27 頁）。

49)「一切精壮士兵、均加争取、補充我之部隊」（1945 年 10 月 16 日「中央関於処理国民党軍隊
　　被俘虜人員的指示」前掲『中共中央文件選集』第 15 冊、353-354 頁）。同じような指示は「俘
　　虜兵除老弱病残廃優資分途遣送回部回籍外、精壮士兵応尽量争取分補各部、中下級青年軍
　　官、亦応争取改造為我服務」1945 年 10 月 13 日「軍委総政治部関於俘虜政策及瓦解敵軍等
　　給劉伯承、鄧小平的指示」同前　339-340 頁；1945 年 10 月 9 日「中央関於争取敵偽軍向我
　　投降的指示」同前　320-321 頁。

第2章　国共内戦期、中共による戦時態勢の構築と東北社会（1948年まで）

50）前掲「先機挺進東北的冀熱遼部隊」45頁。

51）呂正操「挺進東北」前掲『遼寧解放紀実』4頁。

52）1945年12月「陳誠戴笠呈蒋委員長有関共軍与蘇軍之情報」前掲『中華民国重要史料初編
　　—対日抗戦時期、第七編　戦後中国（一）』567-568頁。

53）「中央在東北最大的致命傷莫過於不能収容偽満軍隊、迫使他們各奔前途、中共因此坐大」
　　（中央研究院近代史研究所『斉世英先生訪問紀録』1991年、269-270頁）。

54）前掲「挺進東北」4頁。

55）前掲「先機挺進東北的冀熱遼部隊」45頁。

56）「煤城春天」（前掲『遼寧解放紀実』250-251頁）。

57）張克良「鞍鋼第一代砿山工人和鋼鉄工人」解学詩・張克良編『鞍鋼史（1909～1948年）』
　　冶金工業出版社、1984年、343頁。

58）松本俊郎『侵略と開発—日本資本主義と中国植民地化—』御茶の水書房、1988年、144頁。

59）前掲「国共内戦期の東北における中共の新兵動員工作」。

60）1947年4月10日「東北剿匪工作報告」中共斉斉哈爾市委党史工作委員会編『中共西満分
　　局資料彙編（内部資料）』1985年、161-169頁。

61）1946年4月19日彭真「切不要忽略根拠地的建設」中共中央党史資料征集委員会『遼瀋決
　　戦　上』1988年、41頁。

62）前掲「国共内戦期の東北における中共の新兵動員工作」。

63）「基本群衆相信我們会勝利、但不相信我們能在法庫站住、怕我們走、有一種等待心理『八
　　路軍会勝利、但是慢慢磨、和関里一様、現在幹不得、等将来快勝利時再幹』」（「敵人蚕食法
　　庫和我們的対敵闘争（1946年12月前情況）」前掲『解放戦争中的遼吉根拠地』182頁）。

64）「只要仗打得好、兵源是不成問題的」（1948年3月4日羅栄桓「在東北野戦軍政工会議上的
　　報告」前掲『遼瀋決戦　上』34頁）。

65）前掲『東北解放戦争大事記』132-133頁。

66）「動員拡大解放軍主力、再増加一倍、並保証有足够与経過訓練的後備補充兵力、1948年4
　　月底完成」（前掲『解放戦争中的遼吉根拠地』45頁）。

67）前掲『第四野戦軍』8頁。

68）民衆の中共に対する対応を次項の「反奸清算」運動の部分で詳細に論じる。

69）前掲「国共内戦期の東北における中共の新兵動員工作」において、中共の新兵動員工作
　　は「組織作り」そのものであったという重要な論点については、断言できないと考える。

117

70) 前掲「在東北野戦軍政工会議上的報告」34 頁。

71) 1948 年 7 月 17 日「中央関於兵源補充問題的指示」中央檔案館編『中共中央文件選集』第 17 冊、中共中央党校出版社、1992 年、249-251 頁。

72) 1945 年 11 月 29 日「東北局関於今後方針任務的指示」前掲『中共中央文件選集』第 15 冊 449-452 頁。

73) 当時、中共は民衆の正統思想の存在も認識していた（1946 年 1 月 3 日「西満分局関於西満 情況与工作方針問題向東北局的報告」前掲『中共西満分局資料彙編（内部資料）』23-27 頁）。

74) 早口言葉の原文は「想中央、盼中央、中央来了更遭殃」である。「中央を想い、中央を待つ。 だが、中央が来たら災難にであってしまった」とは、国民党政府は民衆の思いを裏切った 意味を表す言葉であった。しかし、その前半の部分は戦後、民衆の国民党政府に対する待 ち望む気持ちが見られる。2014 年 2 月実施した聞き取り調査、話者姜 CX、1937 年生まれ、 遼寧省営口市出身、営口市老辺区宣伝部副部長を歴任して、定年退職したが、2014 年 2 月 現在党校の講師を兼任していた。

75) 前掲「東北局関於今後方針任務的指示」；彭真 1945 年 12 月 24 日「発動群衆是各項工作的 決定一環」前掲『遼瀋決戦　下』21-24 頁、など。

76) 1945 年 12 月 5 日「中共西満分局関於発動群衆反奸清算運動的指示」前掲『中共西満分局 資料彙編（内部資料）』16-18 頁。

77)「敵偽資産清算動員委員会工作簡例」同前　18-20 頁。

78) 前掲「中共西満分局関於発動群衆反奸清算運動的指示」16-18 頁。

79) 1946 年 7 月 30 日「関於今冬党政軍民冬衣問題決定」前掲『中共西満分局資料彙編』60-61 頁。

80) 陳沂「把後勤工作提到戦略高度」前掲『遼瀋決戦　上』545-558 頁。

81) 前掲『東北解放戦争史』は代表的である。本書の中で、『東北日報』の事例を大量に取り 上げ、東北の反奸清算運動の成果を積極的に評価された。

82)「牡丹江造船工場工友翻身　清算闘争円満勝利」『東北日報』1945 年 12 月 31 日。「人民翻 身討還血積〔債〕本渓市公審戦犯漢奸」『東北日報』1946 年 1 月 2 日。「安東省各県農村清 算闘争蓬勃開展」『東北日報』1946 年 1 月 18 日、など。

83) 前掲「敵人蚕食法庫和我們的対敵闘争（1946 年 12 月前情況）」175-176 頁。

84) 同前　175-177 頁。

85) 同前　181 頁。

第 2 章　国共内戦期、中共による戦時態勢の構築と東北社会（1948 年まで）

86）1947 年 9 月 15 日「城市貧民工作的初歩研究」張烈他編『城市群衆工作研究』東北書店牡
　　丹江分店、1948 年、1-2 頁。

87）最も大きな騒乱は 1946 年 5 月 15 日、国民党の姜学瑢と匪賊の王超が連合して、牡丹江市
　　の政権を奪い取ろうとする事件であった。中共により「五・一五反革命暴動」と言われる
　　（王元年・時戈・白玉武・馮連挙『東北解放戦争鋤奸剿匪史』黒竜江教育出版社、1990 年、
　　220-221 頁）。

88）「貧民工作」とは、当時中共に用いられる言葉であり、農村の貧農工作と対応しており、
　　都市の貧しい民衆を対象とする工作である。また、農村の「農民会」に対して都市には「貧
　　民会」があった。

89）1947 年 10 月 17 日「柴市街貧民会整理経過」前掲『城市群衆工作研究』13-15 頁。

90）2013 年 4 月 2 日、聞き取り調査である。姚 WQ、男，1933 年生まれ、営口人、子供のこ
　　ろ農村（市内にある村）で生活した。17 歳から営口の製銅工場で働き、1954 年共産党員に
　　なった。

91）「同時基本群衆在尚未起来之前、多半畏縮怕事、而遊民分子則顧慮少、因此在開始発動群
　　衆的時侯、在地方工作中、除抓緊培養群衆中之積極分子外、応大胆的使用那些敢於向漢奸、
　　特務挑戦、敢於向土豪、悪覇発難的遊民分子、這在開始発動群衆的領導上有很大的作用」
　　（1945 年 12 月 24 日「東北局関於発動群衆工作的指示」前掲『中共中央文件選集』第 15 冊、
　　536 頁）。

92）「流氓分子応吸収参加闘争、但不応提抜到領導地位」（1947 年 7 月「西満分局『関於農民土
　　地闘争的指示』」前掲『中共西満分局資料彙編（内部資料）』182 頁）。

93）「根拠新民経験、把地主槍発給農民、在今天群衆覚悟的水平下、往往在敵人到来後、又送
　　還地主。我們一般不組織群衆武装、集中武装発展県隊区隊、経験証明也是正確的。個別村
　　子没有接受這一教訓、曾経損失了一些槍支」（前掲「敵人蚕食法庫和我們的対敵闘争（1946
　　年 12 月前情況）」184-185 頁）。

94）「集家工作」とは、満洲国時期、「山野に点在する農家を 1 カ所に集中すれば、匪賊に対す
　　る糧道の遮断ができ、敵の情報網を断ち切り、わが方にとっては討伐隊の拠点となり部落
　　の共同防衛ができ、農事の合作運動や行政の浸透を徹底する」という工作であり、「匪民分
　　離と匪賊の拠点根絶に偉功を奏し」たと評価された（満洲国史編纂刊行会編『満洲国史
　　各論』謙光社、1970 年、199-200 頁）。

95）治安部参謀司調査課編『満洲共産匪の研究　第二輯』興亜印刷局、1938 年、1-2 頁。

119

96) 前掲「東北剿匪工作報告」161-169 頁。

97) 前掲『東北解放戦争史』39 頁；王立新「解放戦争時期中共東北基層政権建設研究」吉林
　　大学博士論文、2012 年、48 頁。

98) 1945 年 12 月 20 日「中央関於加強西満工作的指示」前掲『中共中央文件選集』15 冊、501-
　　502 頁。

99) 1946 年 6 月「東北局東北民主聯軍総司令部関於剿匪工作的決定」（前掲『中共西満分局資
　　料彙編（内部資料）』34-38 頁）。

100) 1946 年 4 月 20 日「北満根拠地建設的進展情況」（陳雲『陳雲文選（一九二六―一九四九
　　 年）』人民出版社、1984 年、225-228 頁）。

101) 1946 年 10 月 15 日「西満軍区政治部関於剿匪政治工作的指示」（前掲『中共西満分局資
　　 料彙編（内部資料）』88-90 頁）。

102) 1947 年 1 月 1 日「東北民主聯軍西満軍区公布一年自衛剿匪戦績」（同前　134 頁）。

103) 前掲「東北局東北民主聯軍総司令部関於剿匪工作的決定」37-38 頁。

104) このような民衆と地主を決裂させてから、大衆運動を展開した構造は、日中戦争期の華
　　 北農村においても指摘されている（荒武達郎「抗日戦争期中国共産党による地域支配の浸
　　 透―山東省莒南県―」『名古屋大学東洋史研究報告』25 、2001 年；「1850-1940 年山東省南
　　 部地域社会の地主と農民」『名古屋大学東洋史研究報告』30、2006 年；「1944-1945 年山東
　　 省南部抗日根拠地における中国共産党と地主」『徳島大学総合科学部人間社会文化研究』13、
　　 2006 年；王友明『革命与郷村―解放区土地改革研究1941 〜 1948―』上海社会科学院出版社、
　　 2006 年）。

105) 前掲「北満根拠地建設的進展情況」225-228 頁。

106) 1947 年 5 月 31 日「陶同志関於新収復地区発動群衆問題給一、二、五地委的一封信」前掲
　　 『解放戦争中的遼吉根拠地』122 頁。

107) 前掲「西満分局『関於農民土地闘争的指示』」182 頁。

108) 山極晃『東アジアと冷戦』三嶺書房、1994 年、17-18 頁。

109) 楊奎松『中間地帯的革命』山西人民出版社、2010 年、459-462 頁。

110) 同前　470-471 頁。

111) 前掲『中ソ関係史の研究』113 頁；前掲『中間地帯的革命』485 頁。

112) 井上久士「国共交渉と国民政府」姫田義光編著『戦後中国国民政府史の研究』中央大学出
　　 版部、2001 年、41-49 頁。

第 2 章　国共内戦期、中共による戦時態勢の構築と東北社会（1948 年まで）

113）前掲『中ソ関係史の研究』111 頁。

114）前掲『中間地帯的革命』498-502、512 頁。

115）汪朝光『1945 ～ 1949：国共政争与中国命運』社会科学文献出版社、2010 年、145 頁；前掲『中間地帯的革命』510 頁。

116）前掲『中間地帯的革命』505-509 頁。

117）前掲『東アジアと冷戦』36-37 頁。

118）『観察』第一巻第十一期、1946 年 11 月 9 日、16-17 頁。

119）山本有造「国民政府統治下における東北経済」江夏由樹・中見立夫・西村成雄・山本有造編『近代中国東北地域史研究の新視角』山川出版社、2005 年、266 頁。

120）『観察』第一巻第十一期、1946 年 11 月 9 日、16 頁；『観察』第三巻第二期、1947 年 9 月 6 日、17 頁、等。

121）『観察』第三巻第二十一期、1948 年 1 月 10 日、16 頁。

122）1945 年 11 月 2 日「中央銀行東北九省流通券発行辦法」、1945 年 11 月 2 日「東北九省滙兌辦法」前掲『中華民国重要史料初編―対日抗戦時期　第七編　戦後中国（一）』44-45 頁。

123）胡素珊（Pepper Suzanne）（啓蒙編訳所訳）『中国的内戦―1945-1949 年的政治闘争―』当代中国出版社、2014 年、81-82 頁。

124）前掲『中国的内戦―1945-1949 年的政治闘争―』119-128 頁。

125）『陳誠先生回憶録―国共内戦』国史館、2005 年、117 頁。

126）『観察』第一巻第十一期、1946 年 11 月 9 日、16 頁。『観察』には国民党の無能と腐敗を批判する記事が多く載せられていた。前掲『中国的内戦―1945-1949 年的政治闘争―』は『観察』の記事を取り上げ、国民党の腐敗、およびそれによって、広範な知識人の支持を失い、失敗に至ったことを詳細に分析した。

127）森下修一『国共内戦史』三州書房、1971 年、46-48 頁；前掲『第四野戦軍』5-6 頁。その中で、国民党軍の兵力とは正規軍と地方保安隊を合わせて 30 余万であって、正規軍は 15 万 5000 人という説がある（前掲『国共内戦史』47 頁）。

128）前掲『中ソ関係史の研究』27 頁；前掲『一九四五年満州進軍―日ソ戦と毛沢東の戦略―』135-136 頁。

129）杜聿明「進攻東北始末」全国政協文史資料委員会編『中国運命的大決戦』安徽人民出版社、2000 年、411 頁。

130）同前　409 頁。

131）前掲『1945〜1949：国共政争与中国命運』263-270頁。

132）本章第 1 節；前掲『第四野戦軍』124-125 頁。

133）前掲『陳誠先生回憶録―国共内戦』115 頁。

134）陳永発『中国共産革命七十年　上』聯経出版事業公司、1998 年、409 頁；西村成雄「東北接収をめぐる国際情勢と中国政治―王世杰日記を中心に―」姫田光義編著『戦後中国国民政府史の研究』中央大学出版部、2001 年、74 頁。

135）『観察』第一巻第二十期、1946 年 11 月 16 日、23 頁。

136）前掲『中国的内戦―1945-1949 年的政治闘争―』が代表的である。

137）「現在我們一部分部隊、或因在捜集資材中不顧政策的亂抓、或因部隊幹部戦士発洋財的観念作祟、或壊分子之混入等原因、致発生厳重的規律廃弛之現象、目前在某些地区已引起群衆之厳重的反感」（前掲「東北局関於今後方針任務的指示」449-452 頁）。

138）前掲「敵人蚕食法庫和我們的対敵闘争（1946 年 12 月前情況）」177 頁。

139）1947 年 1 月 2 日「陶鋳同志在県幹部会上的報告和総結」前掲『解放戦争中的遼吉根拠地』104 頁。

140）前掲「敵人蚕食法庫和我們的対敵闘争（1946 年 12 月前情況）」185 頁。

141）1948 年 8 月「把財経工作提到重要位置上来」前掲『陳雲文選（一九二六―一九四九年）』265-268 頁。

142）土地改革は本章における直接の分析対象ではないが、本章の結論は東北おける土地改革の展開にも適用できる。東北の土地改革の展開は清算分地（1946 年 6 月〜 11 月）、丂煮え（原文「煮夾生飯」1946 年 12 月〜）、切り掘り運動（原文「砍挖運動」1947 年 7 月）、土地均分（1947 年 10 月）という 4 つの段階をへた［朱建華 1987：94-106 頁、216-228 頁］。その中で、1947 年 10 月末まで（清算分地 1946 年 5 月 4 日『関於土地問題的指示』、生煮え 1946 年 11 月 21 日『関於解決土改運動中「半生不熟」問題的指示』、切り掘り運動 1947 年 7 月 27 日『関於挖財宝的指示』）の土地に関する大衆運動は、中共階級理念に基づく農民と地主の闘争ではなく、民族敵としての日偽、漢奸や悪覇を闘争する運動であった。1947 年 10 月（『中国土地法大綱』）の発布は、中共軍が秋期攻勢で勝利を収めようとした時期であった。そこで、中共の階級理念に基づき、元ある社会関係を徹底的に破壊し、均質な社会を生み出す土地改革が要求された。要するに、東北においては、階級闘争を行ったために、中共が勝利できたというよりは、軍事力の保障があったからこそ、中共の激しい階級闘争が可能となったと言える。

122

第 3 章

平時態勢期、中共による民衆統合
（1948 〜 1950 年）

図 3-1　東北の経済の回復は盛んな勢いで展開されている様子
（「在恢復與発展中的東北経済建設」『東北日報』1950 年 10 月 1 日）

はじめに

本章では、東北全土が中共に占領された 1948 年 11 月から、1950 年 6 月朝鮮戦争が勃発するまでの時期を対象として、中共による都市基層社会の再編を分析して、その民衆統合の特徴、および民衆の対応を解明する。当該時期の東北は、すでに国共内戦を終え、経済回復の段階に入った、いわば内戦の戦時態勢期を終結して、経済を回復する平時態勢期であった。そして、東北における工作の中心も次第に都市へ移行していった。そこで、本章では大都市の瀋陽市と小都市の営口市の事例を取り上げる。

まず、同じ東北地域においても、1948 年以前の都市工作には「農村方式」が持ち込まれ、例えば北満の哈爾賓市における基層組織の建設は「大衆運動と並行する形で」行われた。その基層組織を建設する際に、家賃引き下げや日本人家屋の分配といった大衆運動による利益の分与は重要であったと指摘されている[1]。大沢論文の研究対象は戦時態勢期における中共の都市工作であり、本書の第 2 章で取り上げた北満の牡丹江市の事例は同じ地域と時代の背景を有するものである。牡丹江市の事例においては、革命原理に基づく大衆運動を通じて、民衆を組織化しようとした革命の方式は農村革命の延長線上に位置していたことが分かる。ただし「反奸清算」などの大衆運動が展開され、運動から「闘争の果実」が獲得されたが、民衆にほとんど分配されず、党と民衆の関係構築に大きな役割を果たしていなかったことも明らかにした。こうした戦時態勢期の北満の農村や都市と対照的に、1948 年に解放された南満の都市は中共による根拠地建設の段階や、「反奸清算」のような激しい大衆運動をほとんど経験しておらず、貧民会のような組織も見られなかった。であるとすれば、これらの都市では、いかなる革命の過程が取られたのかが問題となる。

都市工作と言えば、中共が工作の重心を農村から都市へ転換すると明言したのは七期二中全会(1949 年 3 月)であった。そして、当該時期の中共による都市革命の特徴について、「農村方式」の革命の都市への応用を是正して、上から下への「都市方式」によって、天津、北平、上海といった大都市を接収して、経済回復を重点とする都市工作を展開したとされている[2]。こうした「上からの革命」の背景の一つとして、中共軍の武力によって解放された都市自身は革命への対応が受動

第 3 章　平時態勢期、中共による民衆統合 (1948 〜 1950 年)

的であったこと[3]や、都市の労働者は党の呼びかけに敏感であり、容易に組織できる性格を持っていた[4]と論じられている。これらの研究は都市革命の特徴を見出そうとした一方で、革命において都市民衆の主体性を過小評価した傾向が見られる。都市民衆は革命に対して受動的であったとすれば、新たな中共政権に対して、どこまで服従的であったのか、容易に中共のイデオロギーや階級理念を受け入れたのか、については実証的に分析しなければならない。

　当該時期の都市における党と民衆の関係に関しては、労働者組合という中共の組織力に関心が集まっている[5]。しかし、泉谷陽子が指摘したように、全国的に見れば労働組合は 1951 年からようやく中共の指導下に置かれ、中共と同一の場にたち、中共の動員組織となった。東北における労働組合の立場の転換は比較的早かったが、それでも 1950 年朝鮮戦争以降のことであった[6]。

　上記の先行研究を総じれば、人民共和国建国初期から、三大運動 (抗米援朝、反革命鎮圧、三反・五反) まで(1949 〜 1952 年) を 1 つの時期として取り扱うのが一般的である。ところが、序章でも述べたように、1949 年以前にどこよりも早く経済を中心とする都市工作の動きが出現した東北においては、1948 年から 1950 年 6月まで、激しい大衆運動は行われなかった。中共の組織が未だ形成されていない時期において、中共が経済の回復を目的とする中で、民衆統合にいかなる手段を尽くし、民衆はそれに対してどのように対応したのか。未だ解明されていない問題が多く残されている。

　本章では、1948 年 11 月から 1950 年 6 月までの平時態勢期における、中共による都市基層社会の再編を考察する。そして、当該時期の民衆統合の特徴、党と民衆の関係を解明したい。第 1 節では、東北解放初期、瀋陽市における中共による基層組織の再編を分析して、基層組織の実態と都市民衆の対応を考察する。第 2 節では、瀋陽市や営口市において、実施された「反動党団特登記」、戸籍調査工作、「反動会道門」取り締まりを考察して、中共による民衆統合の特徴および民衆の対応を明らかにする。第 3 節では、東北の都市部において、最も重要であったと考えられる労働者工作の問題を取り上げる。生産競争などを通じて、中共の労働者に対する宣伝教育およびそれに対する労働者の反応を明らかにする。さらに、広範な都市民衆を対象とする大衆工作と労働者工作とを比較しながら、平時態勢期における党による民衆統合の特徴および党と民衆との関係を浮き彫りにしたい。

125

第1節　中共による基層組織の設立

1) 瀋陽市の接収と管理

　1948年10月に長春、錦州が相次いで中共軍に陥落し、国民党軍の東北における拠点は瀋陽市のみとなった。勝利が間近に迫った情勢に対応して、中共中央東北局は10月26日に瀋陽市を接収して東北全土の解放を迎える準備会議を哈爾賓で開催した。会議において、長春へ進駐した際の混乱の教訓をくみ取って、瀋陽市の接収工作を議論した。そして、陳雲をはじめとする、瀋陽特別市軍事管制委員会（以下「軍管会」と略す）を設立し、4000人の幹部を用意し、瀋陽市の接収を準備した[7]。1948年11月2日に遼瀋戦役が終わり、11月3日に軍管会は幹部と部隊を派遣した。商工業の破壊や社会の混乱を避けるために、農村での土地改革のように民衆の中で意図的に敵対関係を作り、武力により闘争を引き起こさせる方式の大衆運動は行われなかった。代わって「系統に従い、上級から下級へ、元のままに、接収してから管理する」（「各按系統、自上而下、原封不動、先接後分」）という十六字方針に従って、瀋陽市の接収を行った。1948年11月28日、瀋陽軍管会主任の陳雲は瀋陽市の接収と管理の経験を中共へ報告した[8]。それから、中共は瀋陽市の接収経験を高く評価して、「瀋陽を接収する経験」（「接収瀋陽的経験」）を各局へ配った。さらに、東北局に対して「瀋陽、長春の接収を経験した人員を2つのグループに組織して、翌年に南下して大都市を接収するために用いる」[9]と指示した。また、天津、北平といった都市を接収する際に、「必ず瀋陽や済南のような接収と管理の成績をあげなければならない、瀋陽と済南に負けてはいけない」[10]と要求した。瀋陽市は中共が初めて接収した大規模な商工業都市であり、その経験は後の天津、北平、上海のモデルになったと考えられる。

　上記の接収方針が実施できた背景には、1948年の瀋陽市の社会情勢があった。「チャーズ」[11]の悲劇が発生した長春と比較すればましであったが、前章でも少し触れたように、1948年の瀋陽市では食糧の欠乏、物価の高騰に民衆が苦しんでいた。解放当時、瀋陽市周辺の25万人の部隊を除いても、市内には15万人以上の人口は月に7500トンの食糧が必要であった。しかし、市内で調達できたのは僅か2000余トンに過ぎなかった[12]。食糧の問題だけでなく、瀋陽市全体で捕虜は2〜3万人ぐらいおり、弾薬や武器もあちらこちらに散在していた。暗闇での発砲や

126

第 3 章　平時態勢期、中共による民衆統合（1948 ～ 1950 年）

強盗など、治安問題は深刻であった[13]。その他、商業の休業や工場生産の停止と
いった問題に中共は直面していた。

　また、瀋陽市は「かつて国民党が東北を統治した軍事・政治・経済の中心であ
り、蒋匪と米帝反人民の重要な指揮拠点」として、「多くの敵偽の残存分子がここ
に集まった」[14]。このような状況について中共は最初から認識していた。これに
もかかわらず、穏健な接収方針と深刻な社会情勢という条件に制約された。それ
ゆえ、瀋陽市を接収する際に、大量の旧職員を留任させることになった。警察官
を例にみると、瀋陽市にもとからあった警察官 5500 人の内、4500 人をそのまま雇
用した[15]。その中で、瀋陽市第七分局を接収した際の警察官の内訳は、110 人の旧
警官の中、85％は満洲国時代の人員、残りの 15％は蒋介石時期に派遣されたり、
募集されたりした人員であったという[16]。旧人員の雇用と組織の利用は、警察な
どの行政機関だけではなく、都市の大衆工作や基層組織の再編においても同様で
あった。そこで、次項では中共による保甲制度の廃止を検討する。

2) 保甲制度から居民組へ

　中国の保甲制度は外来のものではなく、宋代から導入され、明・清時代にも活
用されていた。王朝歴史の終焉にもかかわらず、満洲国・国民党・中共の各政
権・政党にも利用された。満洲国の保甲制度については、第 1 章で述べたように、
1933 年 12 月から台湾の保甲制度をモデルにして導入された。台湾の保甲が「警察
行政の補助機関」であったのに対し、満洲国の保甲は「匪賊」に対する治安粛清が
重視された[17]。1935 年から 1937 年まで、中国の抗日運動の高揚に対応して強化さ
れた。1939 年、満洲国の保甲は街村へ移行したが、この街村制度は保甲の遺制と
指摘された[18]。

　1945 年以降、国民党の統治下でも、保甲制度は廃止されず、幾度かの改編をへ
て、1948 年の瀋陽市解放当時、22 の区の下に 194 の保（25 ～ 50 甲からなる）、保
の下に 5609 の甲（15 ～ 30 戸からなる）があった[19]。具体的な保甲長の出身の一例
を表 3-1 に示す。保長、保職員は学歴が高く、ほぼ満洲国や国民党政権とかかわり
を持つ人物であった。甲長は出身が各甲の住民の構成によって異なり複雑であっ
たが、基層民衆そのものであり、明確に各甲の基本状況を把握していたと考えら
れる。表 3-1 での出身が「農民」と「学生」とされた甲長に対しては、中共はそれぞ

127

れ「逃亡地主であろう」、「昔父親が甲長であった」と註釈している。ここから、中共が保甲制度を「封建的」「抑圧的」な制度と位置付けようとしていた姿勢が明確である。しかし、農民や学生の身分が存在する以上、甲長の所属階級を決定するのは困難だろう。このことは、後に旧保甲長を排除する際に問題が起こったことと関係してくる。

　中共が1948年11月に都市に進駐してきてから1949年3月15日までに、在来の国民党の保甲制度を廃止し、新しい基層組織を設立しようとした。3月末まで、147の街公所、14の村（市内にある村）、5640の居民組（当時の統計によると、全市に21万7790戸があり、86万6865人がいた）を編成し[20]、組ごとに30戸ほどを配した。新しい街の組織を国民党統治期と比べると、居民組は甲に相当するため、大規模な変化が見られなかったと言える。保甲制度の廃止過程について、以下で検討を加える。

表3-1　1948年瀋陽市南市区などにおける保職員・保甲長の出身（例）

出身	保職員	保長	甲長		備考
	南市区 （16人）	小西区 （11人）	小西区 （15人）	恵工区 （24人）	
商人	2	5			
軍人		1			
偽満職員	11	4			
教員	1				
蒋匪	1				〔国民党関係者、匪賊―引用者〕
偽警察	1				
行商人			2	8	
占い				1	
車夫				2	
職員				2	
警察・特務				2	
小商工業者			4	9	
農民			1		逃亡地主であろう
学生			2		昔父親が甲長であった
労働者			2		
無職			4		
その他	1				

注：出身が判明している者のみを挙げた。例えば、小西区の甲長の事例は、全区の11の保の中の4つの保の出身分類のみを示している。
出所：1948年「旧警察和区保甲情況及処理意見」（『城市的接管与社会改造―瀋陽巻』遼寧人民出版社、2000年、77-79頁）に基づき作成。

128

第 3 章　平時態勢期、中共による民衆統合（1948 ～ 1950 年）

まず、保甲制度を廃止する際の、旧保甲人員に対する工作方針についてである。

　我々の幹部の力には限界がある。保甲人員を一気に全部入れ替えることは不可能である。〔保甲人員が──引用者〕入れ替えられるまでに、我々のために務められるように、保甲人員および大衆会議を開き、保甲制度の反動的な性質や、保甲人員が保甲制度を執行する際の反動的な役割を宣伝する。彼らは過去に人民の利益を害することを行っていたため、人民が彼らを恨んでいることを指摘する。人民の寛大な処置を求めるなら、必ず手柄を立て、積極的に政府に協力させるべきと指摘する。〔中略〕必要な時には誓約書を求めることもありうる[21]。

　上記の史料によれば、東北解放初期、都市工作の幹部不足の問題があったために、国民党の基層組織の保甲人員を利用せざるを得なかったことが判明する。利用方針は、これらの人員を党と民衆の監視の下に置き、罪滅ぼしに手柄を立てることを求めたり、場合によっては誓約書の提出を求めたりしたのである。ただし、旧来の人員を長期に継続利用するわけではなかった。旧保甲人員の利用は一時的であり、中共による新たな幹部が育成されれば、直ちに旧保甲人員に取って代わらせた。すなわち、「訓練した街の幹部は試験的仕事をへて、計画的に撤回すべき保公所に分配される。保公所の中で新たな街政権を建設する」[22]という思惑であった。同時に、以下のように、中共が保甲制度の廃止を通じて民衆の政治的自覚を高めようとしていたことも読み取れる。

　保甲制度を廃止する際に、悪い保甲長に対して、民主運動を発動することは絶対に必要である。そうしなければ、大衆の覚悟を高めること、旧政権を徹底的にぶち壊すことや、大衆が政治面において解放されて主人公となることができない。〔中略〕新しい居民組は都市の民主政権の一つの組織ではなく、ただの街政権の細胞組織であるが、組長の任命を慎重にしなければならない。まず、階級路線を把握する。すなわち、主に労働者、店員、貧民、軍人と幹部の家族および勤労農民を選ぶ[23]。

129

上記のように、中共は悪い保甲長と「闘争」させることを通じて、民衆の意識を変革し、イデオロギーを共有させる目的があった。さらに、階級路線に基づき、新居民組の組長はよい階級の出身であることが要求された。しかし、この基層組織を編成する過程においては、単純に保甲制度を廃止してから、新しい組織を建設するわけではなく、新しい街政権は旧保甲の中で編成され、旧保甲長も新基層組織の樹立に利用された。さらに、新たな基層組織の規模も旧保甲と大きな変化がなく、ただ旧保甲長が中共の新幹部に取り換えられただけである。要するに、現状を維持する意図が見られ、新しい街組織を樹立する過程は実質的には保甲の再編であった。それゆえ、このような街組織の機能には限界があり、1949 年 2 月まで「2 カ月の短い工作の過程において、我々が大衆工作の基礎を築き、民衆の覚悟を高めたとはまだまだ言えない。たとえ発見して、訓練してきた積極分子でも、真の試練を経験せず、人数も少ない」というのが実状であった[24]。さらに、1949 年 7 月の報告において、保甲制度を廃止して、新基層組織を設立する事例が以下に示されている。

　　工作中、大衆と多少のつながりをもち、一般の社会状況については、ある程度掌握したが、保甲制度には依然として手を付けなかった。その統治も弱めることが出来ず、保甲人員の威勢に打撃を加えなかった。聯組組長[25]の出身は、和平区四街の統計によると、142 の組長の中、経理〔旧管理階層——引用者〕21.8％、労働者・店員はわずか 15.5％、その他の区も同様だった。〔中略〕甲長を組長として留任する事は非常に多かった。いくつかの区は、例えば北関区は元〔甲長——引用者〕数の 27.8％、北市区は 22.6％であった。罪悪のある保甲人員の処置に関しては、多くの区は保甲制度を廃止した後にようやく開始した。そのため、〔保甲制度を——引用者〕廃止する際に、大衆の情緒（原文「情緒」）は高くなかった[26]。

　実際の基層組織を設立した際、「保甲制度を一時的に利用する効果を高く判断したため、保甲制度の廃止、人民政権の建設、保甲人員の反動的罪悪を、民衆に宣伝する勇気がなかった」[27]と保甲の廃止に対してはさらに保守的であった。また、保甲長を利用する際にも、「罪滅ぼしに手柄を立てる」という方針ではなく、「保

第3章　平時態勢期、中共による民衆統合（1948 ～ 1950 年）

甲長の情緒に影響することを恐れ、彼らに油断（原文「麻痺」）させて、だまして仕事をさせた」という[28]。以上のことから、旧保甲長の影響力が大きかった様子が見てとれる。それゆえ、旧保甲長の統治を弱めることが容易でなく、聯組組長の出身構成や元甲長の組長としての留任状況から見れば、悪い保甲長と「闘争」する目的も達成できなかったと思われる。そうした中、保甲制度の廃止を通じて、階級教育を普及することも期待どおりの効果を上げられなかった。このような結果は、平時態勢期での保甲に対する緩やかな再編の方針と革命原理に準拠した階級闘争との矛盾が、もたらしたものであったと解釈できる。

　ところで、旧保甲人員を利用し続けるという問題について、瀋陽市は 1949 年 2 月前後からこれを是正し始めた。1949 年 3 月末までに全市で新しい街組織の設立を完了させ、旧保甲人員はほぼ全員が入れ替えられた[29]。しかし、「街政権の細胞組織」と呼ばれる居民組の次元においては以下のような新たな複雑な事情が現れることとなった。

　　例えば、北市区営房街二十九組居民組長の宋躍紳は、就任してから、政府がどのような仕事を手配しても、彼は会議を開かず、大衆動員や宣伝をせずに、命令の形で仕事を下へ伝達した。彼は普段いつも「長官」を気取っている。大衆に対して態度が非常に悪い。公債を売りさばいた期間中に、彼は引き受ける能力のある金持ちをかばったりした。また、例えば辺門街一組居民組長の李万生は、組長を勤めた期間中に、ある代理店の電線を盗んだことがある。また、例えば西塔街三組居民組長の馮徳林は、まったく責任を負わず、時には賭博もする。一貫道に打撃を加えた時、彼は宣伝動員を行わなかっただけではなく、彼の知っている一貫道の信者を政府に報告すらしなかった[30]。

　史料が示しているように、旧保甲長は排除されたが、居民組の組長には依然として多くの問題があった。なぜ多くの問題が発生したのだろうか。恐らくは、不安定な社会状況の中で、民衆は保身のために、危険に身をさらす積極的な態度をとらず、中共の工作に対して、傍観的な姿勢であったのだろう。また、基層組織の設立にともない、積極分子や基層幹部を迅速に育成しなければならなかった。

131

しかし、当初には十分な積極分子を獲得できなかったため、もとの甲長を利用し続けた。一方、地元のごろつきのような人々は、投機心を持ち、政権の変わり目をチャンスとして、社会地位の上昇や名誉の獲得などの目的で、積極的に中共の宣伝や動員に応じたと考えられる。

　このように東北解放初期における基層組織の問題は、内戦の戦時態勢期における農民会や貧民会といった組織の問題（第2章第2節）と類似点がある。その一方で、中共の地元のごろつき分子に対する態度はまったく異なっていた。国共内戦時期、中共は「反奸清算」などの大衆運動を発動するために、意図的にごろつき分子を運動や貧民会の中へ取り入れた。ところが、本節で論じた解放初期の基層組織においては、ごろつき分子が警戒されただけでなく、組長などのリーダーの階級出身が重視された。なぜならば、すでに戦争が終わったため、戦時態勢期のように意図的に地元のごろつきを基層組織に取り入れ、民衆の協力を得る緊急性がなくなったからである。

第2節　大衆工作の実態

1) 瀋陽市における「反動党団特登記」

　1948年11月から東北において、中共は残存していた国民党勢力の取り締まりを行い、敵を粛清するとともに民衆の階級教育を図り、自らの正統性を作り出そうとした。

　まず、1949年1月に中共中央は「国民党、三青団および特務機関の処理方法に関する」（「関於国民党、三青団及特務機関処理辦法」）を布告した[31]。それから、東北行政委員会は中央の動きに応じて、3月5日に「反動党団特務組織の登録に関する布告」（「関於反動党団特務組織登記的布告」）を出した。そこでは、登録工作の初期、瀋陽市大東区の事例が取り上げられた。

　　反動党団登記の準備工作について、大東区公安分局が（上手にやった？）。
　　彼らは、この工作をうまくリードできるように、まず区幹部会議において、
　　深く動員して、幹部の一人一人にこの工作の重要な意義を理解させた。15
　　日保甲長会議を開き、詳細に内容と登記の進め方を（説明した？）。16日か

第3章　平時態勢期、中共による民衆統合（1948〜1950年）

ら街を単位として居民大会を開き、反動組織を参加したことのある人々を登記するように呼びかけた。登記の方法はまず申込み、そして表に記入できる[32]。

この事例から、当該時期の「反動党団特登記」工作の具体的なプロセスが見てとれる。最初に幹部会議、そして保甲長会議、最後に街の居民大会すなわち大衆会議と拡大された。つまり「幹部動員→保甲長動員→大衆動員」の手順と言える。すでに述べたように、瀋陽市においては1948年から保甲制度の廃除が開始したが、実際にはうまく行かなかった。1949年3月の「反動党団特登記」工作においては、保甲長が各街で登録工作の宣伝とリーダー役を与えられた。

上記の準備段階をへて、「反動党団特登記」が「正式に始まってから3日間、不完全な統計によると〔瀋陽市では——引用者〕すでに2000余人の反動党団特分子が呼び掛けに応え、出頭し、登記して、過ちを悔い改めようと申請した」[33]という初歩的成果が挙げられた。ところが、この登録工作において直ちに下記の問題が現れた。

我々の登記工作においては、欠点もあった。（1）我々の幾つかの機関はきちんと指導せず、一般の呼びかけだけで具体的な指導および直ちに問題を解決することが足りなかった。場当たり的になってしまう現象が起こった。例えばある機関は「現在突撃〔生産——引用者〕任務があって、それをやる暇がない」と考えていた。また組織があるが、主要な責任者が意気込まず、形式的に陥ってしまった。〔中略〕登記工作は大衆に依拠すべきである。大衆の力がなければ、少数の幹部の数回の呼びかけだけで、反動党団特務分子に自ら武器を捨てさせることは不可能である。故に、登記工作は必ず上級指導者が積極的に指導を行い、一定数の幹部が参加して大衆を組織すべきである。大衆の監督・説得・告発・批判を通じて効果が挙げられる。同時に大衆を教育して政治意識を高める過程でもある[34]。

上記の史料から見れば、「反動党団特登記」は明らかに上から下への工作方式であった。工作中の最も典型的な問題は、この登録工作と突撃任務（生産）との間に

133

矛盾があったことであろう。平時態勢期の東北において、現地幹部は「反動党団特登記」が生産回復の任務を妨害することを恐れていたと考えられる。また、この登録工作は最初から、反動党団特務分子が自発的に登録するように促すが、実際には中共は登録工作において民衆の監督・説得・告発といった手段を強調したかったようである。

当時の『東北日報』には「反動党団特登記」に関連する記事[35]が数多く載せられた。これらの記事によると中共の宣伝政策が見られる。まず、反動党団特分子が分類され、異なる分子に対して異なる政策が打ち出された。①「自白・登記する勇気がない反動党団特務分子」に対して、党の寛大な政策を宣伝し、自白を呼びかけた。②「破壊活動を続けている反動党団特務分子」に対して警告した。③「すでに登記した反動党団特務分子」には他人を告発して、手柄を立てるように促した[36]。中共は特に一般の反動分子に対して寛大な政策を大いに宣伝した。このような宣伝を通じて、反動党団特務分子の大多数である主要分子以外の登録を躊躇していた者の自白を促すと同時に、民衆を味方に引き入れるようとしたのである。

2) 営口市における「反動党団特登記」および戸籍調査工作

営口市の「反動党団特登記」は1949年4月21日から6月末まで実施された[37]。まず4月21日、営口市の劇場で動員大会が開かれた。全市の機関、工場、鉱山企業の幹部、中小学校の教員と職員、中学校3年次以上の学生代表と工場労働者代表が会議に参加した。そして、これらの人々は会議後各自の機関や団体に戻って、宣伝・動員を行い、内情を探り、反動党団特分子が自白するように呼びかけた。無論、民衆の摘発は依然として重要視された。そして、5月末までに登録した反動党団特分子は709人であり、その内、機関と学校に所属するのは323人であった。さらに、その中には国民党区党部執行委員、三青団分隊長、中統（国民党中央執行委員会調査統計局）・軍統（国民政府軍事委員会調査統計局）特務など計46人がいた。その46人中、22人が留任、13人が追放（原文「清洗」）、9人が追放かつ公民権を奪われ、2人が逮捕され法律によって処罰（原文「逮捕法辦」）された。他の社会人（機関や学校に所属していない者）では386人が登録された。その中には国民党区党部執行委員、三青団分隊長、中統・軍統特務など計72人おり、内の26人が公民権を奪われ、3人が処罰された[38]。

第 3 章　平時態勢期、中共による民衆統合（1948 ～ 1950 年）

　中共は基層社会を把握するために「反動党団特登記」と平行して、営口市では
1949 年 3 月から戸籍調査を実施し、2 カ月をかけて完了させた。まず、市委機関、
公安局、幹部学校、中小学校教員から約 500 人を引き抜いて、戸籍調査工作隊を組
織して、調査員を訓練し育成した。同時に、省から 30 人の工作隊が派遣され、営
口市の工作を指導した。次いで、民衆に対する宣伝を行い、民衆を動員した。そ
の 500 人を小隊に分け、8 つの区へ派遣し、さらに 1 つの小隊を 3 ～ 5 人からなる組
に分けた。幸福区三街では、全街 686 戸の中 496 戸が動員大会に参加したとされ
る。居民組を単位として、組長が民衆を組織して、自ら登録を申請するように動
員した。過去の政治経歴に問題がある人に対して、自白すれば寛大を旨とするが、
隠れたり逃げたりすれば厳しく取り締まる、というような宣伝を行った。戸籍調
査の結果は全市 2 万 3884 戸、10 万 2957 人、戸籍がないのは 665 戸、3389 人であっ
た [39]。

　上記の戸籍調査によって営口市における戸籍は甲（特殊戸籍とも呼ばれる）、乙、
丙 3 種類に分けられた。

　　甲：反動的身分者、軍、警、憲〔憲兵──引用者〕、特〔特務──引用者〕、匪〔匪
　　　　賊──引用者〕。
　　乙：一般的な問題のある人。
　　丙：普通戸籍、学生、商人等 [40]。

　このようにして甲種戸籍を持つ人々の身上調書（原文「檔案」）を市公安局が把
握するようになっていった。さらに、1949 年 7 月、甲種戸籍に関する具体的な規
則が出された。

　①鋤奸部門〔主に 1945 年 11 月に設立された東北社会部の下に属する公安部門を
　　　指す──引用者〕が釈放した政治犯（反動党団特も含む）。
　②鋤奸部門に監視を要求される者。
　③一貫道の壇主、前人、点伝師〔一貫道の職名、「壇主」と「前人」は道首であり、
　　　「点伝師」は 1 つの地域の「壇主」を統括する職である──引用者〕。
　④国民党占領区（敵占区）から新しく来て審査をうけていない容疑者。

135

⑤政府に自白して登記していない、あるいは徹底的に白状していない蒋匪分子
〔主に国民党員や匪賊を指している——引用者〕41)。

　上記の甲種戸籍を持つ人々に対する管理は厳しいものであった。甲種戸籍を持
つ人は必ず毎週管轄する交番に行って報告しなければならなかった。報告内容は
①生活状況、金の出所および支出、②どこへ出かけたのか、何をしに行ったのか、
③どこで誰からどんなデマを聞いたのか。さらに、所属する居民組の組長が監視
する責任を負われた42)。組長の役割から見れば、居民組は保甲組織の延長線上に
位置していたようにも考えられる。
　以上のように、営口市における「反動党団特登記」と戸籍調査はほぼ同時に行わ
れた。この2つの工作を通じて民衆の状況が把握されるようになった。

3)「反動会道門」の取り締まり

　序章で定義した中共の革命原理は、中国社会に存在していた従来の社会関係
（宗族や地主制など）を大衆運動による武力闘争の形式で打ち壊して、中共がリー
ドする新たな社会関係を創出するのである。東北は、長期にわたる満洲国の支配
や国民党の一時的占領を経験したため、「大衆運動の材料に事欠くことはなく、大
衆運動を最も組織・動員しやすかった地域」とも言われる43)。その中で「擬似的
親族関係」である「秘密結社」44)はもちろん中共の闘争の対象であった。しかし、
平時態勢期の瀋陽市や営口市においては、中共は「反動会道門」の取り締まりを革
命闘争には利用しなかったようである。
　東北においては、基層民衆の統合の一環として、1948年から「反動会道門」の取
り締まりが行われた。その中で特に「一貫道」の取り締まりがよく知られている。
営口市の「一貫道」は、1939年前後に伝来して発展してきた。道首陳徳盛は営口、
遼陽、鞍山といった地域で一貫道組織を成立し、1948年8月に営口で「奉天総壇」
を設立した45)。また瀋陽市における「一貫道」などの会道門の基盤も堅固であっ
た。内戦中、瀋陽市は国民党が軍事・政治の拠点としていたため、「反動会道門」
は国民党の上層部とのつながりも緊密であった。事実の検討は別途に必要となろ
うが46)、「反動会道門」は満洲国の日本統治者や内戦時期に国民党と結託して、反
共産党、反人民の活動を行ったと理由づけをされて中共によってきわめて厳しく

第 3 章　平時態勢期、中共による民衆統合（1948 〜 1950 年）

批判の対象とされたのである。

　1949 年 4 月 27 日、中共中央東北局は「一貫道などの封建会門に対する処理に関する指示」（「対一貫道等封建会門処理的指示」）を出した。中共瀋陽市委は東北局の指示に従い、7 月 10 日に「市委の一貫道などの封建会門の処理に関する決定」（「市委関於処理一貫道等封建会門的決定」以下「一貫道決定」[47]）で、7 月 20 日に東北全域で統一して一貫道などの会道門の取り締まりを行う指示を公安局や各機関へ伝達した。

　この「一貫道決定」による「反動会道門」の取り締まりは公安局が主導した。そこでは「周密な研究によって、逮捕の名簿や材料を 15 日までに市委に提出して審査を受ける」こと、各党委員会、各部門は必ず公安局に協力しなければならないこと、民衆の政治的自覚を高め、民衆教育の目的を達することが強調された。しかし、その一方では「各宣伝部門や教育機関、および各団体は公安局と結びつけて、各種の形式をもってこの仕事の宣伝活動を行うべし」と記していた。また、その展開としては、主要な人物を逮捕して、組織を解散させた後、会議を開き動員と教育を行い、民衆の自白を呼びかけ登録することであった。その中で主要分子を逮捕するまで 7 月 20 日の逮捕行動を「絶対に秘密にする」ことも要求された。それと同時に、中共の宣伝報道や一般信者に対する自白の呼びかけが『東北日報』に頻繁に掲載された。

　　東北全土が解放されてから、公然たる武装戦争はすでになくなったが、国民党の残存勢力や特務反革命分子は依然と存在している。彼らの各種の卑劣で恥知らずな特務活動において、継続的に封建会門工作を強化することが、彼らの主要な方式の一つである。〔中略〕彼らは会門を通じて、でたらめを言ったり、デマを飛ばしたりして、〔中共と大衆の間に――引用者〕不和の種をまき、人心を迷わす。例えば、「世界大戦が勃発する、国民党が戻ってくる」（大衆を脅かして、中共に近づけない）、「三期末劫、誰も逃れられない、入会しかない、刀や槍が入らず、五災が近づかない」（大衆を騙して入会させる）、「会議が第一、生産が第二」（生産を破壊する）、「信者は不義の金を取らない」（土地改革を破壊する）などである[48]。

以上のように、共産党は一貫道の教義・デマに対して、それぞれの文句に解釈を付けており、そこには民衆に対する宣伝の方法が確かに見てとれる。

　1949 年 7 月 20 日に、東北全域の封建会門の主要人物が逮捕された後、瀋陽市において「我々は登記を行っていない一貫道等会門の主要分子にもう一度警告をする。あなたたちは直ちに一切の反革命の破壊行為を停止すべし。人民政府公安機関に自白し、悔い改めて正道に立ち返れば、政府は必ず生まれ変わる機会を与える。そうでなければ、法律によって厳しく取り締まる」[49] と中共は警告をしながら、寛大な政策を宣伝し封建会門信者の自白を促した。

　営口市も同じく東北局の指示に従い、1949 年 7 月 20 日の夜明けに取り締まり行動に出た。陳徳盛を初め、点伝師、壇主計 32 人が逮捕され、営口市の一貫道を解散させた[50]。引き続き民衆に対する宣伝と教育が行われた。その具体的な展開は以下のようである。

　　営口市は一貫道等反動会門犯罪展覧会以外に、区を単位として大衆大会を
　　開いた。一貫道主犯陳徳盛に詐欺とデマを大衆に対して飛ばした事実を白
　　状させた。また、営口市文工団によって、一貫道主犯陳徳盛が大衆を陥れ
　　た事実を中心に歌舞劇『不能信』が作られた。各街で上演してから、陳徳盛
　　本人に大衆に対して「これはフィクションではない」と解説させた。これら
　　の宣伝活動をへて、広範な大衆に一貫道などの反動会門の反革命と反人民
　　の本質を認識させた。例えば、一人の行商人は展覧会を参観した後、「私は
　　一貫道が単なる一つの道門と思ったが、彼らが国民党のためにデマを飛ば
　　すとは思わなかった」と話した[51]。

　以上によれば、「反動会道門」の取り締まりの過程においては、公安局による会道門に対する打撃が秘密裡に行われた一方、中共は民衆に対して、政府の寛大な政策を大いに宣伝した。つまり、民衆に知られない形で現実的には武力を利用して会道門を粛清しながら、他方では寛大な姿勢によって民衆を味方に引き入れることを図ることによって、平時態勢期の都市社会に可能な限り闘争と混乱を持ち込まない方式を採ろうとしたのである。しかも、取り締まり対象に対する武力を行使してから、会道門に参加していない民衆に対して逮捕の情報を宣伝したり、

138

処刑の参観を行ったりした。これによって、民衆に対して、自ら「反道会道門」と疑われないように、積極的に中共の指示に従い反対勢力を告発するしかないとの恐怖心を抱かせた。この恐怖は、大衆運動の武力闘争の中に置かれる恐怖と異なり、政権の力を恐れて、政治的に無関心でいられなくなる恐怖であった。人民共和国建国まで、中共は瀋陽市や営口

図3-2 営口市の駅区で行われた一貫道に反対する大衆会議の様子
『営口市公安史長編（内部資料）』より。

市における戸籍調査、「反動党団特登記」および「反動会道門」の取り締まりを通じて、基層社会の再編や基層民衆の統合を進めていった。この3つの工作の対象は異なるように見えるが相互に緊密に連携しており、中共は反対勢力を粛清しながら新解放区の社会状況を把握しようとしたのである。

　本節では、1948年以降、南満の都市における中共による民衆統合のあり方や特徴が見えてくる。つまり、哈爾賓や牡丹江などの北満の都市のように基層社会の再編と大衆運動を並行する形で行われなかったと言える。瀋陽市における基層組織の樹立においては、旧基層組織の保留と利用が見られた。その過程で旧政権を代表する保甲長が留任させられたことや、留任させた背景と意図が分かる。すなわち、旧保甲人員に旧来の役割に加えて、彼らが基層社会において民衆と持つ関係を活かして、中共の宣伝動員にも対応させたのである。その背景には、民衆基盤には弱い要素があるが、基層組織を根本的に改造するより保甲の再編までにとどめ、現状を維持しようとした中共の意図が見てとれる。また、「反動党団特登記」や「反動会道門」取り締まりは、革命原理の武力闘争によって展開したわけではなかった。つまり、瀋陽市や営口市といった都市における基層社会の再編においては、中共は最初から革命原理に準拠する大衆運動を行うことを目指さなかったと考えられる。

第 3 節　労働者工作および労働者の対応

1)「救済」工作

　瀋陽市は東北における国民党の最後の拠点として、1947 年冬から中共によって包囲された。そのため、前章で述べたように解放前の瀋陽市内の工業生産は停滞し、市場ではインフレーションも深刻であったと考えられる。その一方で、中共が入城した際の旧職員や労働者の中共に対する認識をいくつか挙げると、「行政組長の楊達泉は『八路軍には聞香隊があるかい』と聞いた。その意味は我々の解放区においては、専門の聞香隊（香は食べ物を指す）があり、どこかにおいしいものがあれば、そこへ闘争しに行く」。また、「彼らがこっそりと我々の 2 人の新しい女同志に『八路軍は娘をソ連へ連れていって、大砲と交換するのか』、『あなたたちは自ら志願してきたのか、または脅迫されたのか』と聞いた」[52]。旧職員には中共に対する不信感が溢れていたことが分かる。ところで、旧職員が政党や政権より、最も心配するのは、自分の仕事・将来・経済利益の面であった。

　こうした背景の下で、東北の平時態勢期の建設や、関内の内戦の支援のために、中共は瀋陽市をはじめとする工業都市での工業生産を早く回復するように労働者工作に力を入れた。その中でも救済が最も緊急な課題となった。既述のように、瀋陽市などの南満の都市においては、中共の革命原理に基づいた闘争や闘争果実の分配が行われなかった。そこでインフレが深刻であった瀋陽市社会においては、労働者や旧職員を落ち着かせ、混乱を避けるために共産党は入城した 5 日後、労働者や旧職員に 10 万元を配り、救済を行った。この救済工作は効果的であったが、「一部の人は、我々に 10 万元の補助金を配ると聞いて直ちに毎日出勤するようになったが、お金を手に入れたら直ちに便りがなくなった」[53] という状況も発生し、その効果も長くは持続できなかった。以下の史料は瀋陽市の労働者問題の一面を示している。

　　瀋陽市には現在〔1948 年 12 月ころ――引用者〕7 万余りの工業労働者がい
　　る。家族を含めれば、瀋陽市の現在の人口の 3 分の 1 を占める。もし工場を
　　復興すれば、この比率は更に増加する。そのため、我々の主要な工作は労
　　働者工作であるべきである。東総〔「東北職工総会」の略称――引用者〕の

第3章　平時態勢期、中共による民衆統合（1948 ～ 1950 年）

直接指導と援助の下で、工会はたくさんの工作をした。輪訓班[54] では 2 万人余りの労働者と対面し、また 3500 人余りの積極分子を訓練した。その中で数百人は工会の中核になれる。〔中略〕労働者工作の中で一つの重要な問題は賃金問題である。我々が都市に入ってきてすぐに 10 万元の生活維持費を配ったのは正しかった。労働者は満足した。しかし、11 月の臨時給料の標準は低いため、労働者は生活を維持できなくなり、不満を引き起こした[55]。

　上記の瀋陽市の労働者および労働者家族の人口から見れば、当時の工場の復興は経済回復のためだけではなく、労働者を安定させ、瀋陽市社会の混乱を避けるために緊急を要する措置であった。10 万元の救済金は大きな役割を果たし、社会の混乱を回避する効果も一時的には中共の期待通りであったと言えるだろう。しかし、インフレが深刻な時期においては救済金の効果は長く持続せず、11 月の賃金問題によって直ちに不満を招いた。つまり、金銭利益の供与がこの時期の都市における労働者工作のポイントであった。しかし、革命原理による闘争や闘争果実の分配がないため、民衆の生活に関わる利益的要求を満たしたのは、一時的な救済金のみであった。

　また、こうした革命原理と離れた労働者工作は、中共による労働者教育、積極分子の発見、および幹部不足の解決などの面において、党のさらなる階級自覚の要求と現実との矛盾を引き起こした。

2）労働者教育と幹部の育成

　救済などによる経済利益の下での社会の安定や労働者らの服従は一時的で不安定なものである。中共の支配にとって、民衆に対して階級思想を植え付けること、またはイデオロギーの浸透が根本的な問題であり、そこにおいて労働者教育と幹部の育成が重要であった。瀋陽市解放当時、派遣されてきた幹部は僅か 4000 人ほどで[56]、幹部不足の問題が深刻であったことが瀋陽市から東北局へ送られたほとんどの報告書（接管経験）に記されている。1948 年 11 月 9 日の『東北日報』に評論「大量に新幹部を抜擢し、育成する」（「大量提撥与培養新幹部」）が掲載され、新しい幹部を採用することの重要性やそれに対する切迫した状況を示した。

　そしてこの時期、労働者に対する思想政治教育が早くも実施された。瀋陽市の

141

訓練班がその典型として、盛んに各新聞に取り上げられた。以下はその一列である。

　職工短期訓練班は、大衆と繋がって、普遍的かつ計画的に新解放区の労働者に対して宣伝教育を行い、迅速に工作の局面を打開し、積極分子を発見および育成する一つの非常によい方法である。〔中略〕訓練の時間は最長が半月、最短がわずか4日、一般的には7日から10日である。毎期は100人から500人、最少はわずか20人である。〔中略〕時間が長くなると、学習の内容が煩雑となり、生徒は一度に理解できない。対して、時間を短くすると、現在の全体の工作と緊密に配合することができる。例えば、鉄西〔瀋陽市の8つの行政区の1つ――引用者〕短訓班は5、6日間に集中させ、幾つかの中心的問題を説明してからすぐに工場に戻る形をとった。生産に影響せず、彼ら〔生徒――引用者〕を通じてさらに多くの大衆と結びつくことができ、同僚に対する宣伝も行わせた[57]。

　上記の事例から、当時の訓練班の目的は、広範な労働者に対する政治教育より、一部分の労働者を選別することによって、積極分子を教育して、幹部を育成することにあったと考えられる。こうした目的を持つため、訓練班に参加する人数や学習時間が制限されていた。また、訓練班には生産を妨害することが心配されるような矛盾があったと見てとれる。訓練班の教育内容は労働者の信任を得るため、当時の情勢や党の政策を中心としていたが、階級教育は含まれていなかった。このような問題は瀋陽市だけでなく、他の工業都市の労働者教育にも存在していた。例えば、鞍山市では、訓練班を相次いで開催したが「目的は一団の地方大衆工作および青年工作の幹部を育成すること」であった。「教育内容は主に：①当面の情勢、②新しい人生観および知識人の道、③中国革命と中国共産党、④各種具体的政策、⑤業務常識（政治常識、労働者運動等）」[58]であった。このような階級教育を欠いた訓練班の教育内容は後述するように後に中共中央の批判を招いた。

　なぜ訓練班の教育内容に階級教育が含まれなかったのか。それには2つの要素が考えられる。1つは、瀋陽市などの都市は平時態勢期に位置付けられ、過去の都市での「農村方式」の失敗を繰り返すことを恐れたからであった。もう1つは、工

第 3 章　平時態勢期、中共による民衆統合（1948 〜 1950 年）

場現場での高級技術者のほとんどは日本人技術者と国民党系技術者であったためである [59]。中共に留任された日本人技術者と国民党系技術者は時期によって変動するが、1951 年までは高級技術者はこれらの人々に頼っていたようである。そして、鞍山の事例では、1951 年までは技術協力の見返りに技術者に対する思想教育が一時的に免除されることもあった [60]。同時に一般労働者に対しても「高級技術者との距離をとるべき」[61] とした。工場の生産回復に欠かせない高級技術者の感情に影響しかねないため、階級教育が疎かになったのかもしれない。もちろん、このような状況は長く続かなかった。生産が回復し、下層中国人労働者が技術を掌握すると、これらの高級技術者も教育と闘争の対象となった。

　1949 年 2 月 20 日、東北局は「労働者大衆の中の政治文化教育工作を強化することに関する指示」（「関於加強工人群衆中政治文化教育工作的指示」以下「指示」[62]）を出して東北の労働者教育を次の段階へ進めるように呼びかけた。1948 年より政治文化教育を受ける労働者の範囲を拡大するように指示した。さらに、「如何に労働者の階級自覚を高めるかということは、一刻の猶予も許されず、重大な意義のある仕事である」と強調された。そして 1949 年 3 月に、1948 年に典型となった瀋陽市訓練班の事例が、「階級教育を主要任務とすべきであり、各地の訓練班および革命学校が気を付けることを望む」[63] と批判された。

　〔第 4 項——引用者〕各訓練班の教育内容は相違があるが、大体は以下の幾つかの問題である：（1）目前の情勢（2）新民主主義（3）幾つかの具体的政策、土地改革政策、商工業政策、司法政策、労働者と職員問題等（4）企業と労働者〔資産階級と労働者の対立ではなく、労働者の企業に対する責任を強調するものであった——引用者〕（5）共産党と労働者階級（六）労働組合問題。〔中略〕経験の第 4 項に挙げられた教育内容は、完全に適切ではない。その中では基本教育の内容を欠いており、中心がない。この種の教育内容では、生徒に中国革命の基本問題を理解させ、現在の各革命政策を了解させ、そして自身の組織任務や工作問題と関連させる以外に、最も基本的で重要なのは、生徒に社会各階級および階級闘争を理解させることである。労働は世界を創造する、搾取階級は剰余労働を搾取することを理解させる [64]。

143

中共の革命原理の中核は階級作りと階級闘争であった。しかし、上記の史料に
よれば、民衆に対してアピールする際に、「階級闘争」よりは「政治文化教育」や
「時事政治教育」といった曖昧な言葉を用いた。実は、階級闘争はそれらの政治教
育の中心内容であり、あるいは、政治教育を通じて、民衆に階級、階級闘争を理解
させることに中共の思惑があった。しかし、民衆は戦局や国内外の政治状況を教
育内容とする訓練班において、中共の階級闘争の理論にほとんど接触しなかった
ため、中共が階級教育の目的を達成することは難しかったと考えられる。

　党の階級教育の要求とは対照的に、民衆側は階級教育より文化教養の学習を求
めたことが窺える。瀋陽市教育部は 1949 年 5 月 3 日から 5 月 24 日にかけて、瀋
陽市の 6 つの公営工場と 4 つの私営工場の労働者に対する文化水準調査を
行った[65]。調査の結果は表 3-2、表 3-3 が示す通りである。工場における非識字の
労働者は全体の 30％ ほどを占めており、半識字者を含めれば 70％ 以上であった。
すなわち、70％ 以上の労働者は字を読めないまたは書けない人々であった。そし
て、労働者の間では政治教育より学校教育の学習内容や技術を学習したいという
要望が多かった。そこから、党の階級教育の要求と民衆の学習能力や学習要望と
のギャップが垣間見える。

　1949 年全体からみれば、上記「指示」や『人民日報』の批判が出されたにもかか
わらず、実際には下記の史料が示しているように、1949 年の労働者教育を受けた
労働者の範囲と人数は限られており、教育の効果にもばらつきがあった。

　瀋陽市の労働者を中心とする大衆業余学習の主要な形式は上大課〔合同授
　業、異なる分野の人を集めて行う講義──引用者〕と夜校（少数の工場は労
　働時間によって学習の時間を朝あるいは午前に設定していた）であり、一
　般的に言うと、大衆の業余学習は下半期に一定程度発展した。しかし、そ
　の発展は極めて不均衡であり、普遍的ではなかった。最近 105 の主要な国
　営・公営工場の調査によると、工場に夜校を設けているのは僅か 78 の工場
　である。その中でも少数はよくできているが、その他の大多数は時に盛ん
　で、時に沈んでいるような起伏がある状態である。区が設けた連合夜校は
　正規のものであるため、比較的強固である。文化館〔県、市レベルにおいて
　の大衆文化の事業部門──引用者〕の専任者が行っているからである。現

第 3 章　平時態勢期、中共による民衆統合（1948 ～ 1950 年）

表 3-2　瀋陽市の 10 カ所の工場における労働者の文化水準

調査範囲／識字区分	公営工場(1,306 人)		私営工場(233 人)		合計(1,539 人)	
	人数(人)	比率(%)	人数(人)	比率(%)	人数(人)	比率(%)
非識字者（原文「文盲」）	375	28.7	87	37.4	462	30
半識字者（原文「半文盲」）	525	40.2	110	47.2	635	41.3
識字者（原文「非文盲」）	336	25.7	31	13.3	367	23.8
知　識　人	70	5.4	5	2.1	75	4.9

出所：『東北教育』第一巻第三冊（東北教育社編、東北書店、1949 年 6 月、6 頁）に基づき作成。

表 3-3　瀋陽市の 10 カ所の工場における労働者の学習要望

調査範囲／学習要望	公営工場(1,306 人)		私営工場(233 人)		合計(1,539 人)	
	人数(人)	比率(%)	人数(人)	比率(%)	人数(人)	比率(%)
政治	308	23.6	85	36.5	393	25.5
文化 *	493	37.7	88	37.8	581	37.8
技術	505	38.7	60	25.7	565	36.7

注：史料が示している比率は誤っているところが多く、著者が人数に基づいて改めて算出した。＊
　　「文化」とは、学校教育の学習内容を示している。
出所：『東北教育』第一巻第三冊（東北教育社編、東北書店、1949 年 6 月、11 頁）に基づき作成。

　在、瀋陽市には、大衆の業余学習班 557 個、生徒 2 万 4092 人（その中で、労働者業余学習班が 377 個あり、1 万 6514 人の学習者がいる。この人数は全市の労働者の 12.7% を占めている。そのうち、国営工場による学習班は 337 個あり、1 万 4553 人の学習者がいる。）〔中略〕瀋陽市における大衆の業余学習の発展は、大体 2 つの段階に分けられる。第 1 段階は解放から今年〔1949年──引用者〕5 月までの間、その時は上大課および短訓班を主として、基本的な階級教育および各種政策の学習を行った[66]。

　上記史料にある大衆の業余学習班 557 個のうち 377 個が労働者向けであったことは、瀋陽における労働者工作の重要な位置づけ、ひいては経済回復を中心とする都市政策を物語っている。1949 年上半期の労働者教育は、主に「上大課」「短訓班」の形式であった。1949 年の下半期に労働者教育の効果が挙げられたが、ばらつきがあった。1949 年、この種の教育を受ける労働者は労働者全員の僅か 12% ほどであった。そのほとんどは国営・公営企業の労働者であった。以上の問題点に

145

ついて、地方組織は中共上層の政策方針を十分に理解せず、徹底的に実行しなかったように感じられる。しかし、このような実態は実は階級闘争を回避しつつ、それでも階級思想を基層社会や民衆へ浸透させようとした結果であった。すなわち、中共の平時態勢期における穏健な都市政策と革命原理に準拠する階級闘争との間で矛盾していることを表象するものであったと見ることができる。

3）生産競争と労働模範

　1948年11月からの労働者救済や労働者教育と比べて、1949年3月からの生産競争は、中共の労働者工作の転機と言える。経済回復だけではなく、その後の大衆運動や中共の都市における権力の浸透に大きな影響を及ぼした。

　東北解放後の初のメーデーを迎え、生産回復を刺激するために、1949年3月15日に東北職工総会が生産競争の指示を出した。具体的な内容は以下である。

　　この運動の目的は生産量を高め、質を改善し、コストを下げ、生産計画を達成し、更にそれを超過させ、労働模範を発見・育成して、労働者階級の階級教育を強化し、労働者全体の新たな労働態度と創造精神を発揮させることである。この運動の規模は必ず「大衆性」を満たすものとする。そして、労働者だけではなく、技術者、一般職員および管理者も積極的に参加すべきである。〔中略〕今回競争の時間は、1カ月あるいは2カ月さらに3カ月……画一的な規定はしない。但し、競争の時間の長さにかかわらず各地は必ず速やかに状況を報告しなければならない。直ちに経験を交流し、本腰を入れて今年12月の労働模範会議を準備するため、できれば7月1日に初歩的な総括をし、10月15日までにより系統的に総括すべきである。〔中略〕競争を下準備する過程においては、各種の会議、発言交流〔原文「漫談」──引用者〕、新聞の閲読などを通じて、十分な政治動員を行い、労働者階級の自覚を高める。生産競争中、労働者階級は新民主主義国家の指導階級であり、彼らの中核的な役割を担っていると認識させる。また、国家の主役であるという姿勢をもって労働の情熱を発揮すべきことを彼らに認識させる。英雄主義を提唱すべきである[67]。

第3章　平時態勢期、中共による民衆統合（1948～1950年）

　上記の史料では、生産競争に動員する形式として会議・発言交流・新聞の閲読といった手段が挙げられていた。運動の展開については、「大衆性」を強調するとともに必ず上級に報告しなければならないという強制性も加えられた。こうした会議、活動などにより労働者は頻繁に交流させられた。その過程において、考え方・感じ方の共有が進んだことは間違いない。また、「英雄主義」を提唱し、労働模範大会も予定されていた。階級闘争抜きの階級教育と比べて、工場での「英雄主義」の提唱は、物質的利益・名誉に憧れるという民衆の伝統的心性と合致しており、労働者の日常感覚に比較的馴染みやすかった。このため人々の競争心を引き起こし、生産への意欲や情熱を引き出すことが容易であったと考えられる。この種の労働者動員は政治動員というより生産動員と言える。一方で、生産競争では、労働者に対する階級教育の目的が強調されており、労働者に対して中共のイデオロギーを植え付ける効果も期待されていた。教育を受けて階級意識をもつようになった労働者が積極的に生産に参加するようになることも中共の目的であった。

　生産競争の指示が出されてから、各地で運動が引き起こされた[68]。一方で、様々な問題が発生した。下記の史料では、労働者の生産競争に対する反応が読み取れる。

　一部の労働者はこの競争運動に対して不正確な見解を持っている。彼らの小組の発言、あるいは個別発言から総括して以下のような不正確な見解を克服しなければならない。一、競争は集団の技術を評価することであり、以前の運動会と同じ性質である。二、以前は〔調査等によって──引用者〕給料に対する調整だけで済んだが、今回は正式に給料が評定されると思い、恐れている。三、競争を通じて生産量の最高の基準を決め、今後生産量が少なくなったら、批判されると思っている。このような誤った考え方を持っている労働者や、技術を有する一部の労働者は、争って人前に出ようとする。技術がよくない労働者は、「一気に1カ月頑張って、競争が終わったらほっとできる」と思っている。ある人は完全に競争を主張せず、「競争しても、しなくても同じだ」と言っている[69]。

147

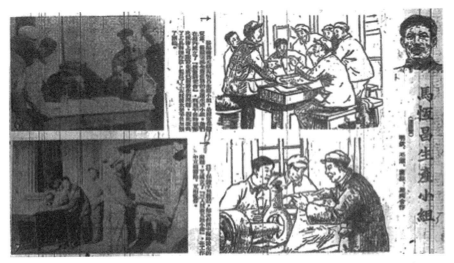

図 3-3 『東北日報』(1950 年 5 月 27 日)に掲載された労働模範の漫画と写真

　中共は「英雄主義」の提唱によって、労働者の積極性を引き出そうとしたが、逆に個人の出世や手腕を誇示する機会として利用された。一方で、技術を持っていない労働者が消極的になる傾向も現れた。このような無関心な姿勢を示したのは一般の労働者だけではなかった。工場のリーダー層の反応もまた積極的ではないようであった[70]。また、競争心や「英雄主義」によって生産性を向上させたが、数量ばかりが追求されて、品質が悪く、浪費の現象が深刻になった[71]。

　労働者工作に重要な役割を果たしたもう 1 つの要素は、生産競争で生まれた労働模範(英雄)であった。この労働模範は個人だけではなく、1 つの工場や部門も評価の対象となった。前述したように生産競争や「英雄主義」といった労働者工作は労働者を交流させ、労働意欲を拡大した。さらに、評価される労働者(労働模範)になれば、名誉・地位を獲得できた。すなわち、民衆の合理的打算(伝統的心性)と合致したため、労働・生産に関する情緒を容易に強化できた。労働模範は職場での英雄として人々が追いかけるべき存在となり、さらに、その後の大衆運動においても手本として民衆を教育する好素材となり得る。

4)「機械献納」

　既に述べたように、東北における工場の復興は労働者工作にとって、最も重要

第 3 章　平時態勢期、中共による民衆統合（1948 ～ 1950 年）

な施策であった。しかし、この復興は商工業の深刻な戦争被害によって制約された[72]。そのため、東北を解放して 1 カ月後に「機械献納」（原文「捐献器材」）運動が発動された。「機械献納」とは、実際には盗まれた機械などの工場の財産を返還させることであった。民衆に呼びかけるために、「献納」（原文「捐献」）という言葉が中共によって用いられた。都市の商工業が受けた戦争被害は、米軍やソ連軍、国民党軍によるものだけではなく、「一般中国人による施設破壊」も大きかった[73]。特に、工場をソ連軍から中共へ引き渡す際、および国民党が撤退する際に、一般民衆からの被害が深刻であったと言われる。つまり、権力の入れ替わりや政権の空白期に、民衆や労働者によって、工場から物や機械が持ち出される窃盗行為が少なくなかったと考えられる。

　深刻な戦争被害を受けた工場を復興するために、中共は「機械献納」運動を呼びかけた。この運動は 1948 年 12 月に鞍山の鋼鉄業に始まり、撫順、本渓、瀋陽市といった工業都市で行われ、多大な効果を収めたと言われる。以下は一般民衆や労働者に自ら機械を献納させた事例である。

　　永楽区に住む失業労働者の王安慶は機械を運転する労働者である。〔動員会議で――引用者〕応募してドラム缶 1 個分の機械油を献納しようとした。家に帰ったら、彼の弟が賛成せず、換金しようと主張した。彼は「献納すれば光栄なことであり、私は工場へ働きに行けるし、長い目で見たら利益がある。換金しても何日の生活を保てるのか」と説得した。職工会は彼の功績と技術を評価し、すぐに工場を紹介し、そこで働かせた。彼の父親は喜んで、人に会うたびに「工会は信用を重んじ、物資を献納したら、翌日工場へ働きに行ける。これから家族の暮らしはよくなるぞ」と話した。王安慶の影響で、翌日また 2 人の労働者が発電機のモーター 2 つを献納した[74]。

　他の運動と同じく、「機械献納」が始まる前に会議・宣伝を通じて動員が行われた。王安慶の事例からは、民衆の機械献納に対する反応の幾つかのパターンが見てとれる。まず、中共のために機械を献納するより換金する方を選択した人が少なくなかったようである。この考え方に対して、機械を献納すれば金銭の代わりに仕事を与えると約束した。そして、中共の約束に半信半疑であり、献納を迷う

149

民衆に対して、王安慶の事例のような報道や王安慶の父親の「工会は信用を重んじ……」という言葉を用いて説得していったのである。

　このように鞍山に続いて撫順、本渓、瀋陽市においても「機械献納」運動が展開された。「機械献納」の事例を見ても、労働者が何よりも自分の生計を心配していたことは明らかである。そのため、中共は民衆に対して、「機械献納」の報酬として仕事や、食糧を与えたりすることで[75]、労働者の気持ちを動かす方法を採ったことに注目すべきであろう。中共が民衆の願望や考え方に動員方式を順応させていることを見逃すことはできない。

5)「宣伝鼓動工作」と組織化

　研究者に注目されている1950年末からの抗米援朝運動（第4章）の宣伝網[76]については、実際に平時態勢期における労働者工作の一環として、東北の工場・鉱山企業から発展したものである。1950年4月28日、企業における「宣伝鼓動工作」[77]を一層発展させるために、瀋陽市は宣伝鼓動工作会議を開催した。具体的な内容は以下の史料に示されている。

　　宣伝鼓動は必ず生産のために奉仕して、生産運動の各部分と密接に結合しなければならない。この原則の下で、形式の多様性を求める。また、宣伝鼓動の方法は、口頭、文字と文芸の3種にほかならない。その中で口頭を主とすべきである。〔中略〕宣伝鼓動工作を重視しなければならない。それはすべての工作の先行工作であるから。宣伝鼓動を行う際に、内容は必ず生産と結びつけて、方法は対象によって異なるべきである。一般化すれば問題を解決できない。最後に「共産党員それぞれすべて宣伝鼓動工作を行わなければならない。目前において皆は幹部不足を感じている。この問題を解決する唯一の方法は、広大なる労働者の中から幹部を発見して、育成することである」と強調した[78]。

　上記の史料によれば、東北における宣伝鼓動工作は1950年4月以前からすでに展開されていた。当時の宣伝鼓動工作の特徴は4つにまとめられる。第1は、宣伝鼓動工作は企業で展開され、生産のための宣伝工作であること。第2は、党員

第3章　平時態勢期、中共による民衆統合（1948〜1950年）

全員は宣伝鼓動工作に参加して、宣伝鼓動員の役割を担うこと。第3は、当時の幹部不足の問題は宣伝鼓動工作の展開に制限しているものの、宣伝鼓動工作を通じて、この問題を解決することが期待されること。第4は、本節の第2項で述べた労働者の識字率（表3-2）に規定されて、口頭宣伝が主要な宣伝鼓動の手段であるとしたことである。

　しかし、当初の宣伝鼓動工作はまだ組織化されておらず、その組織化は、1950年5月の「東北区工砿企業宣伝鼓動工作座談会」からであったという[79]。それから、1950年9月、下記の鞍山鋼鉄企業の宣伝鼓動組織が大いに取り上げられ、その経験は各地の宣伝鼓動員の手本として押し広げられた。

　我々鞍山鋼鉄工場の宣伝鼓動活動は、3カ月以来すでに普遍的に展開されている。特に宣伝鼓動員組織はすでに初歩的に設立された。現在鼓動員499人が工場・鉱山に分布している。その中で143人の活動はかなり優秀である。鼓動員組織を樹立する際に、幾つかの初歩的経験がある：一、鼓動員を慎重に選択、審査すること。鼓動員になる条件は生産に熟練し、大衆の中で威信があって、一定程度の宣伝鼓動能力を有すること。この点において、選鋼工場が比較的よくできている。この工場において、宣伝鼓動員35人の内、20人が党員、13人が団員、2人が労働組合の会員である。文化水準においては、5年以上教育をうけた者は17人、3〜4年の教育をうけた者は11人である。そして、この35人の鼓動員は全員宣伝鼓動の役割を果たすことができる。〔中略〕鼓動員の仕事は、（1）経常的に国際・国内情勢と党・政府の各種の政策について宣伝鼓動を行うこと。（2）各時期の生産任務、仕事の計画をめぐって全体の労働者を団結させる。生産の積極性を奨励・推進し、先進的生産経験を伝播し、労働模範を評価して、生産計画の完成および超過のために闘争すること。（3）労働者の生活上、思想上の問題を解決するように援助すること、である。鼓動員の活動の形式は、多種多様であり、例えば、発言交流、新聞の閲読、黒板新聞、絵画、娯楽等があるが、工場・鉱山の中で口頭による奨励・推進を主とすべきである[80]。

　上記の史料より、当該時期の宣伝鼓動組織には鼓動員が主要な役割を果たした。

151

図 3-4 『宣伝鼓動員手冊』

鼓動員は必ずしも党員や団員ではなかったが、選鋼工場の事例が取り上げられたことは、やはり鼓動員としては党員と団員が望まれたことを示している。また、十分に宣伝鼓動の役割を果たすためには非識字者の鼓動員は望まれなかった。ゆえに、少数の識字の労働者が鼓動員となった。多数の非識字と半非識字の労働者（表 3-2）が宣伝鼓動の対象であったため、宣伝鼓動の主要な形式は口頭宣伝に限定された。さらに、鼓動員の資格において「生産に熟練」すること、鼓動員の仕事において労働者の生産の積極性を引出し、生産経験を普及し、生産計画を達成することから見れば、この初歩の宣伝鼓動組織は平時態勢期に樹立された生産動員のための組織であったことが明白である。

　要するに、抗米援朝運動以前、東北における宣伝鼓動工作と組織建設がすでに始まっていたが、宣伝鼓動工作の範囲と対象は工場・鉱山企業に限られていた。その意図は、党の政策の浸透にあったことは言うまでもないが、重要なことは当時の生産回復と経済発展という任務に沿うように労働者を生産動員することに

あった。

　ところが、その後の再度の戦時態勢の構築に備える必要が生じると、平時態勢期に樹立された宣伝鼓動組織は次第に戦時態勢の動員組織に変化していくことになる。この問題について、次章で検討したい。

小結

　本章では東北全土が中共に占領された 1948 年 11 月から 1950 年 6 月に朝鮮戦争が勃発するまでの、都市における中共による基層社会の再編と民衆統合を検討した。当該時期の中共革命は従来の革命原理に基づいた武力闘争によるものではなかった。また、党と民衆の関係は、緊密でないものであったことを明らかにした。その内容をまとめると、以下の通りとなる。

　東北は全国における最初の解放区であり、いち早く平時態勢期へ移り、生産を回復し、関内の内戦を支援していた。その東北の中で、最後に接収された都市である南満の瀋陽市や営口市は、北満の哈爾賓市と牡丹江市のように「農村方式」の大衆運動を経験せず、解放されてから直ちに平時態勢期に置かれた。そして、他の都市に対する接収と民衆統合の方式の雛形は瀋陽市の接収において現れたのだろう。つまり、当該時期の瀋陽市は、その後に解放された天津・北平・上海における都市革命を行うモデルとなったと言える。

　まず、瀋陽市や営口市における基層組織の設立が行われたが、旧保甲制度の再編にとどまったようである。新しい基層組織の役員が元甲長であった街も少なからずあり、そこから中共の現状維持の意図も見られる。基層社会に対する徹底的な改造は不可能でありながら、中共もそれを求めていなかった。そして、民衆に対しても緩やかな統合しかできなかった。

　その一方で、中共は「反動党団特登記」、戸籍調査および「反動会道門」の取り締まりを通じて、一定程度地域社会情況・民衆を把握した。しかし、瀋陽市や営口市での戸籍調査、「反動党団特登記」および「反動会道門」の取り締まりについて、中共は反対勢力を激しい大衆運動を展開するための材料として活用せず、従来の革命原理に基づく武力闘争を展開しなかった。公安部門がリードし、国家の法執行機関の抑止力によって反共産党勢力の粛清を展開したのである。特に「反動会

道門」の取り締まりにおいては、主要分子の逮捕が秘密裡に行われた。それから、反動分子の逮捕・処分の見せしめを示しつつ、民衆に対し、寛大な政策を宣伝しながら、自白と告発を呼びかけた。このように「反動党団特登記」、戸籍調査、「反動会道門」の取り締まりの3つの工作を通じて、瀋陽市や営口市の社会に緊張感をもたらした。会道門の信者ではない民衆も恐怖を感じながらも、身の安全を守るために東北で勝利した中共に接近することを選択したと考えられる。

　1948年11月から1950年6月まで、瀋陽市などの都市で行われた大衆工作は、民衆の武力闘争によって反対勢力を取り除くものではなかった。むしろ中共の公安部門によって反対勢力を排除してから、民衆に対する宣伝を行う構造になっていた。このような革命原理と離れた大衆工作は、武力闘争による混乱を避け得たものの、激しい大衆運動のように民衆の不安や希望といった情緒を十分にあおることができなかった。それゆえ、中共の階級理念の共有に基づく民衆の連帯感の形成ができず、古い社会関係の打破と新たな階級関係の再編も容易にできなかった。さらに、民衆に対する中共のイデオロギーの浸透も難しかったと考えられる。当該時期の都市社会において民衆が中共に従ったことについては、政治的自覚や経済的利益の追求といった側面も否定できないが、中共の内戦での優勢や解放区での監視・強制力の強さこそが決め手であったと考えられる。

　続いて、中共の労働者工作については、生産を回復して内戦を支援するため、労働者の積極的な協力が求められた。人間は恐怖感だけでは消極的となり、甚だしくは抵抗しかねないため、他の民衆に対する工作と異なって、中共は何らかの利益によって労働者の積極性を引き出そうとした。さらに、史料によれば、少なくとも1949年上半期まで、早いうちに労働者教育が行われたにもかかわらず、労働者の階級的自覚は相当に弱いもので、中共の階級イデオロギーが共有されにくいのが現実であった。こうした事象も、上述の大衆工作と同じく、中共の平時態勢期の東北都市における労働者工作と革命原理との差異性の表れにほかならない。

　その一方で、階級意識の浸透に代わり、生産競争と「英雄主義」によって労働者を動員することが試みられた。生産競争や労働模範運動を通じて、地位を持たない人々の社会的地位を高め、名誉を与えたり、食糧や金銭についての希望を与えることによって、労働者の積極性を引き出した。しかし、こうした運動は方法的にも結果的にも労働者の政治的自覚を高める政治動員ではなく、むしろ生産を維

第 3 章　平時態勢期、中共による民衆統合（1948 ～ 1950 年）

持し、高める生産動員であると見なすべきである。

　また、労働者工作の一環として、工場・鉱山の中で、最初の宣伝組織が樹立された。初期の宣伝組織の機能は、党の政策を基層社会まで浸透させるためのものであるが、その中心的狙いは平時態勢期の生産動員にあった。重工業都市が多くある東北において、早い段階で宣伝組織の樹立が始まった理由もそこにある。

　要するに、労働者に対しても、他の都市民衆に対しても、平時態勢期に即する中共による民衆統合は、階級イデオロギーによる階級統合ではなかった。むしろ国民イデオロギーによる国民統合であり、統一戦線的なものであったと考えられる。「反動党団特登記」、戸籍調査、「反動会道門」などを通じて、身の安全をめぐる民衆の集合心性の生成・強化を促進した一方で、労働者の生計、社会地位の上昇などをめぐる集合心性の生成・強化が一層進められた。

　では、1948 年から 1950 年 6 月にかけて、革命原理と矛盾する東北都市における民衆統合は、朝鮮戦争が勃発してからいかなる変化を生じたか。また、労働模範や宣伝鼓動組織といった平時態勢期に創設された人員と組織は抗米援朝運動においてはどのような役割を果たしていたのだろうか。また、平時態勢期から再度の戦時態勢期への転換、および 1949 年前後における中共革命の連続性の実態はいかなるものであったのか、これらの問題については、次章で検討する。

〈注〉

1）大沢武彦「内戦期、中国共産党による都市基層社会の統合―哈爾賓を中心として―」『史学雑誌』111（6）、2002 年。

2）小林弘二『中国革命と都市の解放』有斐閣、1974 年；Lieberthal,Kenneth G. *Revolution and Tradition in Tientsin,1949-1952*.Stanford University Press. 1980.

3）前掲『中国革命と都市の解放』111 頁。

4）前掲 *Revolution and Tradition in Tientsin,1949-1952*.pp180.

5）小嶋華津子「中国共産党と労働組合―建国初期の「工会」をめぐる論争―」『アジア研究』42（3）、1996 年、「工会をめぐる中国政治」『法学研究』89（3）、2016 年；泉谷陽子『中国建国初期の政治と経済―大衆運動と社会主義体制―』御茶の水書房、2007 年、第四章。

6）前掲『中国建国初期の政治と経済―大衆運動と社会主義体制―』115-121 頁。

155

7) 中共瀋陽市委党史研究室編『城市的接管与社会改造―瀋陽巻』遼寧人民出版社、2000 年、4 頁。

8) 1948 年 11 月 28 日「接収瀋陽的経験」陳雲『陳雲文選（一九二六―一九四九年）』人民出版社、1984 年、269-274 頁。

9) 1948 年 12 月 15 日「中央同意組成専門班子接収大城市給陳雲的復示」中央檔案館編『中共中央文件選集』第 17 冊、中共中央党校出版社、1992 年、573 頁。

10) 1948 年 12 月 13 日「中央軍委関於準備接収北平、天津、唐山工作的指示」同前　569-570 頁。

11) 遠藤誉『卡子―出口なき大地―』読売新聞社、1984 年。

12) 「跟随陳雲接管瀋陽記事」前掲『城市的接管与社会改造―瀋陽巻』436 頁。

13) 1948 年 11 月 13 日「関於瀋陽情況与存在的困難和問題」同前　『城市的接管与社会改造―瀋陽巻』436-437 頁、1948 年 12 月 20 日「一半月工作情況与今後工作布置」同前　『城市的接管与社会改造―瀋陽巻』58 頁。

14) 1949 年 2 月 9 日「瀋陽市十個月来的工作報告（節録）」同前　128-129 頁。

15) 前掲「関於瀋陽情況与存在的困難和問題」439 頁。

16) 1948 年 11 月 17 日「七分局接収工作総結報告」前掲『城市的接管与社会改造―瀋陽巻』42 頁。

17) 車霽紅「試論偽満保甲制度的殖民地特点」『北方文物』31、1992 年；遠藤正敬「満洲国統治における保甲制度の理念と実態」『アジア太平洋討究』20、2013 年。

18) 前掲「満洲国統治における保甲制度の理念と実態」。

19) 1948 年「旧警察和区保甲情況及処理意見」前掲『城市的接管与社会改造―瀋陽巻』77 頁。

20) 1949 年 7 月 21 日「瀋陽市廃除保甲工作総結」同前　120-122 頁。

21) 1949 年 2 月 27 日「関於廃除保甲建立初歩的街道民主政権的指示（草案）」同前　109 頁。この「関於廃除保甲建立初歩的街道民主政権的指示（草案）」は、原文において、タイトルの下に「この指示はただ一つの草案にすぎず、幾つかの観点は未だ練れていないため、下級へ配布しなかった。現在各区に配布し、この工作を総括する際の参考にしてほしい」という註釈がある。つまり、この文件は 1949 年 2 月までの保甲制度を廃止する工作の経験、およびそれ以降の工作に対する参考資料として扱ったほうがよいであろう。

22) 同前　110 頁。

23) 同前　109-111 頁。

24) 同前　109 頁。

第 3 章　平時態勢期、中共による民衆統合（1948 ～ 1950 年）

25)「聯組組長」とは、史料用語で、「自由聯合居民組」の組長の略称である。瀋陽市の沈河区
　　から実施し始めた基層組織であり、瀋陽市の 8 つの区の内の 7 つの区がこの「自由聯合居
　　民組」を実施した。1949 年 2 月 14 日まで存在していた。その後、市委市政府の指示で創立
　　したのは「居民組」と「組長」と呼ばれる。そして、「自由聯合居民組」は初級の「居民組」
　　と考えられる。

26) 前掲「瀋陽市廃除保甲工作総結」121 頁。

27) 同前　120 頁。

28) 同前　121 頁。

29) 同前　122 頁。

30)「瀋陽市個別居民組長作風不好未盡職責」『東北日報』1950 年 5 月 22 日。

31)「三青団」と「特務機関」とは、それぞれ国民党の「三民主義青年団」と国民党中央執行委
　　員会調査統計局、国民政府軍事委員会調査統計局を指している。

32)「瀋陽市各区開始反動党団登記」『東北日報』1949 年 3 月 17 日。

33)「談反動党団分子登記問題、警告執迷不悟分子徹底悔過報到登記並不得避重就軽玩忽政
　　府法令」『東北日報』1949 年 3 月 25 日。

34) 同前。

35) 例えば、1949 年 4 月 16 日付けの『東北日報』には、3 つ以上の記事がある。「赶快登記自
　　新、告反動党団特務分子」「不能一錯再錯」「真実登記才有出路」など。

36)「赶快登記自新、告反動党団特務分子」『東北日報』1949 年 4 月 16 日。

37)『営口市公安史長編（内部資料）』営口市公安史編史辦公室、1987 年、73 頁。

38) 1949 年「反動党団特登記報告」同前　75-77 頁。

39)「営口市公安局戸調工作総結」同前　79-81 頁。

40) 同前。

41)「営口市公安檔案室 1949 年巻」前掲『営口市公安史長編（内部資料）』88 頁。

42) 前掲「営口市公安檔案室 1949 年巻」88-89 頁。

43) 前掲「内戦期、中国共産党による都市基層社会の統合―哈爾賓を中心として―」。

44) 中共による「反動会道門」取り締まりの政治過程については、孫江「一貫道と近代政治―
　　「反動会道門の鎮圧」を中心に―」（『中国研究月報』58 (9)、2004 年）を参照されたい。

45) 前掲『営口市公安史長編（内部資料）』66 頁。

46) 孫江『近代中国の革命と秘密結社―中国革命の社会史的研究（一八九五～一九五五）―』

157

（汲古書院、2007 年、499 頁）はすでに、中共が秘密結社に対して行った反共産党勢力と結託しているという批判には根拠が欠けていたことを論じている。

47）前掲『城市的接管与社会改造―瀋陽巻』118-120 頁。

48）「揭露和打撃国民党特務利用一貫道等会門搗乱進行破壊」『東北日報』1949 年 7 月 13 日。

49）「瀋市逮捕一貫道匪首、受騙会徒只要脱離反動組織政府決不追究」『東北日報』1949 年 8 月 4 日。

50）「営口市公安 1949 年 8 月治安工作報告」（前掲『営口市公安史長編（内部資料）』68-70 頁）。

51）「逮捕一貫道反動匪首並展開群衆宣伝工作」『東北日報』1949 年 8 月 21 日。

52）前掲「七分局接収工作総結報告」42-43 頁。

53）同前　43-44 頁。

54）「輪訓班」とは、当時労働者教育の主要な手段の一つであり、各企業や工場の労働者に対して、順番に訓練を受けさせる方法であった。

55）1948 年 12 月 30 日「一個半月工作状況与今後工作布置」前掲『城市的接管与社会改造―瀋陽巻』60 頁。

56）前掲「接収瀋陽的経験」269 頁。

57）「瀋陽職工短訓班紹介」『東北日報』1948 年 12 月 12 日。

58）「鞍山本渓撫順工砿区紛紛開辦職工訓練班」『東北日報』1948 年 12 月 17 日。

59）1948 年に中共は鞍山で日本人高級技術者 200 人、国民党系技術者 200 人ほどを確保したという説がある。その数字が過大であった可能性があるが、これらの技術者を利用する中共の意図が読み取れる（松本俊郎『「満洲国」から新中国へ―鞍山鉄鋼業からみた中国東北の再編過程 1940 ～ 1954―』名古屋大学出版会、2000 年、289 頁）。

60）同前　288-302 頁。

61）前掲「接収瀋陽的経験」272 頁。

62）『東北日報』1949 年 2 月 27 日。

63）「応以階級教育為主、望各地訓練班及革命学校注意」『人民日報』1949 年 3 月 5 日。

64）同前。

65）「瀋陽市十個工廠職工文教調査」東北教育社編『東北教育』第一巻第三期、東北書店、1949 年 6 月、6-12 頁。

66）1950 年 1 月 15 日「瀋市一九四九年群衆業余学習初歩総結」瀋陽市檔案館 Z44-45。

67）「東北職工総会関於組織生産競賽運動的指示」『東北日報』1949 年 3 月 27 日。

第 3 章　平時態勢期、中共による民衆統合（1948 ～ 1950 年）

68)「東北各地鉄路職工熱烈開展生産競賽」『東北日報』1949 年 3 月 27 日、「各地職工迎接「五
　　一」普遍進入生産競賽」『東北日報』1949 年 4 月 3 日、など。

69)「瀋陽冶煉廠部分職工対待競賽認識不清」『東北日報』1949 年 4 月 4 日。

70)「遼北機器廠領導自流競賽失敗」『東北日報』1949 年 4 月 4 日。

71)「雖然超過修建任務但是質量還很不高」『東北日報』1949 年 7 月 2 日、「瀋陽冶煉廠任務未
　　達浪費浩大」『東北日報』1949 年 7 月 28 日、など。そして、1949 年後半から、浪費問題を
　　是正し始めた。

72)例えば、鞍山の鉄鋼業については、前掲『「満洲国」から新中国へ―鞍山鉄鋼業からみた
　　中国東北の再編過程 1940 ～ 1954―』を参照されたい。

73)同前　121-158 頁。

74)「鞍山鋼鉄公司工友掀起献納器材運動」『東北日報』1948 年 12 月 17 日。

75)「鞍山市各職工分会会員は前月 1 日から 20 日まで、合計機械 349 種類で 8177 件、桐油等
　　2050 斤を献納した。政府は奨励として糧食 5235 斤を分配した」(「鞍山・撫順・本渓等地
　　掀起献交器材運動」『東北日報』1949 年 1 月 6 日)、など。

76)人民共和国建国初期の宣伝工作と宣伝組織に関する研究は、抗米援朝運動における宣伝
　　網の問題に集中している(孫丹「論抗美援朝戦争的国内宣伝工作」『当代中国史研究』16(4)、
　　2009 年；平野孝治「試論建国初期宣伝網的建設及宣伝工作」『愛知大学国際問題研究所紀
　　要』136、2010 年；唐海江・朱習文「新中国成立初期湖南建設「宣伝網」的歴史考察」『中
　　共党史研究』2011 年 4 期)。ただし、宣伝網という組織の形成と発展について、いまだに詳
　　細には解明されていない。その中で「論抗美援朝戦争的国内宣伝工作」は宣伝網の建設は
　　1950 年初頭から始められたと指摘したが、実証する史料を示しているわけではない。

77)「宣伝鼓動工作」とは史料用語であり、その中で「鼓動」とは、民衆を奮起させるという意
　　味で用いられる。以下原語を用いる。

78)「進一歩開展企業中宣伝鼓動工作―瀋陽市委宣伝部召開宣伝鼓動工作会議」『東北日報』
　　1950 年 5 月 10 日。

79)「東北宣伝網初具規模」『東北日報』1951 年 1 月 18 日。

80)「鞍鋼建立宣伝鼓動組織的初歩経験」宣伝鼓動員手冊編委会編『宣伝鼓動員手冊 1』新華書
　　店東北総分店、1950 年 9 月 5 日。

第 4 章

抗米援朝運動と
再度の戦時態勢の構築（1950年から）

図 4-1　民衆の抗米援朝に対する情熱を宣伝する『東北日報』の紙面
「用実際行動抗米援朝保家衛国」『東北日報』1950年11月15日より。

はじめに

　本章では、1950 年 6 月に朝鮮戦争が勃発して、中国国内で抗米援朝運動が展開してから、1951 年後半に抗米援朝運動が沈静化するまでの時期を取り上げる。そして、東北における中共革命の変遷、および地域社会の変容を考察する。朝鮮戦争を契機として、前段階の平時態勢期を終結させ、戦時態勢の再構築に傾いた時期において、抗米援朝運動の展開がいかなる過程を示したのだろうか、その中における中共による民衆統合の特徴、民衆の対応を明らかにし、党と民衆との関係を描き出す。さらに、国民化、民衆のナショナリズムの形成においての抗米援朝運動の位置づけを再検討する。

　1948 年に東北が解放されてから、1950 年に抗米援朝運動の展開まで、東北、特に都市において、比較的穏健な都市工作が展開された。その結果、比較的安定した社会環境を前提として、党と民衆の関係は緊密でないものであった。党は監視、強制の力や利益誘導といった手段によって、政策を浸透させ、民衆を指示通りに動かしたのである。そこに見られたのは民衆の党に対する消極的な服従や党と民衆との関係の極めて不安定的な事態であった。ところが 1950 年 6 月の朝鮮戦争の勃発によって、情勢が一転した。

　朝鮮戦争は人民共和国建国初期の中共の革命路線の転換において極めて重要な事象であったことはすでに研究者の間で共通の認識である。朝鮮戦争に対して、中国は 1950 年 10 月に正式に参戦した。参戦にともない、中共幹部は危機感を覚え、国内社会に対する態度を明らかに転換させて、抗米援朝運動を発動し、反革命鎮圧といった大衆運動も強化した[1]。その一方で、抗米援朝は人民共和国建国直後の対外戦争として、中共に国内を固め、反共産党勢力を粛清する機会を提供したと主張されている[2]。また、抗米援朝運動は民族主義を利用して、国民国家化の極めて重要な契機であったとも指摘されている[3]。

　そこで、本章では中共による民衆統合における抗米援朝運動の重要性に注目しながらも、抗米援朝運動が中共による民衆統合の長い歴史過程の中での一段階に過ぎないとの視点を取っている。また、中共の態度の転換という視点と対照的に基層社会における人々の生活レベルに着目して、党と民衆との関係にどのような変化が起きたのか、民衆はいかに対応したのか、といった民衆統合の実態を考察

第 4 章 抗米援朝運動と再度の戦時態勢の構築（1950 年から）

する。さらに、民衆統合における抗米援朝運動の位置づけを評価するためには、抗米援朝運動とその前段階の平時態勢期とそれからの再度の戦時態勢期を一連のものとして捉えて検討する必要がある。平時態勢期と比較することによりこの段階の特徴を見出すことができるだろう。

　民衆からの視点を有する研究として侯松涛の著書は、抗米援朝運動における動員の形式と民衆の心性という興味深い視角を持っている。しかし、抗米援朝運動によって、本来バラバラであった民衆の意識が統一され、民衆の政治覚悟・階級観念が育成されたという従来の中共革命史観に沿う結論を導いている[4]。侯の研究は中共革命史観の限界を乗り越えておらず、『人民日報』や『解放日報』および当時の中共側の雑誌を利用して、全国範囲における抗米援朝運動は民衆の心性をコントロールしたとして高く評価している[5]。靳道亮の論文も侯の研究と同じ視点を有している[6]。このように、中国では中共革命史観と対立するような抗米援朝運動の分析はほとんど試みられてこなかった。K・G・リーバーサルは天津の事例を取り扱い、中国の朝鮮戦争への介入は党の天津における支配の浸透に大きな影響を与え、問題とチャンスをともに提供したとする。そして、抗米援朝運動中の愛国運動は、人々に道徳の圧力をかけて、金銭などの献納を迫ったと論じている[7]。K・G・リーバーサルの上記の論点は示唆的であるが、抗米援朝運動それ自体には重点を置いていない。そのため、十分な立証と分析をへておらず、民衆の状態を考察するという視点も不十分である。

　本章では、東北社会の特徴に基づき、民衆の反応に十分に注意しながら、抗米援朝運動における党と民衆との関係を解明し、抗米援朝運動に対する再評価を試みる。具体的に、第 1 節では、朝鮮戦争が勃発してからの社会の状況を考察して、民衆の対応を明らかにする。第 2 節では、抗米援朝運動が展開する過程を検討して、そこにおける党と民衆の関係の変化を浮き彫りにする。第 3 節では、抗米援朝運動とその後の愛国公約運動、反革命鎮圧との関係、および抗米援朝運動とそれ以前の宣伝組織と労働模範との関連性に着目し、抗米援朝運動の位置づけを検討する。第 4 節では、民衆の抗米援朝運動に関する記憶を取り上げて、民衆の視角から抗米援朝運動を再評価する。

163

第 1 節　朝鮮戦争に対する初期の反応

1) 民衆の不安と恐怖

　1948 年 11 月に東北全土において内戦が終結してから、2 年間も経たない、1950 年 6 月に隣接する朝鮮半島で戦争が勃発した。直ちに、アメリカが介入し、台湾海峡にも戦隊を配置した。国際情勢が緊張を増す一方で、中国国内においても不安と恐怖が漂っていた。全国各地で朝鮮戦争に対する民衆の恐怖を見てとれるが、朝鮮半島と隣接する東北においてはその傾向が一層顕著で、問題が深刻であった[8]。瀋陽などの南満洲の都市では発達した商工業、人口の職業構成の複雑さ、外来労働者をはじめとする流動人口の多さという社会特徴が、民衆の朝鮮戦争に対する反応を規定していたと思われる。そこで、異なる階層に属する民衆の朝鮮戦争に対する反応を中共の内部史料『内部参考』により、それぞれ検討する。中でもデマ問題が特に深刻であり、中共が特に注意していた問題であったことを史料から示したい。

　朝鮮戦争が勃発してから、「朝鮮の内戦は第三次世界大戦の端緒である」と普遍的に思っている。そして、デマはあちらこちらに飛ばされている。例えば「アメリカはすでに参戦したから、大戦が始まった」、「マッカーサーは怒っている、すでに日本から 500 機の飛行機、台湾から 300 艘の軍艦を調達した」、「ソ連はすでに無条件で投降した、これから戦犯毛沢東を捕まえようとしている」、「蒋介石はすでに 9 つの兵団を率いて、朝鮮に上陸した、大戦はすぐに始まる、アメリカ軍も日本軍も参戦している、海軍包囲はもう問題ではない、空軍も瀋陽にきて、爆撃する」、「平壌を爆撃したら、北朝鮮は終わりだ」、「戦争が朝鮮から始まるのは、ヨーロッパの国々がソ連の兵力を全部そこに引き寄せてから、一斉に攻撃を加えて、朝鮮でソ連をやっつけたいからである」、「中国解放軍は 80 万人、飛行機は数百機がすでに北朝鮮に入り、参戦している」、「アメリカは蒋介石とともに海南島を回復した、林彪は犠牲になった」などなど。これらのデマは主に商工業界と小商人の間で広がっている。一般大衆は「中国は平和になったばかりで、再び戦争をしてはならない。また戦争すれば、本当に耐えられない、こんな時世

第 4 章　抗米援朝運動と再度の戦時態勢の構築（1950 年から）

表 4-1　瀋陽市抗米援朝年表

	瀋陽	全国	戦場
1950.7.16	アメリカの台湾・朝鮮侵略に反対する幹部大会		
7.17	台湾・朝鮮侵略に反対する週間		
8.1	10 万人市政府広場集会		
9.25	安東省爆撃に対して、のべ 170 万人の抗議集会		
10.19		中国人民志願軍入朝	
10.21	市民団体がアメリカを譴責する		
10.25			戦争への介入
10.28	市民団体が支援朝鮮・保衛祖国の声明を発表する		
11.4		各民主党派聯合宣言「抗米援朝・保家衛国」	
11.6	市民団体が聯合宣言の擁護を発表する		
12.4	抗米援朝志願部隊慰問委員会の成立		
12.13	28 万個の慰問袋および実物を寄付する		運動戦
1951.1.1	「抗米援朝・保家衛国」宣伝月間		
4.10	抗米援朝総会瀋陽分会の成立		
5.1	示威行進	全国的な大規模パレード	
6.2		愛国公約の締結を呼びかける	
6.8	全市愛国公約・飛行機大砲献納・特別慰問を呼びかける		
6 月中旬			
8.1	抗米援朝戦争展示会の開催		
8 月	抗米援朝烈士陵墓が建築される		
1952.1.1	3 つの慰問団を組織する		陣地戦和平交渉
2.1	志願軍代表団が瀋陽で報告する		
2.27	アメリカの細菌戦に抗議する		
5.13	中共瀋陽市委が愛国増産節約運動を準備する		
7.2	アメリカによる鴨緑江発電所の爆破に抗議する		
1953.7.27			停戦

出所：『瀋陽大事記 1840-1987』（瀋陽市人民政府地方志編纂辦公室 1988 年）、『中国共産党重大事件実録　上巻』（張樹軍・史言主編湖南人民出版社 2000 年、359-374 頁）、などに基づき作成。

備を縮減すること、核兵器を禁止することをスローガンとして、和平を祝うために 1950 年 5 月に都市を中心に全国で展開されていた[14]。その直後に朝鮮戦争が勃発したため、運動はアメリカを非難して朝鮮を声援する方向で展開した。それ以降『東北日報』には関連する記事が多く掲載された。紙上においては民衆の積極性が宣伝されている。

不完全統計によれば、東北全区において、すでに 900 万余人が世界和平保衛署名運動に参加した。計：松江省 224 万 5000 余人、吉林省 161 万 8000 余人、黒竜江省 72 万 6000 人、遼東省 100 万 3000 人、遼西省の 9 つの県 3 つの市では 64 万 9000 人に達した、熱河省の 17 の市、県、旗では 60 万 5000 人、旅大地区は 59 万 6000 人、瀋陽市 105 万人、鞍山市 17 万人、撫順市 15 万 2000 人、本渓市 7 万人であった。各地での和平署名運動では、各種の宣伝を広範的に行った。瀋陽だけでも、1611 人が各区所の組織した宣伝小組に参加した。各大都市において公共場所、例えば映画館、文化館、交番などで署名処が設けられた。各地の広大な大衆は署名に非常な情熱を示した。〔中略〕現在は署名運動の中心はすでに大中都市から農村へ移った[15]。

　上記の記事によれば、東北の都市民衆は積極的に中共の呼びかけに応え、署名運動に参加して、アメリカを非難し、北朝鮮を声援していたようである。特に、瀋陽市を中心とする南満洲の鞍山、撫順、本渓といった工業都市については、市単位で署名運動に参加する人数を統計できた。これらの地域において中共が比較的民衆を把握できたことを反映していると見てとれる。もう 1 つ注意すべき点は、農村は本来署名運動の対象外であったが、朝鮮戦争の勃発によって、署名運動が農村へも拡張していったことである。
　しかし、前項で検討したように、広範な民衆は不安と恐怖を感じていた。そのため、『東北日報』で宣伝されたような民衆の署名運動に対する情熱は不自然であろう。民衆は積極性の裏に以下のような意識を持っていた。

瀋陽各界には和平署名運動に対して、以下の反応がある。（1）反動分子と投機商人は「署名したら、アメリカは原爆を投下しないのか」、「原爆を恐れ

て、署名したり、反対したりしても、アメリカは相変わらず原爆を使用する。これは〔署名運動——引用者〕単に勝てないから、許しを請うだけだ」。ある人は宣伝隊を見かけたら、「布かけらに名前を書いたら、原爆を支えられるのか、旗にある人の頭は遅かれ早かれ落ちる」と話した。ある商人は自ら何度も署名した。「組合で署名し、薬屋で署名し、家で署名し、一人〔分の署名——引用者〕が多ければ力が強くなれる。そしてアメリカが来たら、こぶしで追い払う」と皮肉を言った。あるいは署名の紙に偽名でサインしたりして、ごまかした[16]。

　上記のように、中共内部史料に反映される署名運動の実態は、前述の『東北日報』の内容と大きくかけ離れていたことが分かる。瀋陽市民衆の反応から見れば、署名運動は朝鮮戦争や現在の情勢に対して無意味であることが認識されていた。民衆は署名運動に対して揶揄する姿勢を持ちながらも、署名運動に参加した。また、偽名を使ったりして、1人1回1カ所だけではなく、何回もあちらこちらの署名処でサインをすることも見られた。そこから東北民衆の特徴が窺える。すなわち、民衆は支配者の権力に対して表面では服従的であった。さらには何度も署名するなど自分の積極性を過剰に示すような対応をした。しかし、裏では各自懐疑的見解を保持し続けていた。それゆえ、中共がイデオロギーを共有させ、統合しにくい対象であった。そして、『東北日報』が示している署名運動に参加した人数について、それを支えたのは必ずしも民衆の積極性ではなかったことに注意しなければならない。

　本節では、朝鮮戦争が勃発した直後には、中共はまだ本格な宣伝および抗米援朝運動を展開しなかった。和平保衛署名運動を中心とするアメリカに対する非難を呼び掛けた。その内容を検討した結果、ほとんどの民衆は再度の戦争を恐れていたことを明らかにした。また、中共の指示に対して揶揄しながらも、その一方で指示通り、さらにはそれ以上に動いていたことも判明した。従って、『東北日報』の宣伝や一見立派な統計数字は、中共の宣伝意図以外に、何事をも立証しておらず、社会の不安を増す一方であったと読み解くことができた。こうした中で、抗米援朝運動の展開を迎えることになる。

第 2 節　抗米援朝運動の展開

1) 抗米援朝運動の準備段階

　民衆に対して、中共による宣伝と教育が行われることになった。その中で特に、アメリカの侵略行為、東北に及ぼした被害を取り上げて、全国のアメリカに対する憎しみを呼び起こした。民衆のアメリカを恐れる感情に対して、北朝鮮が勝利できる信念を打ち立てるように宣伝を行った。その宣伝・教育の特徴について、注目したいのは1950年10月中旬に中国人民志願軍がすでに朝鮮半島の戦場に入ったにもかかわらず、国内の抗米援朝の動員は10月末になってから、ようやく開始されたことである[17]。新聞を見ると、それまでに民衆に対して、参戦への支持を取り付けるより、朝鮮戦争と結びつけて、各業界の労働典型の事例を取りあげ、経済建設を激励する宣伝が主流であった[18]。

　国内での宣伝・教育の開始が正式に朝鮮戦争に介入した時期より遅れたのには、以下の理由が挙げられる。勿論中共の戦略上の考慮もあっただろうが、第 3 章で検討したように、1948年から1950年という時期は、中共は階級闘争よりも経済回復を重視していた。すなわち、民衆の経済建設へ向けて動員する平時態勢期にあったからである。こうした背景の中で、宣伝と教育の中心を抗米援朝運動へ180度転換すれば、唐突感が生じ混乱が発生してしまう恐れがある。また、平時態

　図4-3　1910年に日本は朝鮮を占領したことと関連付けながら、アメリカは昔の日本と同じ、朝鮮を占領してから、中国を侵略することを宣伝する風刺画
「新旧侵略者的足跡」『東北日報』1950年11月2日より。

170

第 4 章　抗米援朝運動と再度の戦時態勢の構築（1950 年から）

勢期においては、労働者の間で、労働・生産に励めば、物質的利益・名誉を獲得できるという「希望」が膨張しつつあった。中共の動員に応じて、経済建設に専念しようとしていた民衆に対して、突然平穏な経済建設を放棄し、すべての注意を他国での戦争へ向けさせることは、民衆の「希望」を裏切る恐れがあり、冒険的すら感じられたことであろう[19]。人々の内面的な懐疑、および社会的な混乱を引き起こすかねないし、すでに不安と恐怖を感じた民衆が中共政権に対してさらなる懐疑を抱く恐れもあったのだろう。また、前段階で作り上げられた労働模範の影響力を利用することも見られた。この点について、次節で詳細に検討する。

　そして、中国がすでに参戦した後も、国内の宣伝は、なおも一貫して経済回復と関連付けて行われた。本格的な抗米援朝運動の宣伝・教育を展開するための準備段階が必要であったのであろう。そして、中国の参戦にともない、民衆の不安と恐怖、社会の緊張がさらに増したことは下記の史料が示している。

　瀋陽市の圧倒的多数の大衆は、我々志願軍部隊が朝鮮人民の解放戦争に参加するのは正義だと認識している。〔中略〕ただし、少数のアメリカの武器を恐れる人や、戦争の災害を恐れる人がいる。そのため、思想が動揺し、恐怖や不安が生じている。例えば、五一工場では 10 月 19 日から数日連続サボった労働者は 1200 人以上であった。機具工場では 10 月 10 日から 24 日まで、逃げた人は 450 人余り、およそ総数の 28％を占めた。医大では、逃げた学生が 18 人、また、この種の情緒はすでに我々の中の個別の落後した党・団員に波及し、逃げた人もいる。〔中略〕敵と特務の破壊活動が日に日に猖獗している。反動党団、蒋匪官兵等残存分子、および地主・富裕層等大部分は、時機がきて、間もなく「変天」すると思い、異常に興奮している。無茶なことを言ったり、無茶な行動をしたりし始めている。デマをでっち上げ、事を起こす。〔中略〕「その時がきたら必ず何人かの共産党員を殺すぞ」と言った人もいる。匪特の活動にともない、あちこちで反動的なスローガンや宣伝ビラが見られる。10 月中だけでも、相次いで、私立各中小学校、市政府衛生局、陸軍病院、製錬場、ゴム工場、化学工場、電機工場、製紙場および街など 29 カ所で 30 余りの反動スローガンが見つかった。〔中略〕内容の大部分は「党団員は自分の頭に気を付けろ」「ソ連を打倒する」「今

171

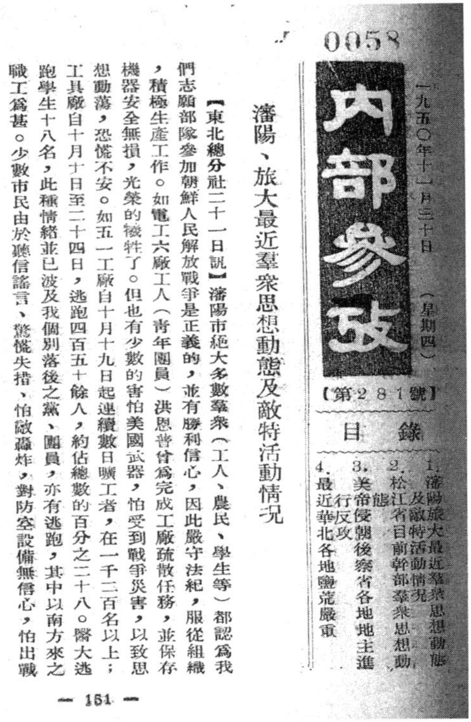

0058

内部参攷

一九五〇年十一月三十日（星期四）

【第281號】

目錄

1. 瀋陽旅大最近羣衆思想動態及敵特活動情況
2. 松江省目前幹部羣衆思想動態
3. 美帝侵朝後察省各地地主進行反攻
4. 最近華北各地鹽荒嚴重

瀋陽、旅大最近羣衆思想動態及敵特活動情況

【東北總分社二十一日訊】瀋陽市絕大多數羣衆（工人、農民、學生等）都認爲我們志願部隊參加朝鮮人民解放戰爭是正義的，並有勝利信心，因此嚴守法紀，服從組織，積極生產工作。如電工六廠工人（青年團員）洪恩普曾爲完成工廠疏散任務，並保存機器安全無損，光榮的犧牲了。但也有少數的害怕美國武器，怕受到戰爭災害，以致思想動蕩，恐慌不安。如五一工廠自十月十九日起連續數日曠工者，在一千二百名以上；工具廠自十月十日至二十四日，逃跑四百五十餘人，約佔總數的百分之二十八。醫大逃跑學生十八名，此種情緒並已波及我個別落後之黨、團員，亦有逃跑，其中以南方來之職工爲甚。少數市民由於聽信謠言、驚慌失措、怕敵轟炸，對防空設備無信心，怕出戰

— 151 —

図 4-4　抗米援朝が本格化してから、民衆の反応と反共産党勢力の動きに関する記事

『内部参考』1950 年 11 月 30 日より

後我々労働者はソ連の奴隷になってしまう」であった[20]。

上記の史料より、中国の参戦前後、民衆の不安と恐怖はさらに深刻化していたことが明らかになった。戦場に隣接しながらも、流動性が高い人々には、東北から逃げ出す行為が目立った。このような情景について、フランク・ディケッタは全国の様子を描いた際に、各都市の民衆は恐怖を感じている状態であったが、とりわけ東北において「教員、医者、学生、党員さえ先を争い、駅に殺到して、南へ逃げようとした」と強調している[21]。また、上記の史料が示しているように反共産党勢力の活動がますます活発化した。そして、平時態勢期から受け継いだ党と民衆との緊密でない関係、および党の社会に対する弱い統合は大きく動揺した。それゆえ、そのままでは朝鮮戦争に対応することは困難であった。

2）抗米援朝運動の本格化

1950 年 11 月 4 日『各民主党派聯合宣言』[22] が発表された。「アメリカ帝国主義者が朝鮮を侵略する目的は、朝鮮そのもののためではなく、中国を侵略するところにある」、参戦するのは国を守る責任であると訴えた。そこから、新聞記事などの主題は、北朝鮮に対する声援から、抗米援朝へと転換した。各地の民衆が自

第4章　抗米援朝運動と再度の戦時態勢の構築（1950年から）

ら志願して抗米援朝に参加する事例を相次いで取り上げた。さらに、12月に『抗美援朝専刊』を創刊した。これらの事情によって、抗米援朝運動が本格化するようになったと考えられる。また、民衆に対する宣伝・教育の特徴を要約すれば、アメリカを非難し、北朝鮮を声援する抽象的理念的な宣伝より、宣伝すべき事象が具体的に選択された。例えば、中朝人民軍隊の戦場での勝利、アメリカが和平交渉を拒否すること、各界の民衆が「愛国公約」を結ぶこと、中国人民志願軍を慰問すること、などである[23]。つまり、民衆にアメリカを敵視する意識を持たせ、抗米援朝運動を支持させるように宣伝・教育の方針を変えていった[24]。そこから、平時態勢期の穏やかな政策と対照的に、中共が民衆の意識を強くコントロールしようとする姿勢が明確になったと考えられる。中共のこうした動きについて中学校における具体的な事例を示す。

　目前の中学生および中学教員の思想動態：一、愛国情熱が日に日に高揚する。〔中略〕二、誤った思想が依然として少なくなかった。1、抗米援朝に賛成しない。少数者はこの種の思想を持っている。賛成しない理由は以下のようである。アメリカ帝国主義者は中国を侵略しない、我々が出兵しなければ、戦争の拡大を防止することができる。敗戦して損をすることを恐れる。例えば「出兵は、侵略と朝鮮〔内政——引用者〕に干渉することになるのではないか；これはいざこざを招くことになる；出兵すると、アメリカ帝国主義者は必死に我々と戦い、瀋陽へ原爆を落としたら、どうする」。2、アメリカを崇める思想（原文「崇美思想」）。この思想はより普遍的である。一般的に、アメリカに対する理解が少なく、アメリカの物質文明、生産力、富強、民主、文化科学の発達を憧れている。3、アメリカを恐れる心理（原文「恐美心理」）。三、個人の家庭の利益と人民国家の利益との矛盾がある。非常に多くの人はこの種の矛盾を抱えている。主な原因は、個人は自分の将来のためであったり、家族が死を恐れて参軍に反対したりする。〔これらの人々は——引用者〕闘争による成長を欠いており、愛国の観点と民族の気骨を欠如している。多くの人は〔抗米援朝に関する——引用者〕仕事に申し込んでから、後悔して取りやめた。一部の人は決心書にサインしたが、朝鮮戦争へ送られると聞くと、直ちに取りやめた。「祖国に必要とされる時

173

は、恋人に必要とされる時でもある」、「愛国主義があるが、銃剣で果し合いを考えると、愛国心がなくなった」。極めて少数の団員には退団の思想もある。〔中略〕学校で流行っているデマの多数は生徒が家から聞いてきたものであるが、学校でデマを飛ばす生徒もいる。例えば、中共が撤退すれば、全部の生徒を連れて行く、行かない生徒を殺す。各学校で相次いで反動的なスローガンを十数回見つけた。また、仕事や勉強を妨害し、電線を切る状況も発生した。ある人は国民党を迎える準備をして、国民党党歌を練習している[26]。

　以上の史料のように、抗米援朝運動が本格的に展開したにもかかわらず、運動展開のための準備が不十分でもあり、人々は抗米援朝に対する各種の懐疑を抱えていた。歴史上の大衆運動において、学生はしばしば先頭に立つ階層であった。実際は「政府の宣伝に敏感に反応したのは、愛国的情熱に燃える若い学生たち」であり、1951年2月まで「都市における学生や知識人を中心」として抗米援朝運動が展開されていたとも指摘されている[26]。しかし、瀋陽市の事例によれば、抗米援朝運動の渦中では学生より労働者が模範的で重要な役割を果たしたように思われる。なぜならば、抗米援朝運動の宣伝・教育方法は平時態勢期の経済回復のための宣伝網や労働模範などから引き継いだものであったからである[27]。すなわち、経済回復を中心として階級闘争を欠いた都市政策の下で、利益・地位・名誉を基調とした中共の方針に親和的な「集合心性」の浸透は、労働者層において他の階層の民衆より一段と顕著であったと考えられる。その上、アメリカという外敵に直面する中で、愛国情緒を比較的容易に広げることができた。これに対して、中学校の教員と生徒は、より進んだ学校教育を受けていたために、アメリカの物質文明、生産力、富強、民主、文化科学に詳しい集団であった。そして、上記の史料が示しているように、学生・教員は、個人主義の傾向が強く、アメリカを崇める思想を最も広く持っていた。抗米援朝運動において、学生は民衆に対して、宣伝と教育を行う主要な力であるとはいえ、「思想問題」を多く持っていた集団でもあった。ここにおいても、個人主義的な性格を持つ学生や一般民衆に対して、表面上の服従は容易に求められる一方で、中共の思想改造・思想教育によるイデオロギーの共有はかえって実現しにくかったという現実が指摘できるであろう。

第 4 章　抗米援朝運動と再度の戦時態勢の構築（1950 年から）

　以下の宣伝網建設の事例からも、中共による民衆に対する宣伝・教育が展開しにくい現実が窺える。

　一部分の地区では、中央と東北局の決定に対する深い研究が欠けているため、整頓と発展の中で、いくつかの形式主義的な傾向が生じた。まず、いくつかの地区は、具体的な状況に基づかないで、当面の中心任務とうまく結びつけて、中心を設け、段取りよく運動の整頓と発展をしなかった。成功を焦って、宣伝網の建設を一つの突貫的任務とした。例えば、延吉県平安区では、もともとある宣伝網に対する整頓を軽視して、発展を焦っていた。全区 14 の村で、半月で 87 人の宣伝員を新しく発展させたが、指導と教育が欠けたため、もとからある宣伝網が潰れ、新しい宣伝網は役割を果たさなかった。開通県二区の組織委員は一村で試験的にやっていた。急に 32 人の宣伝員を発展させたが、10 人の小学生を含んだ。この区の 2 村の支部のいくつかの委員はオンドルで相談するだけで 38 人の宣伝員を発展させた。宣伝員の選択は慎重ではなかった。ある地方では、誤って「民主選挙」「自報公議」の形を取った。例えば、新金県楊樹房区の李家村は、宣伝員を発展する時、大衆を「大衆選挙」させた。結果、満洲国時代の警察官が選ばれたが、支部に認められなかったため大衆の不満を引き起こした。「いったいどのような者を選ぶのか、どうして事前に明白に言わなかったのか」。〔中略〕宣伝網を建設した後、具体的な指導と教育が欠けた。必要な制度も作っていなかったため、宣伝員は宣伝の資格がなかった。仕事に悩んでいた。例えば地方の宣伝員には 4 つの懸念がある。一、教養が低い、教材が少ない。二、幹部として使われる。三、仕事を滞らせる。四、うまくできなければ批判される[28]。

　上記の史料は、抗米援朝運動の宣伝に合わせて、1951 年 1 月 1 日に中共中央委員会は「全党における人民大衆に対する宣伝網の建設に関する決定」（「関於在全党建立対人民群衆的宣伝網的決定」）を呼びかけた後、宣伝網建設において発生した問題である。宣伝網について後に検討するが、宣伝網は抗米援朝の宣伝教育を普及から持久へ転換する鍵とも評価されているため[29]、この史料により地方におけ

175

る抗米援朝運動の問題が見てとれる。上の史料が示している地域は東北の南部というよりは北の方であるが、広範的に適用できる事例であり、東北の南部にも通用できると考えている。その中で、最も大きな問題とされたのは形式主義であった。これらの問題の原因は、制度の不完全性など多様であったが、民衆のとにかく中共の指示通りに動くようにふるまいを見せた。その一方で、任務や命令をごまかす姿勢が垣間見える。例えば、満洲国の元警察官を宣伝員として選んだため、幹部に認められず、逆に不満を感じた。また、いざ自分自身が宣伝工作に巻き込まれそうになった時、個人意識をあらわに示し、拒否したこともあった。宣伝員になると、本業が妨害されたり、批判を招いたりすることなどを心配するような傾向もあった。

3) 抗米援朝運動の高潮

1951年3月14日に抗米援朝総会が布告を出した[30]。「必ず全国のすべてのところのすべての人がこの種の愛国教育を受けることができ、この愛国行動に参加できる」ように要求された。抗米援朝運動は一種の愛国運動に帰された。さらに、できるだけ4月下旬に全国で小規模な会議を普及させ、5月1日に大規模なデモを行うことで抗米援朝運動を頂点へ推し上げる姿勢が見てとれる。

この段階において、抗米援朝運動の宣伝・教育は、主に成功の経験の紹介、地方社会の運動状況の調査、失敗した事例の批判であった。勿論、他の段階においても、抗米援朝運動の成功経験の紹介が行われていたが、1951年3月18日の「指導を強化し、成功の経験を普及させる」[31]という時評によって、さらに強調された。「本会〔抗米援朝総会──引用者〕の各地の分会は必ず各地の各界の抗米援朝運動に対する指導を強化する」。「まだ分会を設立していない地区では、全て最短時間内に普遍的に設立すべき」と指示された。この抗米援朝総会の要求に応じて、3月21日に東北の総分会を設立した。「4月下旬に全東北各都市郷村で小規模な会議を開き、5月1日に大規模なデモを行う」と呼び掛けた[32]。瀋陽市における抗米援朝総会瀋陽分会が4月10日に設立された（表4-1）。

抗米援朝運動が高潮へと推し上げられる過程においても、さまざまな問題が発生した。まず、「勝手に大衆を動員して、パレードを行い献花することに反対す

第 4 章　抗米援朝運動と再度の戦時態勢の構築（1950 年から）

る」という記事が見られた[33]。そこから、抗米援朝運動の強化と普及の過程において、示威行進が頻繁になりすぎて、「大衆の生産、工作と学習を妨害し、物資を無駄にすることも生じた」という矛盾が発生した。これは、おそらく各地で 3 月 14 日の抗米援朝総会が出した布告の要求に応じて、民衆を動員し、小規模なデモを行ったためであろう。そして、同記事で、抗米援朝総会は当初の「4 月下旬に全国で小規模な会議を普及させる」ことを、「4 月下旬のある日に集中して行う」ことへと改めて解釈したのである。瀋陽市中学校の事例は上記の問題を反映している。

　政治運動は全体の工作を推進したが、同時に教育計画の完成に影響した。この責任は政治運動自体にあるのではない。これらの運動を指導する際に、政治運動を実行することばかりを強調して、その積極的な役割を発揮した。しかし、政治運動が教育計画の完成に影響する側面を防止することを見落とした。このため、ある人には政治運動を受け入れたくない気持ちも生じた。彼らは、抗米援朝運動、反革命鎮圧、学生を軍隊に入れるように動員することなどを行うならば、専念して業務を研鑽することは不可能であり、教育計画の完成も不可能である、と考えている[34]。

　以上の事例より、当該時期における頻繁な政治運動が、日常生活、仕事、勉強を妨害したため、民衆の運動への情熱に影響するという悪循環が発生していたと報告された。その一方で、民衆は政治運動に不満を感じていたにもかかわらず、大多数が指示通りに動いていたことも垣間見える。

　また、抗米援朝運動の普及と強化が繰り返し要求されても、抗米援朝運動の「空白点」[35] を消滅させることはできなかった。具体的に商業と工業を中心とする瀋陽市和平区から報告された事例を以下に示す。

　瀋陽市の一つの居民組の調査資料：この居民組は 33 戸あり、その内の 22 戸について調査を行った。この居民組はこの区において、宣伝工作が比較的遅れている組である。宣伝員は就任したばかりで、まだ住民の中へ入り、宣伝を始めていない。普段の居民組の会議においても、抗米援朝運動を講

じることは非常に少ない。個別談話を通じて、以下のことが分かる。男性はみんな抗米援朝運動のことが分かる。よく理解している人もいる。居民組の組長と基層幹部は各項目の問題に対する認識が明確である。しかし、2人の主婦と8人の年寄りはまったく抗米援朝運動のことを知らなかった。他の婦人も「抗米援朝を知って、家を保ち国家を衛る」しか言えず、その意味さえ知らなかった[36]。

　瀋陽市のような大都市でさえ、以上のような状況であったため、他の小規模な都市では民衆の抗米援朝運動に対する認識はさらに曖昧であったと考えられる。居民組の中で、主婦、老人と男性の抗米援朝運動に対する認識の格差は、平時態勢期の中共の都市政策に起因した。朝鮮戦争以前において、中共は都市社会において穏やかな統合を行い、居民組を組織した。しかし、それ自体に問題を多く孕んでおり、民衆に対する強力なコントロールをなし得なかった。その一方で、生産動員のために、工場でいち早く宣伝組織が形成されたこともあり、その面においては中共の支配は比較的強力であった。また、商業に従事している人々は情報を広く得ることができた。ゆえに、工場労働者であった男性あるいは商業を携わる男性は抗米援朝運動に対する認識が深かったのである。

　以上のように、抗米援朝運動は宣伝・教育の強化を要求しつつ、様々な問題を抱えながらも、5月1日のメーデーのデモによって頂点に至った。メーデーデモは「抗米援朝・日本の再武装反対・世界平和を守る」ことを主要な内容とした。瀋陽市のデモは非常に壮大な様相を呈し、「組織された80万の人民」が参加したと言われる[37]。つまり、抗米援朝運動において多くの問題が存在した一方で、繰り返された会議、集会、示威行進は民衆が本来の生活範囲を超えて広範な人々と交流する機会と場を提供した。これにより、外敵に直面する中で民族の士気と愛国情緒が広がりつつあって、民衆の連帯感も一層拡大した。

　本節では、朝鮮戦争の勃発と抗米援朝運動の展開に対する民衆の反応を明らかにした。朝鮮戦争に対応するために、それ以前と対照的に、共産党は民衆に対する思想教育を強調しつつ、社会に対する強力な統制を求めていた。それに対して、和平署名運動における過剰な積極性や宣伝員の急激的な拡張といった民衆による表面での服従が見られた。その一方で、自らが宣伝工作に従事させられようとし

第 4 章　抗米援朝運動と再度の戦時態勢の構築（1950 年から）

た時に自分の本業に影響することを恐れたりして、自分の立ち回りが失敗をまねくことを強く心配するといった民衆による裏面での抵抗や消極的姿勢が窺えた。つまり、自分自身が動員されることに対する拒否という中共のイデオロギーと対立する強い個人意識こそ、東北社会と民衆の特徴であった。その一方で、外敵の存在と頻繁な運動は、民衆の外敵に対する危機感と愛国情緒の強化に積極的な役割を果たした。そして、その後の抗米援朝運動の変容のために条件を備えた。

第 3 節　抗米援朝運動の変容と位置づけ

1) 抗米援朝運動と愛国公約運動、反革命鎮圧

1951 年 5 月から、朝鮮戦争が膠着状態になっていた。「1951 年 6 月中旬から 1953 年 7 月 27 日まで、抗米援朝戦争の第 2 段階」と位置付けられ、「中共中央は持久戦のために十分に準備し、平和交渉をはかるとの総方針を確立した」[38]。

朝鮮戦場の情勢に従って、メーデー以降の抗米援朝運動の方針も転換した。持久戦を支援するため、愛国公約運動が打ち出された。前述の抗米援朝運動が本格化する過程において、愛国公約運動はすでに商工業者を中心に行われていたが[39]、1951 年 6 月から全国のすべての民衆を参加させるように抗米援朝総会が呼び掛けた[40]。また、その中心内容は「飛行機と大砲の献納」などの運動であった[41]。1951 年 6 月 5 日、東北抗米援朝総分会は速やかに総会の要求に答えて、献納計画を立てた[42]。

献納運動の具体的な内容と特徴を要約すれば、以下のようになる。まず、愛国公約を結ぶ際に、「必ず飛行機と大砲の献納」をその重要な内容の一つとしなければならない。そして、献納運動を展開する際に、愛国公約にさらなる実際的内容を与える。次に、鉱工業において、献納運動は必ず節約、増産、技術改良と結びつけ、「生産任務を超過するように努力して、その超過する部分の一部および毎月 1 日分の仕事量を武器購入のための献納とする」。また農村においても、増産と結びつけ、「農民の半年の増産所得の一部を献納する」[43]。

さらに、各界において、具体的な献納ノルマが立てられた。例えば、炭鉱労働者は飛行機 6 機の献納を引き受けた[44]。教育界は飛行機を 3 機献納する目標を立てた[45]。このように、『東北日報』を読むと、各界で「飛行機と大砲の献納」運動が

179

あらしのように繰り広げられたと感じられる。また、6月8日、瀋陽市で市抗米援朝分会はすべての市民を動員し、愛国公約を結んだ。そして、年末まで、58機の飛行機を献納したという[46]。

しかし、既述のように、一見立派な統計数字があっても、または民衆は表面で中共の指示に従ったように見えたとしても、当該政策や運動を賛成あるいは支持したとは限らない。下記の史料から朝鮮戦争が膠着化してから、民衆の献納運動に対する本音が現れたことが看取できる。

朝鮮停戦の情報を公表してから、瀋陽各階層の大衆の初歩的反応は次のようである。一、工場労働者について、機械二廠、七廠によれば、技術労働者の間には3種類の見解がある。(一) よかった、アメリカが敗れた。(二) 平和に解決できるとは思わない。(三) 我々はアメリカに和平交渉を乞うようである (我々はアメリカの相手になれないため、和平交渉を求める)。工場労働者はアメリカが嵐のような献納運動を恐れたからと思っている。〔中略〕二、商人、行商人について、普遍的に「今回和平になって、納税も飛行機と大砲の献納もしなくて済んだ」と考えている。ある人は「本当に和平になったらよかった、戦争が我々の生活、営業に与えた影響は非常に大きかったから。平和になると、商売がよくなる。和平交渉が成立しなければ、将来の負担はさらに重くなる」。三、都市の住民について、皇姑区の幾人かの住民は「今回和平交渉をしているので、愛国公約を結ばなくてもいい」、「愛国公約をやってもやらなくても平和の締結により意味がなくなる」(注：最近瀋陽市の住民の間では、普遍的に愛国公約が結ばれており、内容は主に献納運動についてである)。〔中略〕四、機関幹部について、瀋陽労働日報の幾人かの職員は和平交渉の理由に対して理解しきれない。幾人かの区幹部は和平できるかどうかに対して懐疑を抱いている[47]。

以上の史料より、1951年7月以降、戦局が落ち着き、停戦の情報が広がるとともに、瀋陽市社会の緊張感が緩んでいったことが分かる。愛国公約や献納に対しても、民衆が消極的になる傾向が現れた。ところが、当該時期の各界の民衆の愛国公約や献納運動に対する姿勢に注目すれば、朝鮮戦争の勃発や抗米援朝運動の初

第 4 章　抗米援朝運動と再度の戦時態勢の構築（1950 年から）

期と比べると、中共の宣伝・教育の効果として、労働者の間で戦争に対する自信
が高まり、アメリカは敗れたという考えも出てきたことが分かる。対照的に、商
人を含む大多数の都市民衆は相変わらず和平を願い、愛国公約や献納が終わるこ
とを望んでいた。言い換えれば、献納運動に対して、彼らは負担を感じ、早く和
平になれば、献納しなくて済むという思いが窺える。

　各種の献納運動が、実際に民衆にどれほど負担をかけたのかについては、現時
点で東北、特に都市部の史料を示すことは困難である。献納運動の最初には、民
衆自らが志願したが、その後強制的になってしまったことが知られている。例え
ば東北以外の例であるが、四川省や湖南省の農村において、農民が献納のノルマ
を達成できないために自殺する事件が多く発生していたことは示唆的である[48]。

　1951 年 8 月に「東北局の都市労働組合の決議を真剣に貫徹して、国家のために財
産を増産節約することに関する通知」（「東北局関於認真貫徹城工会決議為国家増
産節約財富的通知」[49]）が出された。そして、愛国公約の中心は献納運動から「増
産節約」へとシフトした。「増産節約」は、もともと 1951 年 5 月 18 日から 6 月 2
日までの東北局都市工作会議で、高崗が打ち出した計画である[50]。当初の「増産
節約」は工業企業内で行われたが、8 月から、社会各界へ広げるように要求された。
さらに、「愛国公約を改正し、労働競争を巻きおこす」[51]等の活動を各地で行った
ため、当該時期の大衆運動の動向は抗米援朝運動の準備段階と平時態勢期におけ
る経済回復に重点が戻ったかのように感じられる。ただし、労働競争を愛国主義
と緊密に結び付けて推進し、労働者工作に対して、一層豊富な政治内容が付け加
えられた。1951 年 10 月以降、すべての献納活動はほぼ終了し、愛国公約の重点は
一層「増産節約」に傾いていった。

　その一方で、抗米援朝運動期間中のもう 1 つの重要な運動として、「反革命鎮
圧」があった。反革命鎮圧運動は中共政権が成立してから、すでに行われていた
が、抗米援朝運動とともに、厳しくなっていった[52]。その直接的な理由は、前節
でも少し触れたように、デマ問題のような朝鮮戦争を契機とする反共産党活動の
活発化があったと考えられる。反共産党勢力の具体的な動きは以下の史料から窺
える。

　鳴り物入りで反革命鎮圧が行われた中で、瀋陽だけでも白状したり自首し

181

たりして、反革命行為に関する材料を補充する者は5600人以上に達した。しかし、少数の頑固な分子は依然として復讐と破壊活動を続けている。1カ月以来、瀋陽、鞍山、撫順、松江、遼西、遼東、熱河などにおいて、反革命分子が大衆、共産党員、幹部、公安人員を殺害したこと、工場倉庫、軍隊の食料、大衆の家屋を爆破したり、放火したりしたこと、工場の重要な機械および軍事設備を破壊したこと、積極分子を殴り、反動スローガンを書き、大衆を脅迫したことなどの復讐事件が発生した。鞍山市と松江省尚志県一面坡両地〔地名——引用者〕においては、村幹部、大衆、兵士など28人が殺害された。瀋陽市北関区二台子の反革命鎮圧の宣伝大会で、反革命分子は硝酸をかけて、多くの大衆にやけどを負わせた[53]。

　上記のように、反革命に対する取り締まりが強化されてから、一定程度の効果を収めたが、反革命分子の復讐行為が絶えなかったとされる。こうした中で、瀋陽市の「デマに反対する」経験が典型として推し広められた[54]。反革命鎮圧運動そのものに対する分析は本節の目的ではないが[55]、ここではとりわけ反革命鎮圧などの大衆運動と抗米援朝運動との関係に注目したい。

　1951年メーデーデモ前後、すでに「当面のすべての宣伝を抗米援朝運動と結びつけよう」[56]とのスローガンが出され、以下のように要求された。

　すべての実際の工作任務の宣伝の中で抗米援朝の愛国教育を貫徹させる。抗米援朝の宣伝をより豊富にし、深め、持久化させるばかりでなく、特に重要なのは、こうすることによって、実際の各種〔愛国公約運動、反革命鎮圧など——引用者〕の工作任務を完成するために、偉大な推進力を獲得できることである。しかし、この問題において、新聞雑誌の文字宣伝でも、大衆集会の口頭宣伝でも、両者が関連を失う現象が現在しばしば発見される。〔中略〕これら中心工作〔愛国公約運動、反革命鎮圧——引用者〕を宣伝する大衆の集会および宣伝品において、同時に抗米援朝を宣伝する。これらの中心工作と抗米援朝の関連を明らかにしてこそ、継続的に愛国教育を深め、普及できる。しかも、この種の愛国教育を通じて、上述の中心工作を推進する[57]。

第4章　抗米援朝運動と再度の戦時態勢の構築（1950 年から）

　以上の史料を検討すると、3 つの要点があることが分かる。第 1 は、すべての実際の工作任務の宣伝の中で抗米援朝の愛国教育を一貫して行うこと。第 2 は、これらの中心工作と抗米援朝の関連を明らかにしてこそ、継続的に愛国教育を深化させ、普及できると強調すること。第 3 は、抗米援朝の愛国教育を通じて、中心任務（愛国公約・反革命鎮圧）を推進することであった。

　抗米援朝運動は次第に、一種の愛国教育へと転化した。抗米援朝運動はあたかも民衆に対する愛国教育の手段になっていた。抗米援朝運動において強化されつつあった民族の士気と愛国情緒は、愛国公約や反革命鎮圧などの大衆運動を下支えした。民衆の各大衆運動に対する反応は愛国か否かの評価基準になっていた。同時期の反革命鎮圧が実施されていたため、もし積極的に各献納運動に応えなければ、すなわち党の要求を拒否すれば、常に反共産党的、反人民的、アメリカと結託する反革命的存在とみなされ、非難と迫害の対象となる恐れがあった。これまで平時態勢期に生産動員によって、労働者を中心に生成されてきた共産党に対して親和的な集合心性は、抗米援朝運動において外敵のアメリカに対する敵意、そこから派生する愛国情緒を組み込みながら、各層の民衆へ拡大しつつあった。もちろんこれには先鋭化する政治運動において批判を受ける不安・恐怖も伴っていたことも忘れることができないだろう。

　以上のように、1951 年メーデーデモ以降、抗米援朝運動は「運動の持久化」という段階に入ったと言われる[58]が、実際上は運動の中心は愛国公約、特に献納運動、「増産節約」と反革命鎮圧などに移ったと言える。抗米援朝運動の最初の目標であるアメリカに対抗して、北朝鮮を支援するという意味が薄くなり、民衆に対する党の強力な支配を実現するために、抗米援朝運動で盛り上げられた民衆の士気や愛国情緒を引き続き利用しつつ、拡大させていく方向に中共の政策が転換していったのである。

2）抗米援朝運動と宣伝網、労働模範

　平時態勢期より形成された社会秩序に制約されながらも、抗米援朝運動の戦時態勢期に社会状況が大きく変わっていたことを検討してきた。ここで以下において、具体的に宣伝組織と労働模範を取り上げて、抗米援朝運動による社会変容を

検討していく。

　第 3 章で検討した平時態勢期の生産動員を主な目的とした宣伝鼓動組織は、抗米援朝運動を転換点として、大きく変容した。1951 年 1 月 1 日、中共中央は「全党において人民大衆に対する宣伝網の建設に関する決定」（「関於在全党建立対人民群衆的宣伝網的決定」以下「決定」）によって正式に全国的範囲で宣伝網の建設を呼びかけた [59]。「決定」に規定された宣伝員の任務は抗米援朝運動以前と比べて、「反動のデマおよび民衆の中ではやっている誤った思想を批判する」こと、および「常に民衆の状況を党に報告する」ことの 2 点が加えられた。さらに、宣伝員、報告員が設置された。その選定基準は以下のようである。宣伝員は各分野の積極分子や党員・団員から選ばれる。定期的に党支部を単位として、宣伝員会議を開き、民衆の状況を報告する。報告員は宣伝員の指導者である。報告員は省・市・地方・県や区の委員会の書記と委員の指名が必要であり、必ず党員でなければならない。

　上記のように、「決定」が出された背景には、朝鮮戦争の勃発と中国の参戦によって、国の内・外に生じた緊張があった。中共はこのような環境に対応して、宣伝網の建設を通じて、民衆の愛国心を引き出し、さらにコントロールするように要求した。これに対応して抗米援朝運動以前の宣伝組織と比べて、宣伝員以外に報告員が増設された。そして、宣伝網にはもう 1 つの重要な役割を加えられ、それは党の民衆を監視する組織の側面とも言える。さらに、報告員、宣伝員についても、以前のように技術を持つ労働者（第 3 章）とは対照的に、党員・団員・積極分子を選ぶことを求めた。このように、平時態勢期と比べて、社会、民衆に対する強力な支配の要求が見てとれることに注目しなければならない。

　振り返って見るならば、東北は最初に解放され、平時態勢期に入った地区として、すでに 1951 年 1 月までに宣伝網をほぼ形成していた。以下はその具体的な事例である。

　　各地の実験的に宣伝員組織を建設する仕事は、去年〔1950 年——引用者〕5 月の鉱工企業宣伝鼓動工作座談会から始まったのである。盛んに行った抗米援朝保家衛国運動の中で、この仕事はさらに巨大な発展を遂げた。目前、大部分の地区（工砿、農村、街道を含む）では、すでに試験的な段階をへて、

第4章　抗米援朝運動と再度の戦時態勢の構築（1950年から）

部分的な地区ではすでに比較的強固、かつ経常性のある宣伝員組織が建設された。去年年末までの統計によると、全区宣伝員はすでに11万7283人に達した。基礎のよい一部の地区では、宣伝員の分布は相当に広範的である。例えば、ある会社の大部分の工場と鉱山では、平均で100人の職員に対して4か5人の宣伝員がいた。大連ガラス工場では宣伝員の人数は総職員の10％に達した。〔中略〕目前、東北各地の宣伝網の組織はすでに大体の形になってきたが、発展の均衡が取れていない状況（特に農村や都市の街では）、成分の純粋でない状況および宣伝員が役割を果たしていない状況などの欠点が存在している[60]。

　以上のように、1950年12月までに東北では抗米援朝運動を転換点として、宣伝鼓動組織は宣伝網へ改称され、鉱工業から各界へ広がり、その機能も生産動員から抗米援朝運動の政治動員へと変わった。ただし、鉱工業から始まった組織であったため、必然的に工場より農村部や街区が後れていた。また、東北は一歩先に宣伝網の建設を行ったとはいえ、改めて1951年2月15日に、東北局が徹底的に中共中央の「決定」を実行するように要求した[61]。これに伴い、東北では宣伝網を強化する段階に入った[62]。しかしそこでは、以下のような様々な問題が表した。

　去年8月、炭鉱部で実験的に〔宣伝網の建設を——引用者〕行い、各企業でもついで10月に宣伝網を建設した。町内は11月、農村は12月に建設した。現在全市では企業宣伝員623人、町内55人、農村10人、合わせて688人である。最近の点検によって、本渓市の宣伝網の建設、整頓と発展において、4種の基本状況がある。第1種は、炭鉱部の成功経験である。第2種は、一手に引き受けることと手放しでほうっておくことである。例えば、ある工場・鉱山は去年9月に市委宣伝部からの通知を受けてから、他の宣伝組織の成員を選択もせずに、宣伝員とした。また、例えば、現場の工会読報組、行政安全検査組の全員が宣伝員になった等。急に255人の宣伝網を建設した。量ばかりを重視し、質を無視した。また党委は宣伝員に対する指導責任を負わなかった。〔中略〕その後、党委はこの状況をそのまま続けられないと見て、また急に155人を取り除いた。第3種は、宣伝員を設置した後、

185

彼らに対する指導を放棄した。例えば、ある工場は10月中旬に、まず市委が規定によって名簿を提出して、党政群〔共産党・政府・群衆の略称である——引用者〕基層幹部大会を開き、54名の宣伝員を増やした。〔中略〕しかし、設けてから、2カ月間責任者がいなかった。宣伝員自身は宣伝員とする理由と方法が分からなかった。そして、54人の宣伝員のうち2人しか役割を果たさなかった。他の人は形式的なものになってしまった。第4種は、指導上、宣伝網を神格化（原文「神秘化」）した。〔中略〕思想上において宣伝員を党と大衆とのつながりのかけ橋として見なしていなかった[63]。

　上記に典型の一つが示されるように、東北の各地でも宣伝網建設には、形式主義などの問題が少なくなかった[64]。「決定」が出されてから、東北のもとからある宣伝網を整備しながら、新しい宣伝網も建設した。しかし、形式的なものになってしまうことが目立ったようである。宣伝網の建設を突貫任務として完成したために、質が悪かった。農村において、軽率な態度で宣伝員を選択して、その結果、小学生も宣伝員にしてしまったという事例まで存在した。また、宣伝網を建設したが、経常的に指導や教育を行わず潰れてしまった事例も見られた。上記の史料にあるように本渓においては、数量だけを重視したため、255人からなる宣伝網を建設したが、後に155人をも取り除くことになってしまった。また、宣伝員に対する指導や教育が欠けていたため、宣伝員は実際に役割を果たしていなかったのである。さらに、宣伝員の設置も地域によってばらつきがあった。
　その一方で、東北の都市に見られた優秀な技術を持つ労働者を工場における模範とすることで、効果的政策宣伝を行ったことは注目できる。平時態勢期の生産動員において生まれた労働模範も抗米援朝運動における宣伝員とされた。抗米援朝運動において、労働模範の事例は宣伝の素材となり、労働模範はそのまま宣伝鼓動員の中核となった。例えば、瀋陽市の労働模範である趙国有[65]、撫順の労働模範である張子富[66]、などは1950年の抗米援朝運動において、優秀な宣伝鼓動員として取り上げられた。以下の史料は労働模範の宣伝網において重要な宣伝の役割を果たしたことに対する高い評価である。

　趙国有と轟秉挙は生き生きと、具体的に、融通をきかせて、労働者に対して

第 4 章　抗米援朝運動と再度の戦時態勢の構築 (1950 年から)

宣伝鼓動を行った。彼らは先進の生産者や模範の労働者であるというだけでなく、素晴らしい宣伝鼓動員でもあることが証明された。我々は一人一人の労働模範はすべて趙国有と轟秉挙のように光栄ある宣伝鼓動員になると思っている。〔中略〕それにより、時事宣伝工作はさらに広範に深く、直ちに展開できるだろう[67]。

さらに、「飛行機と大砲の献納」や「増産節約」においても、平時態勢期に生まれた瀋陽市の労働模範である「馬恒昌小組が愛国競争公約を締結する」事例を全国で取り上げ[68]、「増産節約」の愛国公約運動を推進しようとした。中共は大衆運動において、労働模範の影響力を利用して、民衆に対する宣伝を行ったのである。

3) 抗米援朝運動の位置づけ

　これまでの分析を踏まえて、以下において東北における抗米援朝運動に対する歴史的な再評価、および抗米援朝運動の人民共和国建国前後の大衆運動における位置づけを試みる。

　東北における抗米援朝運動の特徴として、これに最も積極的に応えたのは労働者であったと考えることができる。その理由について、中共の大衆工作による民衆の集合心性の生成・強化とその変容の過程をまとめながら説明できるだろう。まず、平時態勢期の生産動員によって、物質的利益・名誉に対する「希望・欲望」が大きな比重を占める集合心性が労働者を中心に生成・強化されつつあった。そして、この集合心性に外敵のアメリカに対する恐怖・憎しみ、および愛国情緒を加えた新たな集合心性が、各階層の民衆へ拡大・浸透していった。中共はこの種の集合心性を国内の政治運動の推進力として利用したものの、その反面政治運動への対応に失敗し、批判を受ける恐怖の感情も広がっていった。この過程では、平時態勢期に生まれた宣伝組織と労働模範も、抗米援朝運動や他の大衆運動のために資するように再編され、利用された。中共は宣伝網を強化することの必要性を繰り返して強調した。その中で、各界の模範人物による朝鮮戦争、抗米援朝に対する積極的な姿勢が取り上げられたのである。こうして、中国国民としての連帯感は労働者から各層の民衆へと拡大された。

　その一方で、第 1 節第 2 項の和平署名運動の事例や第 2 節第 2 項の宣伝員を発

展する段階までの事例からは、東北の民衆は常に、表向きは支配者の権力に服従したが、個人主義的な意志を持っていたことが分かる。以上より抗米援朝運動の戦時態勢期と前段階の平時態勢期との間には転換と連続が見てとれる。

　抗米援朝運動はさまざまな問題を抱えながら、ナショナリズムの形成と民衆の国民化に対して大きな役割を果たしたと見られる。抗米援朝はアメリカという外敵と戦うため、民族的連帯感が容易に拡大でき、民族主義を中心とする民衆意識の強化を促進した。そして、戦争の膠着にともない、抗米援朝運動中に拡大された愛国情緒を基調とした集合心性は再び経済建設や「増産節約」、反革命鎮圧といった他の国内運動へと還元され、それらの大衆運動を拡大させた。しかし、この段階の集合心性は、平時態勢期の生産動員の下で強化された労働意欲というものに、政治に関する不安・恐怖・憎しみや地位への意欲を加えて、当初と比較できないほど広がっていた可能性がある。その後の大衆運動は平時態勢期の生産動員と異なり、豊富な政治的意味や愛国的な内容が加えられた。このようにして、引き続き展開された「増産節約」や反革命鎮圧運動において、抗米援朝運動との結びつきを強調したことによって、中共は民衆の愛国の情を冷却させないまま、次の国内運動へ先導していくことができた。

　そして、抗米援朝運動に対する評価には2つの側面がある。戦争遂行を支持するという目的の達成に関しては成功したと言えよう。その一方、ナショナリズムの形成と民衆統合において一定の役割を果たしたものの、東北の個人主義的な民衆意識をまとめて、統一の階級イデオロギーへ導くことができたとまでは言えない。言い換えれば、抗米援朝運動は、その後の国内各運動やナショナリズムの形成のために必要な民衆の士気や愛国心を高めたが、民衆統合という課題については、初歩的な成果をあげたにとどまったと評価できるだろう。

　本節では、朝鮮戦争によって、国内外情勢が一転した背景の下で、中共は穏当な政策から社会に対する強力な支配へと路線を転換したことを示した。そして、中国国内において、抗米援朝運動によって、平時態勢期に生まれた宣伝組織と労働模範、集合心性を継承しながら、変容させて、再度の戦時態勢期の大衆運動のために資するように変えていったという平時態勢と戦時態勢との転換と連続を捉えることができた。その一方で、民衆の中でも、鉱工業の労働者と鉱工業に属していない民衆の間で、一連の大衆運動に対する認識の差異も存在していたことを

検討できた。それにより労働者は中共の宣伝に比較的影響されたことが指摘できるであろう。

さらに、抗米援朝運動は平時態勢期に形成された生産を高め、地位を向上させるという民衆の集合心性を愛国主義という名の下で、引き続き強化して、次から次へと生じる政治動員へ持っていかれた。抗米援朝運動によって、愛国高潮を引き起こしたが、バラバラであった民衆の統合はまだ課題のまま残されていた。

第4節　記憶としての抗米援朝運動

抗米援朝運動は中華人民共和国建国後、比較的成功した運動であり、愛国主義の高潮を引き起こしたと普遍的に評価されている[69]。ところが、既述のように、抗米援朝運動に対して、各階層の民衆の反応には差異が存在しており、抗米援朝運動は、さまざまな問題を抱えていた。本節では実際に抗米援朝運動を経験した人々がいかなる記憶を形成したのか、異なる階層の人々の記憶の内容と差異について考察する。

まず、工場労働者姚WQの事例についてである[70]。第2章で少し触れたが、姚WQは1933年営口市生まれ、1950年5月から営口市製銅工場の労働者になり、1954年共産党員になり、2015年春になくなった。

営口市は1945年から1948年までの3年間は国民党に占領されていた。1948年2月に解放された。1944年に1年間学校に通ったことがあり、中国人の先生が日本語を教えていた。1948年の解放後に、16歳の時に児童団の団長になった。毎日、ほぼ同じ年の子供と一緒に歌を歌ったり、見張りに立ったりした。もちろん工作隊に教わっていて、軍歌も歌えた。1950年2月に青年団に入団した。それから市団委の紹介で1950年5、6月から営口市製銅工場で働き始めた。当時の製銅工場はガソリン用のドラム缶を生産した秘密部門であった。私は最初に小缶作業場で働いたが、間もなく大缶の生産へ移った。2000トン、4000トン、8000トンなどの規格のドラム缶を生産した。軍隊は歩哨に立っており、秘密を守ることが厳格であったようである。1950年に抗米援朝運動が始まると、我々の工場は火薬缶、ガソリン用のド

図 4-5 『東北日報』(1951 年 7 月 16 日)に掲載された母親が祖国を守るように息子を励む漫画

ラム缶を生産して、前線を支援した。50 ガロンの規格で、抗米援朝の前線へ送り、その後のベトナム戦争の際にも同じドラム缶を生産した。抗米援朝の宣伝について、生産任務だけであり、ドラム缶の生産はすなわち前線を支援することであると言われた。工場の労働者はみんな抗米援朝戦争を知っていた。特に、青年団の団員は「我々は朝鮮、前線へ行くぞ」と要求した。「君たちが前線にいくのはダメだ、君たちは後方にいても一緒だ、任務を完成するならば、前線支援と同じだ」と幹部に言われた。工場の一人の運転手は断固として朝鮮に行った。〔この人は戦争に行っても――引用者〕同じく運転手をやっていた。抗米援朝運動の際に、工場はアメリカの爆撃を逃れるため、哈爾賓に移転した。また、その時、特務があちらこちらに潜んでいた。夜に発砲する音が聞こえると、それは特務であった。

　上記の口述史料より明らかになるのは、鉱工業においては、中共の宣伝と動員の力が比較的強かったことである。話者の所属していた製銅工場は、軍需工場の性格を帯びており、直接戦争にかかわっていた。そのため、秘密性が高く、破壊される危険性があるため、工場ごと移転させられた。そこで働く人々は比較的抗米援朝運動を理解しており、積極性を見せていた。ところが、中共の徴兵は工場において展開されず、あるいは鉱工業労働者の参軍を抑えていたと言える。この

第4章　抗米援朝運動と再度の戦時態勢の構築（1950年から）

点について次章とかかわるため、後に詳しく分析する。話者の記憶の中には、労働者たちは積極的に抗米援朝運動を支持していたことが示されている。

　次に、中共の宣伝幹部を経験した姜CXは1950年代初頭の宣伝工作について語った[71]。姜CXは1937年営口市生まれ、営口市老辺区宣伝部副部長を歴任して、定年退職したが、2014年2月現在において党校の講師を兼任している。

　　上から下へ次々と工作隊を派遣してきて、大会を開いた。当時の工作隊は
　　文化水準が低くて、彼らは訓練を受けてから、訓練で聞いた内容をみんな
　　に伝えた。一回の会議だけで終わらず、よく会議を開いた。また、訴苦大
　　会もあった。当時、各宣伝工作は交替して行ったが、いつもあるフレーズ
　　があった。例えば「解放されてから共産党を忘れるな、幸福を得たのは毛主
　　席のおかげだ」（原文「翻身不忘共産党、幸福全靠毛主席」）。1950年の宣伝
　　組織は、上から派遣してきた工作隊以外に、地元に自分の宣伝組織はな
　　かった。ただ地元で何人かの中堅分子を選んで、会議に参加させて、会議
　　から戻ったら、宣伝を行った。その時は宣伝網という名称を聞いたことが
　　なかった。

　上記の話者の語りより、自己が宣伝幹部であったという経歴は自覚されていることが分かる。しかし、当時中共によって繰り返し要求された宣伝網に関する記憶はなかった。民衆の間での宣伝は主に派遣された工作隊に頼っていた。地元で選ばれた人はまず訓練を受けてから、民衆の間に戻って、宣伝を行うという形式であった。これは既述の宣伝網の宣伝員の役割と類似していたことが分かる。

　さらに、工場労働者と宣伝幹部以外の陳DSの事例についてである[72]。陳DSは1934年大石橋市生まれ、中学校を卒業して、1954年に農村の小学校の先生になり、その後営口市老辺区文化教育局党委書記を歴任し、1994年に定年退職した。

　　抗米援朝運動は、私が小学生と中学生の時であった。中学校は現在の営口
　　市第二中学校であった。抗米援朝運動の宣伝はすなわち愛国であった。
　　1951年前後、飛行機と大砲の献納などの運動を聞いたことがあるが、実家
　　の方には大きな動きはなかった。宣伝員については、区から派遣されてき

た。工作隊〔宣伝員を含む——引用者〕の仕事の方式は派飯〔家を指定して、宣伝員はその家を訪れて、ご飯を食べながら宣伝する。このように割り当てられて食べまわることが派飯であった。——引用者〕であった。このような宣伝派飯はほぼ毎月毎年行われていた。私はこのような仕事のやり方に最も反対する。なぜならば、1960年代の時は私も同じことをやったことがある。実際に大衆に迷惑をかけたばかりで、何の効果もなく、派遣された幹部も自分の仕事に専念できず、指導幹部をごまかすだけであった。抗米援朝運動の時も同じであろう。

以上によれば、話者は抗米援朝運動を回想した際に、愛国という言葉でまとめた。そして、抗米援朝運動当時、中共の宣伝・教育を受けたはずの話者から話を伺った際、話者の様子による限りは、それほどの情熱を著者は感じられなかった。また、当時地元にも抗米援朝に関連する運動の宣伝が届いたが、大きな動きがなかった。さらに、中共の宣伝工作の形式に対して、自分も経験したうえで不満を抱いていたことも理解できる。

最後に屈LZについてである[73]。屈LZは1936年営口生まれ、営口市老辺区物質局を定年退職した。

当時〔1950年代初頭——引用者〕宣伝員について聞いたことがある。区政府から派遣された工作隊であった。宣伝網は聞いたことがない。宣伝員は家々を回って、大会を開き、みんなは積極的であった。1950年代の宣伝運動の中心は抗米援朝と生産であった。徴兵や運輸はすべて抗米援朝のためであった。地元にはデマはなく、反デマ運動もなかった。愛国公約、および衛生活動が比較的多かった。伝染病がはやっていたからである。区政府から人が来て衛生を点検した。愛国公約、支援前線、金銭と実物の献納について、家ごとに具体的なノルマがなかったが、まとまった要求を上で決めて、具体的にどのように分配するかは下で決めればよかった。1950年代の工作隊は各時期の中心工作が異なっていた。彼らは訓練を受けてから、帰ってきて宣伝を行った。世間話をしながら、宣伝した。我々は派飯といった。

第 4 章　抗米援朝運動と再度の戦時態勢の構築（1950 年から）

　上記の口述史料から分かることは 1950 年代の中共の宣伝工作の中心は抗米援朝運動であったということである。また、抗米援朝運動に対して、大多数の民衆は積極的な傾向を示しており、当該時期のすべてのことは抗米援朝のためであったと認識されていた。愛国公約、献納運動の際に、上層部からノルマが指定され、基層でそのノルマを分配して完成するという構造が存在していた。その一方で、中共が大いに宣伝したデマ問題を批判し防止することについて、話者が記憶していないことは興味深い。

　以上のいくつかの民衆の記憶より、中共の思想教育を強調し、民衆を統制するという目的は、抗米援朝運動を通して一定程度は達成されたと言える。記憶の隅々に「派飯」というような当該時期の大衆運動の問題点が現れているが、民衆は積極的であったと認識されていた。さらに、例えば姚 WQ の記憶での、工場労働者の抗米援朝に対する積極性から見れば、東北の工業地域の特徴を反映して、中共の宣伝に対して、鉱工業労働者は、特に影響されやすかったことが証明されている。

小結

　本章では、革命史観を相対化する評価を行うために、東北の地域社会の事例に基づき、抗米援朝運動の展開を検討してきた。その過程で生じた問題を明らかにしながら、党と民衆との関係を描き出した。それにより、抗米援朝運動に対する客観的な評価や人民共和国建国初期の大衆運動におけるより長いスパンでの位置づけについて議論した。

　まず、1950 年 5 月に展開された和平保衛署名運動は、6 月に朝鮮戦争が勃発したため、その方針と方向がアメリカを非難して北朝鮮を声援するように転換した。しかし、中国国内においては、まだ大きな政策変動が見られなかった。一方で、広範な民衆は不安と恐怖を感じており、和平保衛署名運動に対しては、積極的に支持しないまでも、参加だけはしたように見てとれる。

　1950 年 10 月 19 日に中国は正式に参戦したが、中国国内の抗米援朝運動の展開は 10 月末であった。戦争と呼応する宣伝は遅れたように見えるが、この段階は、

193

平時態勢期の生産動員から本格的な抗米援朝運動へ移行する準備段階と考えられる。その一方で、中国の参戦にともない、民衆の不安と恐怖はさらに強まり、東北から逃げ出した者も少なくなかった。デマなどの反共産党活動が活発化した。このように1948年以降の平時態勢期に形成されていた散漫な社会秩序は一層不安定化した。

　抗米援朝運動も民衆の戦争への懐疑や宣伝工作の形式主義等の問題を抱えながら、1951年5月のクライマックスまで継続して推進された。その過程で、示威行進が頻繁になり、浪費現象が起こった事例が見られ、基層社会を十分にコントロールできなくなるといった従来からの大衆運動の欠点が現れた。日常の生活・生産に影響を及ぼし、民衆の運動への情熱にも悪影響を与えた。ところが、東北の民衆の特徴に沿って、検討すれば、これらの問題は民衆が表面で支配者の権力に服従、ひいては要求以上に積極性を示しつつも、裏では比較的自由で強い個人意識を持ち続けていたからでもあると考えられる。

　1951年以降、朝鮮戦争が膠着化して、和平交渉に向かっていく中で、民衆の気持ちが緩んでいた。これに対して、抗米援朝運動と反革命鎮圧とを、また抗米援朝運動と労働競争とを結びつける要求が大いに宣伝・報道された。特に、愛国公約は最初に抗米援朝運動に貢献したが、1951年10月以降は、増産節約を中心内容とする愛国公約がむしろ大衆運動の中心となったように見える。ここから、国内の宣伝・教育の重点は、抗米援朝運動以前の経済回復に回帰しようとした形跡が見うけられる。しかし、以前の生産動員と異なるのは、経済建設の動員に政治的意味合いが濃くなったことである。

　上記の問題の一方で、人民共和国建国初期のナショナリズムの形成、および中共による民衆に対する強力な支配において、民族主義を利用する抗米援朝運動が一定の効果を挙げたことは認めざるを得ない。このことについては、いくつかの聞き取り調査で「抗米援朝運動の宣伝はすなわち愛国」、「みんなは積極的」、「朝鮮、前線へ行くと要求した」などの回答があったことからも窺える。また、上記の傾向は特に鉱工業労働者の間で顕著であった。そのため、労働者が抗米援朝運動において、最も積極的に行動した集団となった。

　これまで検討してきたように、抗米援朝の戦時態勢期は平時態勢期に形成された宣伝網、労働模範、労働意欲などが引き継がれた。その基礎の上に、対外戦争

第 4 章　抗米援朝運動と再度の戦時態勢の構築（1950 年から）

という危機感の下で、矢継ぎ早に各種の運動を発動することによって、民衆の愛国心、不安・恐怖といった情緒要素を付け加えることで民衆の連帯感・国民意識を練り上げていった。これにより、労働者を中心とする一定程度の民衆は、民族の士気や愛国心を保持するようになった。そして、こうした民衆情緒の高揚は同時期の反革命鎮圧やその後の「三反」「五反」運動を下支えするエネルギーになっていったように思われる。

〈注〉

1）麦克法夸爾．R、費正清編（謝亮生他訳）『剣橋中華人民共和国史—革命的中国的興起 1949-1965 年—』中国社会科学出版社、1990 年、90 頁。

2）陳永発『中国共産革命七十年　上』聯経出版事業公司、1998 年、528 頁。

3）奥村哲『中国の現代史—戦争と社会主義—』青木書店、1999 年、122-124 頁；同編『変革期の基層社会—総力戦と中国・日本—』創土社、2013 年、4 頁。

4）侯松涛『全能政治：抗美援朝運動中的社会動員』中央文献出版社、2012 年。

5）同前　29-30 頁。

6）靳道亮「抗美援朝運動与郷村社会国家意識的塑造」『史学月刊』2009 年 10 期。

7）Lieberthal,Kenneth G. *Revolution and Tradition in Tientsin,1949-1952*.Stanford University Press. 1980.pp97,105.

8）Dikötter,Frank. *The Tragedy of Liberation:A History of the Chinese Revolution 1945-1957.* （Bloomsbury Publishing PLC. 2013）pp128-152 では、『内部参考』を利用して、朝鮮戦争中、中国各地の様子を描いた中で、特に東北社会の緊張が高かったと指摘している。

9）「瀋陽市各階層対朝鮮戦争的反映」『内部参考』1950 年 7 月 13 日。

10）同前。

11）同前。

12）『瀋陽大事記 1840-1987』瀋陽市人民政府地方志編纂弁公室、1988 年、111 頁。

13）同前。

14）岳梁、席富群「五十年代世界保衛和平運動述評」『黄淮学刊』9（2）、1993 年。

15）「東北各地九百万人参加和平簽名」『東北日報』1950 年 6 月 29 日。

16）「瀋陽各階層対和平簽名運動的反映及反動分子的謡言」『内部参考』1950 年 7 月 13 日。

17)『人民日報』の記事から見れば、10月末から朝鮮戦争に関する宣伝が参戦前より多くなったことが分かる。例えば、1950年10月18日「美機又四次侵犯我東北領空」「敵軍投入新的兵力継続進犯」朝鮮戦争関連の記事は2つしか見られない。1950年10月31日第三面だけで、ほとんど抗米援朝の関連記事である。たとえば「展開美帝侵略宣伝運動」「抗議美帝拡大侵略・表現保衛祖国決心」など5つの記事が見られる。

18)「掀起愛国主義生産競賽」、「怎様向群衆進行時事宣伝」、「戦闘着的趙国有車間」『人民日報』1950年10月29日などがある；「東北工人階級擁護周外長声明　反対美帝拡大侵略威脅我国安全　決心緊密団結、努力生産、巩固国防」『人民日報』1950年10月24日。

19)ルフェーヴルの集合心性の理論において、集合心性は指導者に権威を付与する。もし、事態が集合心性の基本構成要素の「希望」を裏切るようになると、民衆の指導者に対する信頼も消えてしまう。G・ルフェーヴル（二宮宏之）『革命的群衆』創文社歴史学叢書、1982年、41頁。

20)「瀋陽、旅大最近群衆思想動態及敵特活動情況」『内部参考』1950年11月30日。

21)前掲 The Tragedy of Liberation:A History of the Chinese Revolution 1945-1957.pp 136.

22)『人民日報』1950年11月5日。

23)「必須継続進行時事政治宣伝」『抗美援朝専刊』1951年2月5日。

24)「深入抗美援朝保家衛国運動」『抗美援朝専刊』1950年11月25日。

25)「教育局両年来教育発展情況教育工作学生文化程度調査的概況計画総結報告1950年」瀋陽市檔案局 Z44-1-55、113-116頁。

26)泉谷陽子『中国建国初期の政治と経済―大衆運動と社会主義体制―』御茶の水書房、2007年、174-175頁。

27)この点に関連して、抗米援朝運動前後の連続性の問題について、次の第3節で詳細に検討する。

28)「注意糾正建立宣伝網工作中的形式主義」『東北日報』1951年3月31日。

29)孫丹「論抗美援朝戦争的国内宣伝工作」『当代中国史研究』16（4）、2009年。

30)「中国人民抗美援朝総会常委会挙行会議」『人民日報』1951年3月15日。

31)「加強領導、推広成功的経験」『抗美援朝専刊』1951年3月18日。

32)「貫徹執行抗美援朝総会三月十四日通告　東北、華北等地制定抗美援朝具体計画」『抗美援朝専刊』1951年4月14日。

33)「反対随便動員群衆遊行献花」『抗美援朝専刊』1951年4月14日。

第 4 章　抗米援朝運動と再度の戦時態勢の構築（1950 年から）

34）「関於瀋陽市中等学校政治教育工作的報告 1951」瀋陽市檔案館 Z44-1-77、48 頁。

35）「空白点」とは史料用語であり、抗米援朝運動期間中、新聞雑誌で用いられ、抗米援朝運動の宣伝・教育を展開していない地域をさす。

36）「上海、武漢、西安、瀋陽等地　抽査抗美援朝宣伝教育工作的結果」『抗美援朝専刊』1951年 4 月 22 日。

37）「五・一挙行空前盛大的示威遊行」『人民日報』1951 年 5 月 3 日。

38）張樹君・史言主編『中国共産党重大事件実録　上巻』湖南人民出版社、2006 年、369 頁。

39）前掲『中国建国初期の政治と経済―大衆運動と社会主義体制―』177 頁。

40）「関於推行愛国公約、捐献飛行機大砲和優待烈属軍属的号召」『人民日報』1951 年 6 月 2日。

41）同前。

42）「東北抗美援朝総分会　擬訂計画響応総会号召」『東北日報』1951 年 6 月 7 日。

43）「関於推行愛国公約、捐献飛機大砲和做好優撫工作的実施計画」『東北日報』1951 年 6 月7 日。

44）「東北各地職工響応捐献号召　煤砿職工発起捐購飛機六架」『東北日報』1951 年 6 月 7 日。

45）「東北教育工作者　発起献機三架」『東北日報』1951 年 6 月 7 日。

46）前掲『瀋陽大事記 1840-1987』117 頁。

47）「職工認為這是美国陰謀不信能和平解決　商人、市民中普遍存在松勁麻痺思想」『内部参考』1951 年 7 月 7 日。

48）前掲 The Tragedy of Liberation:A History of the Chinese Revolution 1945-1957. pp140.

49）『東北日報』1951 年 8 月 22 日。

50）「東北局召開城市工作会議　高崗同市親作総結」『東北日報』1951 年 6 月 25 日。

51）『人民日報』1951 年 8 月 15 日。

52）1950 年 10 月 10 日に、「関於糾正鎮圧反革命的右傾偏向的指示」が出され、反革命に対する取り締まりが厳しく要求された（前掲『中国共産党重大事件実録　上巻』390-392 頁）。

53）「反革命分子進行報復破壊活動　東北区幹部群衆迭被殺害」『内部参考』1951 年 6 月 27 日。

54）「瀋陽市反謡言闘争的一些経験」時事手冊社『時事手冊』第 4 期、人民出版社、1950 年 12月。

55）反革命鎮圧について、数多くの優れた研究成果を参照されたい（白希『開国大鎮反』中共党史出版社、2006 年；楊奎松「新中国「鎮圧反革命」運動研究」『中国現代史』2006.6、『中

197

華人民共和国建国史研究 1』江西人民出版社、2009 年、など）。

56）「当前的各項宣伝要和抗美援朝相結合」『抗美援朝専刊』1951 年 4 月 14 日、「把抗美援朝
　　与鎮圧反革命結合起来」『抗美援朝専刊』1951 年 4 月 22 日、など。

57）前掲「当前的各項宣伝要和抗美援朝相結合」。

58）前掲『中国建国初期の政治と経済―大衆運動と社会主義体制―』176-179 頁。

59）『東北日報』1951 月 3 日。

60）「東北宣伝網初具規模」『東北日報』1951 年 1 月 18 日。

61）「東北局関於貫徹「中共中央関於在全党建立対人民群衆的宣伝網的決定」的決定」『東北日
　　報』1951 年 2 月 15 日。

62）「在群衆運動中建立和発展宣伝網」時事手冊社『時事手冊』第 12 期、人民出版社、1951 年
　　5 月。

63）「本渓市建立宣伝網的情況与経験」『東北日報』1951 年 2 月 18 日。

64）「積極組織宣伝員報告員活動継続普及深入抗美援朝運動」『東北日報』1951 年 3 月 24 日、
　　「遼西省建立宣伝網試点経験」『東北日報』1951 年 3 月 26 日、「注意糾正建立宣伝網工作中
　　的形式主義」『東北日報』1951 年 3 月 31 日、など。

65）宣伝鼓動員手冊編委会編『宣伝鼓動員手冊 3』新華書店東北総分店、1950 年 11 月 1 日、23-
　　26 頁。

66）宣伝鼓動員手冊編委会編『宣伝鼓動員手冊 4』新華書店東北総分店、1950 年 11 月 10 日、
　　29-34 頁。

67）前掲『宣伝鼓動員手冊 3』23 頁。

68）『人民日報』1951 年 7 月 26 日。

69）前掲『全能政治：抗美援朝運動中的社会動員』3-4 頁；前掲「論抗美援朝戦争的国内宣伝
　　工作」。

70）2013 年 4 月遼寧省営口市において聞き取り調査を実施した。

71）2013 年 3 月、2014 年 2 月遼寧省営口市において聞き取り調査を実施した。

72）2014 年 2 月、2015 年 8 月遼寧省営口市において聞き取り調査を実施した。

73）2014 年 2 月遼寧省営口市において聞き取り調査を実施した。

第5章

参軍運動と婚姻法施行に見る
民衆の抵抗と服従

はじめに

　本章では、第3章と第4章の結論を踏まえ、抗米援朝運動における参軍運動[1]の展開と1950年婚姻法の施行を事例として、朝鮮戦争前後の東北社会における中共による民衆統合の変遷および党と民衆との関係を検討する。

　かかる問題を考察するために、まず、抗米援朝の参軍運動に関する研究成果を概観する。中共による参軍運動に関しては、主に国共内戦期を中心に、土地改革と関連付けながら議論されている。抗米援朝運動期の参軍運動に関しては、史料の制約があるため、その内実に関してはいまだ不明な点が多い。特に、全国的に見た場合に抗米援朝時期の参軍運動は、内戦時期の徴兵よりさらに各地で格差が現れたようである。その中で、四川省などの西南地域では「土匪」出身の中国人民志願軍（以下「志願軍」）が多く存在していたと指摘されている[2]。また、華北は西南地域より、早く解放され、西南地域のように反共産党勢力をそのまま志願軍に投入する条件がなかったため、動員による徴兵が行われた[3]。河野正は河北省において、中共は内戦時期の強制や傭兵といった徴兵方式を脱して、宣伝によって理想的な徴兵を目指したにもかかわらず、中共の基層社会における影響力が低かったため、抗米援朝の参軍運動は内戦時期と比べて、徴兵の手段には大して改善がなかったと指摘している[4]。ところが、これらの指摘に対して必ずしも十分な分析を行っていない面がある。例えば、中共の基層社会に対する中共の影響力の評価の根拠が詳細に提示されていない点が惜しまれる。

　上記の地域と対照的に、抗米援朝運動の参軍運動に対して、東北は最も早く解放された大区であり、朝鮮と隣接して、危機感が比較的強かったため、朝鮮戦争に対応できると思われる[5]。しかし、実際に、東北民衆は徴兵から逃げることが多かった。これは朝鮮戦争の戦場に近いからであるという[6]。また、第4章で検

199

討したように、東北は朝鮮戦場に近いため、民衆の不安、恐怖は他の地域より深刻であった。第2、3章で検討したように東北は、中共による指示が比較的浸透した地域であると同時に、民衆の恐怖と抵抗も多くあった。そこで本章の前半では、志願軍の供給における東北の役割を検討する。それにより、中共による民衆へのイデオロギー浸透の特徴、および民衆による服従と抵抗の両面とを含む複雑な対応を分析したい。

　また、本章で明らかにするように、1950年婚姻法の施行は、男女の生産動員に資し、抗米援朝の参軍運動と関連付けるなどの中共のイデオロギーを浸透させる手段であったと考えられる。そのため、婚姻法の施行の過程に対する分析を通じて、諸革命段階において中共による女性の利用、婚姻法に対する男女の対応、および各種動員における女性の役割などの実態を明らかにすることができるだろう。それゆえ、婚姻法の施行を分析することは中共と民衆との関係を理解するには有効である。1950年婚姻法の施行について、小野和子は『人民日報』を利用して、全国の事例を総括し、婚姻法がもたらした社会問題に関して、婚姻法と封建的な家族制度との矛盾や地方幹部による抵抗を明らかにした[7]。小野のこれらの貢献は貴重である。しかし、時代的史料的制約のために、中共革命史観による解釈がなされ、1950年代の激しく変動した中国の各地域の異なる社会情勢や国際環境に対する考慮が不十分である点は否定できない。1930年代を対象とするものの、高橋伸夫は中共の農村根拠地で実施された「婚姻革命」は、自由な結婚と離婚の制度化によって、党員と女性の関係の混乱や党員による強姦事件などが発生したことを明らかにした。そのため、本来民衆の支持を拡大するための「婚姻革命」は、「皮肉にも党を自ら窮地に追い込んだ」と論じている[8]。叢小平は40年代の農村根拠地における、ある兵士の離婚案件を具体的に取り上げて、中共による相継ぐ婚姻法令の修正や兵士が簡単に離婚されないように制限することは、単なる家父長制家族制度に対する妥協ではなく、また女性の解放がそのために後退したわけでもなく、社会変革のための必要な過程であったと指摘している[9]。これらの議論は本章に大きな示唆を与えている。そこで、本章の後半では、各段階の地域社会の特徴、国内・国際的情勢を押さえた上で、婚姻法の施行に対する分析を行い、中共による民衆統合の特徴および1950年前後の党と民衆との関係を解明する。

　本章の第1節では、抗米援朝運動期間中の参軍運動に対する分析を通じて、志

第 5 章　参軍運動と婚姻法施行に見る民衆の抵抗と服従

願軍の内実に迫りながら、抗米援朝運動における東北の位置づけを明らかにする。その上で、口述史料と回顧録を用い、東北民衆の参軍運動に対する抵抗と服従を考察する。第 2 節では、1950 年婚姻法の施行を中心に、1950 年前後、中共による女性政策、婚姻改革の変遷と実態を分析する。それにより、平時態勢から戦時態勢へ展開する際に、女性・婚姻政策の変遷を明らかにし、その中で、中共によるイデオロギーの浸透と民衆の対応との相互関係を浮き彫りにする。

第 1 節　志願軍の供給と東北

1）抗米援朝運動における東北

　前章で述べたように朝鮮戦争は中共政権が成立してから、最初の対外戦争であった。そのため、民族主義の下で、民衆は大きな愛国の情熱を示していた。その中で、最も民衆の意識が現れる参軍運動について、中共の公式報道によれば、「両親が息子を、妻が夫を戦場へ送り出し、兄弟が我勝ちに軍隊に入りたがる」（父母送児子、妻子送丈夫、兄弟争相入伍）という人を感動させる事績が数えきれないほどあったとされる[10]。ところが、第 2 章で検証したように、1948 年に東北が解放された当時、元国民党軍の兵士を含めて、中共軍は 130 万にまで拡張した。そのほとんどは後に関内での戦争へ送り出された。膨大な軍隊の形成と対照的に、在地の労働力の不足が深刻となった。前線の需要と後方の生産性の間に大きな矛盾を生じ、基層社会からの新たな徴兵は限界に達した（第 2 章第 2 節）。そのため、こうした実態を考慮しつつ、実際の東北における徴兵を検討する必要がある。

　朝鮮戦争が勃発してから、中共によるはじめての軍事対応は、1950 年 7 月に正式に策定された「東北を防衛する辺防に関する決定」（「関於防衛東北辺防決定」[11]）であった。その主な内容は、まず、部隊を移動させることであった。元中原地区に配置していた国防機動部隊である第 13 兵団と斉斉哈爾の第 42 軍団、砲兵第 1、第 2、第 8 師団、および工兵など、合計 25.5 万人によって、東北辺防軍を組織することとした。そして、後方支援の準備が企図された。東北から荷馬車 4000 台を動員して運輸に当たり、31 万人、役畜 3 万頭、車 1000 台、3 カ月分の糧秣を用意するとした。さらに、兵力補充の準備としては、兵力補充のために、中南軍区では予定の退役兵士 10 万人を減少する[12]。それ以上に補充を必要とする場合は、東北に

201

おいて生産に参加している地方師団をもって補充する、などであった。8月に、東北辺防軍に編入された第13兵団は中央軍委と東北軍区に兵力の補充を訴えた。これに対して、中共軍委は以下のように指示した。

　中南軍区から工兵第4団を北上させる。兵力の補充について、国防軍部隊の軍団の定員は3.5万人に対して、現在東北辺防軍の各軍団はすでに4万人を超えたため、足りない編制は各軍団内で調整する。困難があれば、東北軍区から補充する。軍委はまた10万人の元兵士を調達して、辺防軍が国を出てからの補充とすると決定した[13]。

　そして、10月から参戦する際に、最初に朝鮮戦場へ送り込まれた志願軍は上記の東北辺防軍であった。この東北辺防軍は、すなわち元第四野戦軍と華北野戦軍の一部であり、その後に派遣された志願軍も中共の野戦軍が主力となった[14]。以上の史料により、当該時期、朝鮮戦争に対応するための兵力の調整は従来から存在した部隊内で行われたことが分かる。その一方で、東北は戦略的に、後方支援の基地と位置づけられたのである。つまり、当該時期において、東北だけではなく、全国範囲でまだ民衆に対する大規模な新たな参軍動員は行われていなかった。

　抗米援朝の参軍運動は12月から大規模に行われた。聶栄臻（当時人民解放軍総参謀長代理）は毛沢東への報告書の中で、朝鮮戦争の長期化を予想し、1950年冬に35万人を動員させることを提案した。その割り当ては「西南地区10万、華東地区14万、華北地区5万、西北地区2万、中南地区4万」となり、東北はこの徴兵任務に含まれなかった[15]。

　しかも、1950年8月の東北辺防軍の補給問題に関する中央と東北局の会議において、以下のような東北の位置づけを決めた。

　糧食、まぐさ、石炭は東北から供給する。経常費用は総後方部が本来辺防軍の所属した第四野戦軍から調達して東北局へ供給する。予算外の一切の戦争のための費用は中央が支出するが、東北が立て替える[16]。

　東北の抗米援朝運動において後方支援の位置づけはますます明確となっていっ

た。1951 年 1 月 6 日に高崗（当時東北局書記、東北人民政府主席、東北軍区司令員兼政治委員）は抗米援朝のための東北区での計画を次のように中央に報告した。目前軍区のすべての工作は春季の攻勢のために準備して、南朝鮮にいる全ての米軍を消滅することを目標とする。そして、各部門が 3 月末までに完成すべき任務を要約すると以下のとおりである。まず、各軍種と兵種、および新兵の訓練を行う。そして、4 月末までに 5 つの新しい空港を建設する。さらに、物資の準備と前線への運輸を保障するために、新たに 2 個運輸連隊、8 個運輸大隊、15 個担架連隊、および荷馬車や手押し車を大量に製造する[17]。

　以上のいくつかの史料を総合すると、東北は抗米援朝運動において、軍隊の訓練、物資の供給、担架隊および荷馬車といった後方勤務を主要な内容とするが、徴兵は重要な任務ではなかったということである。その理由は、後方支援のための労働力の確保があっただろう。もちろん前線の立場から見れば、新兵より戦争経験のある古参兵士が望まれたことも関係するだろう。また、国共内戦期における徴兵と類似して、東北の基層社会からではなく、他のところから兵力が提供されていたことは以下の史料からも見てとれる。

　　1950 年 11 月 26 日、聶栄臻は毛沢東に報告した。前線の彭徳懐らの意見によって、関内の国防軍公安部隊から、大量の戦争経験のある元兵士を動員して、志願軍の前線部隊を補充して、戦力を保つことを提案した。翌日、毛沢東の許可を得た。中央軍委は全国の軍隊に対して、中隊ごとに元兵士を 20 人調達して、1951 年 2 月までに第 1 回目の 4 万人余りの志願軍を集結する、1951 年 3 月、共に 12 万人の兵士を動員し、その中に 4 万余りの戦争経験のある元兵士を含め、32 個訓練連隊、8 個独立連隊を編成して、志願軍前線部隊を補充するように命令した[18]。

　まず、上記の史料が示しているように、戦局に応じて、戦争経験のある古参兵士が動員されて、志願軍になったと見られた。この大量の古参兵士の内実について、第 2 章と関連付ければ、数多くの元国民党軍兵士が存在していたことは明確である。そして、朝鮮戦争へ派遣された志願軍の大部分は国共内戦で投降した国民党軍の兵士であり、毛沢東は彼らを信任せず、朝鮮戦争で消滅させる意図で

203

あったという極端な指摘もなされている[19]。

　さらに、重要な兵力の供給源は中国の西南部にあった。本章の初めに触れたように、アメリカが所蔵している志願軍捕虜の審問記録から四川や貴州出身の志願軍が多かったことが分かる。本節の第4項で示す、台湾の「反共義士」の回顧からもそれが窺える。1950年、四川や貴州などの西南地区はまだ完全に中共に占領されておらず、中共による「剿匪」の最中であった。抗米援朝運動とこれらの地域の国共内戦および「剿匪」とが重なったのである。そして、国共内戦期の中共軍の兵力の拡張と類似する仕組みで、これらの「土匪」(地方の反共産党勢力)は志願軍の重要な兵力の供給源となった。要するに、主として国共内戦期に投降した元国民党軍の兵士と西南地域で捕えられた「土匪」をもって志願軍が充実された側面が見出される。また、これを原因として、以下のような志願軍の兵力の消耗が発生したと考えられる。

　　志願軍総減員は9.1万人。その中に西側戦線にいる6つの軍団は3つの戦役をへて、死傷したのは3万人、凍傷および病気、逃亡したのは2.2万人；東側戦線にいる3つの軍団は、死傷1.9万人、凍傷および病気、逃亡したのは2.2万人。現在運輸が困難であり、食糧と弾薬、綿服、被服を入れることができず、体力が弱くなり、人員は非常に充実していない。休息させ整備し、運輸を改善することが差し迫った状況である[20]。

　上記の史料は彭徳懐が1951年1月の志願軍の現状と敵の動きを分析したものである。上述した元国民党軍の兵士や「土匪」捕虜を強制的に朝鮮戦場へ送り出したため、史料で示しているような大量の逃亡者を生み出したことや、南方出身の兵士が北方の気候に適応できず病気で戦闘力を失ったことが考えられる。

第 5 章　参軍運動と婚姻法施行に見る民衆の抵抗と服従

2）参軍運動における民衆

　前項で明らかになったように、東北において、大規模な徴兵が見られておらず、元国民党軍の兵士と西南地域の「土匪」は志願軍になった。その一方で、東北の民衆はどのように東北の参軍運動を記憶したのか。まず、王 DY からの聞き取りを紹介する[21]。王 DY は 1929 年遼寧省大窪県生まれ、鞍山市内在住、鞍山鋼鉄廠を定年退職した人物である。

　　私は志願軍に行かなかったのは、母が許さなかったからだ。多くの人は行
　　きたくなかった。そこで、村の若者を会議に参加するように騙して、集め
　　て、オンドルで寝させた。一方で、オンドルを熱くするまで炊き続けた。
　　我慢できなくなり、尻を上げる人は、参軍したい人だと言われ、志願軍に送
　　り出された。他の村では、娘たちを集めて、集会の時、若者に花を飾った。
　　これを「愛軍」という。花を飾られた人が、志願軍になった。

　上記の口述史料によれば、民衆にとって、参軍運動は宣伝された「両親が息子を、妻が夫を戦場へ送り出し、兄弟我勝ちに争って軍隊に入りたがる」とは全く異なる様子であった。また、女性と参軍運動の関係については、次の節で詳細に取り上げるが、結論を先取りすると中共の宣伝の手段の一つに過ぎなかった。ところで、「参軍とオンドル」の物語については、ほとんどの話者が記憶している。その背景にはいかなる民衆の意識が潜んでいたのか、興味深い問題である。

　次に、隋 YJ からの聞き取り調査を示す[22]。隋 YJ は 1931 年遼寧省大窪県生まれ、文化大革命以前営口市造船廠で働いていたが、解放初期、階級区分の際に、父親が富農と定められたため、文化大革命中、迫害に遭った。

　　抗米援朝の時、人々を参軍するように動員した。私は児童団の団員であっ
　　た。若者を集めて、オンドルに寝かせた。私が呼び出されて、火を起こし
　　て、オンドルを温める仕事を与えられた。「湯を沸かした」とその幹部に報
　　告したが、「止めないで、炊き続けなさい」と言われた。年齢に達した若者
　　は参軍に行かないといけなかった。

205

上記の話者隋 YJ は「参軍とオンドル」の経験者であり、オンドルを炊く役であった。ところが、「参軍とオンドル」について、元中共の宣伝幹部であった姜 CX の記憶は少し異なっている[23]。

　〔抗米援朝の参軍について——引用者〕若者をオンドルの上に集めて、オンドルを熱くするまで炊いて、我慢できなければ、参軍させられるという言い方があるが、私はそれが事実ではないと思うが、仮にあっても、個別的な現象であった。

　中共の宣伝幹部を経験した姜 CX は、「参軍とオンドル」の物語を知っているが、事実ではないと否定し、また仮にあったとしても普遍的でなく、極めて例外的な一部分のことと考えていたようである。なお「参軍とオンドル」という事象について、『内部参考』には東北遼東省の徴兵問題に関して以下のような報告が見られる。

　個別の村と一部分の村の中では、程度こそ異なるが、〔徴兵において——引用者〕脅迫と命令の現象が発生した。例えば「擠兵」（殴ったり、凍えたり、熱いオンドルに当てたりするなどの手段）、「買兵」（参軍する人に債務を消したり、家屋を買ってあげたり、土地を交換したりするなど）、「騙兵」（参軍は鉱山を見張るだけで、県から出ないなど）。そのため、個別地区では参軍を逃れるために、手足の指を切断させたり、足を壊させたりすること、ひいては人を死に追いやった事件も発生した[24]。

　この史料により、東北の参軍運動において、「擠兵」「買兵」「騙兵」といった多様な強制命令や傭兵の現象が存在していたことが分かる。その中で、「参軍とオンドル」という手段もあった。ただし、中共の報告書の中では個別的現象と記しているし、実際自ら経験したり、見たりした人について、聞き取り調査で確認した人数が少ないため、当該時期の「参軍とオンドル」の事情がどれほど広がっていたのかを知ることは難しい。しかし、実際に見たこともなく、経験したこともないのに、なぜ周知のことになり、多くの人に記憶されたのかを検討すれば、その背

第 5 章　参軍運動と婚姻法施行に見る民衆の抵抗と服従

景にいかなる民衆の意識が潜んでいたのかが分かるだろう。「参軍とオンドル」
の物語を多くの人々が経験していたか否かにもかかわらず、広く知られているこ
とは、中共の参軍運動に抵抗する心情が民衆の間で伝播・共有されたからではな
かろうか。こうした事実というよりも話の伝播という現象にこそ、多くの民衆の
自ら参軍したくないという心情が現れていたと考えられる。抗米援朝運動中の頻
繁の宣伝・動員において、民衆は何よりも自らの伝統的心性と合致するような事
項に対して感情を共有しやすかった。例えば、自身と家族の安全や利益などであ
る。また、その中で、姜 CX は元地方宣伝幹部であり、中共のイデオロギーに対す
る受容がより強かったため、「参軍とオンドル」の物語をデマと見なしていると解
釈できるであろう。

　広く記憶されている「参軍とオンドル」の物語を始め、「擠兵」「買兵」「騙兵」と
いった手段が生まれた背景は、民衆の参軍に対する消極的な姿勢、および達成す
べき割り当ての存在であった。割り当てについては、以下の蒋 GR からの聞き取
りを示す[25]。蒋 GR は 1940 年営口市柳樹鎮生まれ、営口市老辺区政府辦公室主任、
交通局局長を歴任して、定年退職した人物である。蒋 GR の父親は抗米援朝運動
当時の地方幹部であった。

　　抗米援朝の参軍運動の時、父親は村の幹部で、しばしば会議を開き、動員し
　　た。私はその会議に参加したことがないが、ただ頻繁に会議を開いたこと
　　を覚えている。その時〔参軍の人数——引用者〕割り当てがあった。そして
　　割り当てを達成しないということがなかった。こんな大きな村で、10 人か
　　8 人くらいはどうしても出せるだろう。

前述の陳 DS の話は以下のようである[26]。

　　抗米援朝はつまり愛国を宣伝するのであった。女房の叔父さんは担架隊に
　　参加した。我々のところで〔話者の地元——引用者〕、参軍する人が少な
　　かった。解放前後とも参軍する人は多くなかった。すなわち 4、5 人くらい
　　だった。宣伝は十分にやっていたと思うが、参軍するのは数人しかいな
　　かった。

207

以上より、抗米援朝の参軍動員において東北は、重点実施区ではなかったが、それでも割り当てがあったことが窺える。そして、地方の幹部は頻繁に会議を開き、民衆を動員した。建前として自ら志願するが、割り当てを達成するために、地方は「どうしても出せる」ようにしなければならなかった。そして、前述の「擠兵」「買兵」「騙兵」などの強制命令や傭兵の方法を案出して、民衆を騙して朝鮮戦争へ送ったのである。

3）記憶の中で志願軍の兵士になった人々

　宣伝に対して民衆は積極的とは言えず、むしろ消極的に抵抗していたように見えた。それでは東北においては、どのような人々がどういう経緯で志願軍の兵士になったのか。隋 YJ は兄に関する記憶を語った。

　兄の隋 YX は、日本人〔満洲国――引用者〕の時、あちこちに隠れたが、結局見つかって、ダム工事に連れて行かれた。その後、国民党軍に入り、雑用係として働いた。〔東北――引用者〕解放後、中共に働きかけられて、「あなたは国民党の時に兵隊だったのに、我々が来たら兵隊に入らないのか」と言われた。もう参軍するしかなかった。1951 年に朝鮮で死んだ。1950 年に、家の南に住んでいた朝鮮人が通訳として強制的に戦場に送り出されたこともある[27]。

隋 YJ と類似する記憶を屈 LZ も持っている。

　私の 3 番目の兄が抗米援朝に行った。彼は満洲国の「国兵漏」で、国民党が来たら、兵隊に徴発された。長春が解放された際に、そのまま八路軍へ編入された。瀋陽の戦いなどにも参加して、東北解放後、関内へ行った。そして、天津、北京、ずっと広州、海南まで戦いに行った。でも、海南の戦争が未だ始まっていない時、朝鮮戦争へ出発したようだった。でも、その時彼はどこへ行くのか分からなくて、秘密に送られた。彼は食事場で働いた。上甘嶺戦役で 6 人が生き残った。彼はその内の一人だった。〔抗米援朝の参

軍に──引用者〕行きたい人もいれば、行きたくない人も少なくなかった。抗米援朝以降、私と同じ職場で働いた劉SCという人がいた。彼は1950年ころに銀行の職員で、予備党員だった。彼を朝鮮戦争へ派遣しようとしたが、彼は行きたくなかった。そして、予備党員の資格を取り消されて、その後も党員になることができなかった。また、幹部になることもできないし、文化大革命前後かな、農村へ下放された。1950年代の工作隊は、時期ごとの中心的任務が異なって、我々のところでは、ほとんどは担架隊、馬車隊など抗米援朝を支援するように動員した[28]。

　これらの口述史料により、東北において志願軍の兵士になった人に関しては、満洲国の「国兵漏」[29]→国民党軍→八路軍・解放軍→志願軍、という経歴を復元することができる。これらの人々は満洲国時期に、労働力として徴収されて、国民党が来たら国民党軍になり、さらに中共によって再び徴兵された。そして、関内の国共内戦の戦場に送り込まれ、知らないうちに志願軍になって、朝鮮戦争に送り出された。しかし、その経緯の中で本人の積極的な参軍意識はほとんど見られなかった[30]。特に「あなたは国民党の時に兵隊だったのに、我々が来たら兵隊に入らないのか」と聞かれると、本人にとって、もう参軍という選択肢しか残されない。ここから、当事者が厳しい現実に直面したことが理解できる。また、まれに都市での参軍の事例も窺える。都市の銀行職員は中共の積極分子であり、参軍動員に応えなかったら、その後の政治生活だけではなく、職場での出世も困難になったであろう。また、政治運動があるたびに、いち早く闘争の矢先になるかもしれなかった。しかし、それでもその銀行職員は参軍の要求を断ったのである。

　そして、もう1つの志願兵の供給源が、呉HFの語りから窺える。呉HFは1925年営口市生まれ、1950年朝鮮戦争に参加して、1953年中国に帰った元志願軍の兵士であった。

　解放前、鞍山で民兵に参加して、2年後部隊に入った。第四野戦軍であった。解放戦争のときの兵士の供給源は農民であった。土地改革をへて、80%以上の兵士は農民で、わずか一部分は労働者であった。参軍後、政治教育を行った。教育の方式は訴苦であった。大部分は貧下中農で、過去親戚が国

民党に殺されたことなど経験した苦しみを語った。私も参加したことがある。私も2畝の土地をもらったので、いくつかを話した。特に、日本が東北を統治した時、家族が死んだことを話した。訴苦が終わったら、見送りした。つまり、馬車とかの紙の人形を作って、燃やすことであった。本当のことと同じように、昔殺害された親族のために、葬式、見送り、哀悼をささげた。兵士たちが隊を組んで行った。そして、みんなは積極的になった。私は1950年に中国のはじめての空軍訓練を受けて、朝鮮戦争に参加した。当時、参軍に関して、個別の誤った現象があった。例えば、人を集めて大会を開き、オンドルを熱く炊き続け、暑さに耐えられなければ、参軍させられた[31]。

　上記の呉HFの事例は、中共に組織された民兵から主力部隊へ兵力を供出する事例である。呉HFは民兵から第四野戦軍の兵士になって、国共内戦に参加して、さらに抗米援朝の志願軍の兵士になったのである。その中で、中共の最も重要なイデオロギーを浸透させる手段である「訴苦」が語られている。「訴苦」は土地改革、参軍運動や反革命鎮圧など、日中戦争期から、人民共和国建国の後まで、長く行われていたと知られている[32]。中共による「訴苦」は突然に行われたわけではなく、一定の準備段階をへてから始められたものである。その中で、「下準備」の段階が重要であり、原則的に要求された。工作員は「訴苦」用の素材を収集して、その素材をもって、被害の経験を持つ民衆の意見を広く集めた。そして、比較的積極的な被害者を通じて、同じ苦しい経験を有する人々と繋がりを持ってから、「訴苦」大会に至るという展開であった[33]。中共はこうした「訴苦」をへて、編集された物語を通じて、中共のイデオロギーを民衆に共有させようとした。呉HFが語った「訴苦」は従来の「訴苦」と異なり、土地改革や参軍運動の過程における「訴苦」ではなく、次の段階の軍隊に入ってからの、集団的な「訴苦」であった。その中で、特に興味深いのは、日本の統治下で死去した家族に対して葬礼の紙製品を供えて、見送りをするという場面が存在したという事実である。土地改革や反革命鎮圧といった運動において、一貫として「封建的」な残りかすと位置付けられた民間信仰（「迷信」）が、中共によって、イデオロギーを浸透させるために役立つ装置として、積極的に活用されたことが窺える[34]。

210

第 5 章　参軍運動と婚姻法施行に見る民衆の抵抗と服従

　東北においては、血縁、地縁などによる社会的結合力が弱く、人々の間の連帯
感が欠如しており、民衆の一人一人は比較的自由で、バラバラであった。こうし
た地域的特徴に対して、中共は軍内において共通の敵をイメージさせ、民間信仰
の要素まで利用し、兵士の連帯感と中共軍への帰属感を育成したと考えられる。
換言すれば、集団的「訴苦」は「異質な」個人に交流する場や人々の「心的相互作
用」の機会を提供した。それに、民間信仰という民衆の伝統的心性に合致してい
る行事を行うことによって、兵士の連帯感を急速に拡大させて、兵士の動員に役
立ったのである。

　以上で見た事例より、東北において、参軍に対して民衆の消極的な抵抗も垣間
見えるが、「国兵漏」→国民党軍→八路軍・解放軍→志願軍、民兵→八路軍・解放
軍→志願軍といった経緯で志願軍を供出した事例が存在したことが分かる。そし
て、中共は志願軍に参加したバラバラで自由な民衆をまとめて戦場に送るために、
民間信仰という装置さえ利用したのである。

4) 台湾の「反共義士」の回顧

　上述の長年の中共のイデオロギー支配下における東北民衆の記憶と対照的に、
まったく異なる立場の人々の記憶を分析することによって、歴史の全貌に近づく
ことができるだろう。そこで、注目したいのは台湾の「反共義士」である。

　「反共義士」とは、朝鮮戦争において、聯合軍に捕虜にされた志願軍の兵士の中
で、中共政権統治下の大陸に送還されることを固く拒否して、国民党政権の台湾
を選択した戦争捕虜を指している[35]。また、当時の時代背景の下で、大陸より台
湾を選択した捕虜は国民党政府に対して中共を批判し、自己の正統性を訴え、国
際地位を高めるための政治素材を提供した。そして、国民党政府は彼らを積極的
に利用して、「反共義士」という名称で統一するように国民党政府中央によって決
められた[36]。

　国民党側の統計によれば、「反共義士」は 1 万 4000 人以上であった[37]。その中で、
四川省の出身者が最も多くて 45％を占めており、東北の出身者は少なく、また、
職業としては元兵士が最も多く、その次は農民、商工業者であり、学生が最も少
なかったという[38]。1954 年の『中央日報』では、「反共義士」のほとんどは中共の
兵士であったが、その大部分は元国民党軍の兵士であって、犠牲にするために朝

鮮に送り出されたと書かれている[39]。また、志願軍の兵士の中で東北出身者が少なかったのは、中共が逃亡者を減らすように、東北出身者を南方へと派遣したためであったと解釈されている[40]。これらの史料は国民党側のイデオロギーの表象であり、特に新聞はプロパガンダの陣地であったことには注意しなければならない。しかし、志願軍の構成の縮図としての「反共義士」の出身は、東北出身者や農民が少なく、元兵士や西南出身者が多かったという本章第1節の分析と一致している。

　以下に東北に限定して、何人かの東北出身の「反共義士」の事例を取り上げ、主に彼らが志願軍の兵士になるまでの経緯を検討する。

　私は王SYという。東北遼寧省義県で民国18年（1929）年5月16日生まれた。学校に通ったことはなく、農家であった。私は3番目で、兄が2人、姉が1人いた。〔中略〕民国39年〔1950年――引用者〕8月、中共は徴兵を行い、3人ごとに1人を出す。〔家族内――引用者〕労働力を分配するため、あなたの家に何人かの労働力がいるか〔によって、徴兵する――引用者〕。我が家には兄2人と私がいるため、私が出たら、兄2人で農業をすれば、人を雇わなくてもすんで、まだ負担できる。また、2人から1人を出すこともあった。ただし、家に労働力が1人しかいない場合は、出さなくてもよかった。〔中略〕そして私は39年〔1950年――引用者〕10月に軍隊に入った[41]。

　上記の王SYの事例は、華北省でよく行われた徴兵の方式であり、家族の労働力の人数によって兵士を出させる仕組みであった[42]。遼寧省義県の富農出身の劉THは王SYと類似する経験を持っている。劉THと家族は1947年に中共に闘争され、土地を没収された。1950年11月ころ、「家族に3人の労働力がいるから、必ず1人を出さないと反革命のレッテルを貼られる」と強制的に志願軍に参加させられた[43]。

　そして、馬QGは1930年に安東省鳳城県の地主家庭生まれ、中共の闘争から逃げるため、黄埔軍校23期生になり、四川省で中共に捕えられた。1950年4月、5月に、四川で鉄道工事に投入された。その後志願軍の兵士になり、朝鮮に送り出された。馬QGの記述によれば、所属している部隊の中で、「四川人が最も多く、次

に山西人であり、東北人はほとんどいなかった」。最初に朝鮮戦争へ送り出された「部隊の大多数は東北人であり、林彪の部隊であった」。「これらの東北人は戦闘力が強かった」。「その後に派遣された部隊はほとんど内地からの部隊であり、戦闘力が弱くて、例えば我々四川からの部隊であった」[44]。また、高 WJ は、馬 QG とほぼ同じ経験を持つ。高 WJ は地主出身であり、中共による闘争を恐れたため、東北を逃げて成都で軍事学校に通っていた。その後四川で捕えられて、朝鮮戦争へ投入された[45]。

　以上の「反共義士」の志願軍の兵士になった経緯を概観すれば、中共が宣伝したような民衆の積極的な支持が見られなかった。志願軍では元国民党軍の兵士が大部分を占めていた中共の軍隊が主力となった。新たに参加した農民がいたとしても、強制的な手段で動員されたのである。

　本節では、抗米援朝運動において、東北が重要な後方支援の任務を担っていたことを明らかにした。全国の志願軍の調達の環境の中で、東北、とりわけ都市部において、中共は民衆の参軍の情熱を宣伝する一方で、大規模な参軍運動を行っていなかった。代わって、元国民党軍の兵士や西南地域の「土匪」が志願軍に多くの兵力を提供した。その一方で、東北の民衆は宣伝されたような積極性を示さなかったという事例も多く見られたのである。

第 2 節　1950 年婚姻法の施行

1) 伝統的婚姻制度

　周知のように、伝統的家父長制の中国において女性の地位は極めて低かった。特に、その儒教的結婚制度は、女性に対する「家族の利益の支配—とりわけその家父長制原理の支配を明らかに暴露」した[46]。婚姻は親が取り決め、女性を金銭で買い取ることができるため、包辦婚姻や売買婚姻とも言われる制度が存在した。

　1932 年の満洲国の樹立によって、東北の女性解放は、国民政府統治下の地域(新生活運動など)や中共の農村根拠地(婚姻自由)とは異なる道を歩むことになった。つまり、東北においては、満洲国の「儒教をベースに性格が異なる天皇制イデオロギーを強引に接ぎ木したような理念」に基づいて、近代的「良妻賢母」と儒教的「孝子節婦」を求める「婦徳涵養」の「女子教化」が行われた。そのため、伝統的な

213

儒教的家族理念が大幅に変革されることはなかった。女性に対する家長の支配は相変わらず絶対的なものであり、親が取り決めた結婚が東北における主要な結婚形態であった。また、都市においても農村においても、結納（財礼）を必ず行わなければならなかった。結納とは、婚約をする際、「男子より金銭その他の財物を女子に提供すること」である[47]。貧困者にとって、結納金を集めることは容易ではなく、それが原因で結婚できない男性も少なくなかった。さらに、伝統的結婚制度の童養媳、妾（一夫多妻）といった現象は東北でも多かった。童養媳とは幼女を婿になる男児の家庭が買い取って養育することである。大体幼女の家が貧しく、婚約して娘を婚家に引き取らせることで、口減らしができ、男児の家にとっても幼女の結納金は安かった[48]。

　女性の社会労働への進出については、満洲国以前、東北の女性は「徹底的に外界と遮断させられ僅かに家内工業に寄与する以外に外出しなかった」と言われる[49]。昭和4年（1929年）には、中国人女性の工場労働者は3938人ほどのみとされる[50]。昭和15年（1940年）段階でも、産業・工業へ進出した女性労働者は1万人を超えた程度であった[51]。満洲国において女性に対する本格的な社会労働への動員が1941年からであった。特に1942年「国民勤労奉公法」が実施されてから、農村の女性は農業生産へ参加させられ、都市の女性は農業以外にも道路の建設や公共の場所の清掃といった労働を要求された。このように満洲国の戦時動員においては女性の労働への寄与が期待されたが、実際にはその成果は十分なものではなく、その僅かな成果も道徳会や婦女会、満洲国防婦人会といった組織の下での強制的なものであったと言われる[52]。

2）中共による女性政策と1950年婚姻法の公布

　1945年に満洲国が崩壊した後、1947年5月、中共軍が国共内戦において劣勢から連続的攻勢へと逆転すると、中共は初めて手工業、家庭副業を中心とする女性動員を行った[53]。1948年2月、中共東北局は遼瀋戦役に備え、「三八」婦人デーの指示を出した[54]。紡績工場、被服工場、靴工場の女性労働者を国家と戦争のために力を尽くすように鼓吹し動員した。その結果、4月から8月までに、軍用靴40万足以上を完成させた事例も報告されている[55]。このように、内戦期からすでに中共の女性に対する積極的な戦時動員が行われていたことは注目できる。

そして、1950年1月の全国婦女聯合会常務委員拡大会議では、1950年の女性工作の方針が報告された。その内容は以下の4点に要約できる。第1に、人民解放軍による台湾・海南島・チベットの解放を後方支援する。第2に、解放区において、女性を工業・農業・副業の生産へ参加させるように最大の努力をする。第3に、女性に悪覇闘争、減租、土地分配などの運動へ参加するように働きかける。同時に、女性を束縛する封建的な伝統風俗を打破することに注意を払う。第4に、国内の各階層、および世界各国の女性の団結を強化する[56]。

この方針の中で注目すべきは、「女性の解放」に具体的に関わる内容が、第3点のみに記されている点である。しかも、それは「悪覇闘争、減租、土地分配」といった中心となる工作に従属するように位置付けられていた。

こうした全国の女性工作の方針を受けて、すでに経済回復を中心とする平時態勢期に当たっていた東北の女性工作では「特に第2の任務に重点を置く。すなわち、広範な婦女大衆を組織して、工・農・副業生産に参加させ、生産技術を向上させ、全国人民とともに全力で生産を回復する」ことが『東北日報』上で明確に示された[57]。関内の内戦支援以上に生産への参加が重視されていることから、当該時期の東北、とりわけ都市が経済回復へ傾いていることが見てとれる。また「経済の発展という基礎があってこそ初めて婦女が自身の解放を求めることができる」と認識されていた[58]。つまり、ここでの女性政策とは生産への動員であり、女性をより積極的に社会的労働へ参加させることに重点が置かれていたと言える。

それから、『東北日報』には3月8日の婦人デーや5月1日メーデーに際し、女性労働者や女性労働模範に関する記事が数多く掲載された[59]。「若い女性たちよ、

図5-1 『東北日報』(1950年3月8日)に掲載された婦人デーの漫画

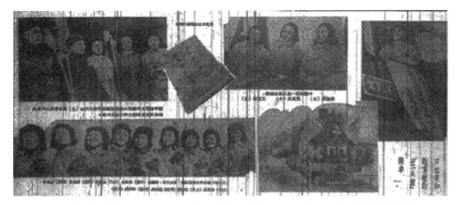

図 5-2 『東北日報』(1950 年 3 月 16 日)に掲載された初の女性機関車運転手の田桂英、及びその他の女性労働模範の写真

立ち上がり、田桂英〔初の女性機関車運転手、労働模範——引用者〕ら9人に見習い、工場へ行け、鉄道へ行け、鉱山へ行け」と呼びかけた[60]。女性労働力は従来の農業・副業・軽工業だけではなく、重工業の生産現場においても重要視されていった。

生産動員ばかりを行っていたこの時期の女性工作であるが、女性の権利の獲得に対して何もなされなかったわけではない。その成果は、「男女同一労働・同一報酬」(「男女同工同酬」)であった[61]。もちろん、「男女同一労働・同一報酬」も女性を社会的労働へ参加させる政策の一部であったが、間接的に女性の権利の獲得に資するものであったと考えられる。

以上の中共による女性政策の背景の中で、1950年5月1日、人民共和国最初の法律として婚姻法が公布された。そこでは、妾をもつこと、寡婦の再婚に干渉すること、および童養媳、結納金といった伝統的な結婚制度を禁止し、婚姻の自由、男女平等といった女性の権利を保護することを原則としていた[62]。しかし、当時の国務院法治委員会主任の陳紹禹(王明)によれば、1950年の婚姻法は、「とりわけ最も広い意味での生産力の刺激に有利にするための新民主主義家族制度の成長と発展を保護する」ものであったとされる[63]。つまり、婚姻法は、経済発展のための生産への動員という役割も期待されていたと考えられる。

一方で、伝統的な儒教的婚姻制度と対立して、家長の権利を打破し、女性を解放して婚姻の自由を唱える婚姻法は、土地改革のように必然的に家長と家族成

第5章 参軍運動と婚姻法施行に見る民衆の抵抗と服従

員・男女・異なる世代の女性の間に摩擦を引き起こした。こうした摩擦は社会の緊張を高めるため、中共の革命闘争の原理と合致していた。しかし、中共は必ずしも当初から婚姻法の宣伝を大々的に繰り広げたわけではなかった。

　婚姻法が公布されてから、東北において大規模な宣伝運動が一度だけ行われたという[64]。しかし、東北における中共の宣伝の拠点である『東北日報』の1950年5月分の記事全てを調べた結果は、婚姻法に関する記事は9件のみであった[65]。その中で、最初の法の公布の時を除き、一面に掲載された記事はなかった。6月から9月までに関連記事はさらに少なくなった。生産回復や女性労働模範の宣伝に関する記事の数とは比較にならない。こうした動向からは、中共が婚姻法の宣伝を重視しておらず、民衆の関心を婚姻法の施行に集める意図が希薄であったように見てとれる。では、なぜ中共は積極的に婚姻法の宣伝活動を行わなかったのか。その背景には、婚姻法自体がもたらした社会問題と朝鮮戦争の勃発という2つの要素が存在したと考えられる。以下ではそれぞれの要素について検討する。

3) 婚姻法にともなう社会問題

　まず、『内部参考』に掲載された記事から、婚姻法に関する社会の反応を見てみよう。

　(一) 農民の青年男女は、普遍的に婚姻法を歓迎している。〔中略〕(二) 年配者は「こうしたら、嫁をしつけることができなくなるのではないか」、「女の子を育てるのが無駄になってしまう、これは搾取ではないか」と思っている。〔中略〕(三) 農民は心配している。「いい生活を壊してしまうよ。政府が離婚を許すなら、だれが我々農民と一緒に生活したいのか、全身が牛糞の匂いをしているから」と思っている。遼西の新民県十一区の大衆は「八路の国はどんな国なのか、離婚を提唱し、貧雇農は解放によって、妻に逃げられた」と言った。(四) 労働者、例えば遼東の多くの労働者は、女性労働者が幹部に憧れるから、婚姻法は労働者にとって不利であると考えている。ある労働者は「今回は本当にひどい、幹部は結婚の相手を持てるが、我々のような労働者は誰と付き合えるのか」と話した。(五) 幹部の場合、遼東区の一部の幹部は、新聞に婚姻法が掲載されているところを見て、新聞を隠

217

して「これをみんなに見せたら、大変なことになる。天下は必ず混乱するだろう」と言った[66]。

　ここから、婚姻法に対して、青年農民を除き、年配者[67]、農民、労働者、さらに幹部までもが抵抗していたことが見てとれる。特に貧農・雇農と下層労働者は離婚の不安や結婚の困難にさらされた。結婚している農民は妻に離婚され、解放とともに妻に逃げられるという皮肉な事態が発生した。女性が自由に結婚相手を選択できるようになれば、幹部が好まれるため、農民や下層の労働者は不利な立場に置かれた。また、地方幹部でさえも、婚姻法がもたらす混乱や当面の生産任務への影響を恐れて、婚姻法の宣伝に対して消極的な態度をとった。さらに、民衆が抵抗を示す一方で、以下のような婚姻法に乗じた個人的利益の追求も問題となった。

　離婚の要求については、普遍的に２つの状況がある。１つは農村において離婚を申し出るのはほとんど女性であること。もう１つは、幹部の中では男性が申し出ることが多いこと。男性幹部が離婚を申し出る理由については、（一）女性は家庭の中の主婦であって、後れており、社会活動に参加できず、自分〔男性幹部の出世——引用者〕にとって何のためにもならない。（二）女性が村の幹部で党員であっても、仕事のためにいつも一緒にいることができない。そして仲が悪いという口実で離婚を申し出る。（三）結婚後、女性は何人もの子供を産んだ後には、年を取ったといやがられる[68]。

　婚姻法は離婚の自由を認めたため、結果的に個人的利益や欲望の追求に利用された。農村で離婚を申し出たのは、ほとんどが女性であったのに対し、幹部の間では男性が多かった。男性幹部にとって、農村にいる妻は後れており、たとえ妻が村の幹部であったとしても、自分と生活サイクルが離れていて一緒に生活できず、自分の出世に役立たないとの口実をつくり、離婚を主張した。こうして婚姻法が皮肉にも女性をさらなる不幸な立場に追い込むケースも生じ、女性解放や男女の権利の平等において、現実は理想と乖離するようになってしまった。
　また、婚姻法の公布によって、一部の女性が不幸になったことに対して、男性

第 5 章　参軍運動と婚姻法施行に見る民衆の抵抗と服従

はさらに深刻な現実に直面しなければならなかった。まずは、中共軍の兵士と
なった男性の境遇を見ていく。

　婚姻法が公布された後、読者の手紙によって、以下のことが伝達された。
（一）四野特殊砲兵一師四十七団一営の東北解放区籍の同志の多くは、妻あ
るいは婚約者からの再婚あるいは婚約を解消する手紙を受け取った。これ
らの同志はみな日本敗戦後に参軍して、家族と常に文通している。地方政
府はこれらの事件を適切に処理できず、これらの同志の情緒の不安をもた
らしたようである。（二）遼西の昌北県四区賀家村の婦女会の主任は婚姻法
を誤解し、婦女大会で「婦女が解放された。男女自由、自ら相手を探す。婦
女は不倫をしても、他人に干渉させない……」といった。現在、その村の婦
女は生産に参加しなくなった[69]。

　さらに、上記の史料より、婚姻法の実施にともなって、地方では婚姻や両性関
係をめぐる混乱が発生した。女性は自分に都合のよいように婚姻法を読み替えて、
不倫を正当化し、労働にも参加しなくなったことが分かる。しかも、混乱は東北
の故郷だけには止まらず、解放軍の士気にまで影響を及ぼした。1950 年 5 月、華
南地域がまだ国共内戦の最中にあった時、前線にいた第四野戦軍の兵士の多くは
日本敗戦後に参軍した東北出身者であった。つまり、東北で改編された満洲国国
軍および元国民党軍が相当の部分を占めていたため、第 2 章で検討したように、
これらの兵士は最も動揺しやすい人々であった。かくして彼らは故郷の妻から離
婚を告げられ、不安にさいなまれた。その影響は必然的に国民党との戦いへと波
及した。
　次に、第 3、4 章で検討してきたように中共の宣伝組織が最も発達した鉱工業に
属していた男性たちの実態を以下に示す。

　当面、鉱区の特徴は男性が多く女性が少ないことであった。結婚年齢に達
した、あるいは結婚年齢を過ぎた鉱区の労働者の多くは結婚できない。そ
のため、鉱区で婚姻法を宣伝することは困難であった。具体的な情況は以
下のようである。一、婚姻法を公布した後、数多くの鉱区は婚姻法を宣伝

219

する際にぶつかった実際の困難〔例えば男性が多く、女性が少ない——引用者〕を解決できないため、婚姻法の宣伝をなおざりにした。労働者の婚姻法に対する認識も低かった。鶴崗の鉱区の労働者は、「共産党はなんでもよいけど、婚姻法だけはよくなく、我々の妻を逃げさせた」と言った。〔中略〕三、鉱区での離婚が増えた。ほとんどは女性が申し出たのである。鉱区の労働者が申し出たケースは少なかった。労働者は妻と離婚することを恐れて、仕事後、家に帰ったら食事や洗濯などもしなければならなくなった。例えば、鶏西のある労働者は、ようやく嫁をもらったのに、婚姻法が公布されると、妻から離婚を申し出られた。彼は「離婚さえしなければ、欲しいものはなんでもあげる」としきりに哀願した。しかし、妻は離婚に固執したため、彼は泣き叫び、銃をもって妻を捜し、彼女の背中を撃ってから自殺した。阜新のある鉱区の労働者は、妻が逃げた後、泣いて床に倒れ、「戻ってきたら、引き続き大切にする」と、妻を探して返ってくるように懇した。四、男女関係の乱れや、強姦事件が絶えず発生した。「拉幇套」〔何人かで一人の妻を共有する——引用者〕現象も多く見られた。本渓では妻を持っている労働者は、妻を他人に強姦あるいは姦通されないように、夜勤を拒んだ。夜勤は「王八夜」と言われる。その市の裁判所では、毎月の強姦案件は十数件に上がったと報告している[70]。

　上記の史料によれば、婚姻法によって、もともと男性の割合が高かった工場や鉱山の男性労働者の結婚維持が一層困難になった。そのため、婚姻法の宣伝を疎かにしたという。また、女性の主張による離婚が急増して、男性労働者は離婚の危機にさらされた。そして、離婚をさせないために、男性労働者はすべての家事を負担したりするだけでなく、殺人または自殺事件さえ引き起こした。一方、男女関係の乱れが目立つようになり、何人かで一人の妻を共有する現象（「拉幇套」）も多く発生した。本渓市（石炭砿を中心とする工業都市）では、自分の妻を他人に強姦されないように、あるいは寝取られないようにするために、夜勤を拒む労働者も現れた。市裁判所は毎月十数件の強姦案を受理する事態に陥った。
　その他、婚姻法には伝統的な結婚制度の結納金を廃止する内容が盛り込まれた。この点においては土地改革の土地均分と類似して、貧富の別なく、男性に女性を

均分する思惑があったといえよう。しかし、女性が相手を選択する自由や離婚の自由を獲得すると、自然幹部に憧れるため、結婚における基層民衆と幹部との格差や、労働者の結婚の困難がさらに深刻化した。婚姻法から利益を得る集団は中共の幹部に限定されていたように思われる。さらに、女性が社会的労働へ参加しなくなっただけではなく、男性労働者の労働意欲にも影響した。中共の婚姻法の実施によって生産力を刺激するという思惑は必ずしも達成されなかったと考えられる。

このように経済回復と治安の維持を重視する東北においては、生産と華南の内戦戦争に深刻な影響を与える事態を発生させてしまい、これ以上婚姻法の宣伝と実施を継続するわけにはいかなくなった。言い換えれば、家父長制と対立する革命的な婚姻法は、東北の平時態勢と衝突したのである。

4）女性・婚姻と抗米援朝運動

婚姻法の施行に大きな影響を与えたもう 1 つの要素は抗米援朝運動であった。1950 年 5 月に婚姻法が公布されてから、間もなく 6 月に東北に隣接する朝鮮半島で朝鮮戦争が勃発した。中共は複雑な国際情勢に対応するために、注意力をそちらに向けることを余儀なくされた。東北はアメリカの朝鮮侵略に抗議する大衆運動一色となった。10 月に中国は正式に朝鮮戦争に介入した。こうした背景も、婚姻法の大規模な宣伝が行われなかった要因の一つであった。『内部参考』によれば、1950 年当時「東北局は〔婚姻に関する――引用者〕問題を処理する際に、ゆっくりやってもよいが、混乱をおこしてはならないと指示した」ことが分かる[71]。つまり、中共の妥協により、対外戦争を優先させたため、婚姻法の施行が一時的に放棄されたように見える。その一方で、女性は抗米援朝の動員の対象となっただけでなく、その手段ともなった。このような女性工作を前節で議論した参軍運動と関連付けながら検討してみたい。

前節において、東北、特に都市において、大規模な参軍運動が展開されていなかったことが分かった。しかし、これから明らかにするように東北の民衆には参軍運動と結びついた女性・婚姻に関する記憶が多く存在している。まず、前節で取り上げた王 DY の記憶の中で「娘たちを集めて、集会の時、若者に花を飾った。これを「愛軍」という。花を飾られた人が、志願軍になった」ことが窺えた。また、

姜 CX は以下のように語った。

　　動員大会で、工作隊は婦女に夫を参軍させるように動員した。我々の近く
　　では、蒋家房（地名）に蒋 ZL という人がいた。彼は郷〔政府──引用者〕ま
　　で行って申し込み、「私は志願軍になり、抗米援朝を断固として実行し、私
　　は犠牲となることを恐れない」との態度を示した。そして、前塘の張家の
　　娘は「あなたが申し込んだら、お嫁に行く」と言った[72]。

　以上の事例は女性・婚姻を抗米援朝の参軍と直接的に結びつけた事例である。
これらの話の信憑性は別として、いずれも、抗米援朝の参軍運動において女性の
果たした重要な役割を物語っている。その一方で陳 DS から、上記の事例に反す
る話を伺った。

　　〔参軍と結婚の話について──引用者〕足を引っ張るようなことがあった。
　　〔女は──引用者〕嫌がらせを言って、〔男を──引用者〕行かせなかった。
　　故郷には一例があり、男は参軍に行きたいが、女はどうしても行かせな
　　かった[73]。

　上記の口述史料によれば、自由恋愛と「自主婚姻」が抗米援朝の参軍運動を妨害
したようにも感じられる。そして、以上の事例から見てとれるのは、中共が男性
を参軍させるために、女性を動員の装置として利用しようとしたことである。ま
た、婚姻法の公布にともない、貧しい農民や工場・鉱山の労働者の結婚が難しく
なった問題と関連づければ、男性は参軍を通じて、社会的地位の上昇や軍人の待
遇の獲得によって、結婚を期待したことも理解できる。しかし、『新中国婦女』の
「私はいかに光栄である志願軍の婚約者になったのか」（「我怎様成為光栄的志願軍
未婚妻」[74]）という記事では、女性が婚約者の男性を励まして、参軍させた事例が
取り上げられている。しかし、その背景として婚約している男性が参軍した場合
に、相手の女性が婚約を破ったりすることを心配したため、参軍に消極的になっ
たことが書かれている。また、女性が婚約している男性の参軍を妨げるというこ
とも見られた。それゆえに、上述の「参軍と婚姻」の実例が普遍的に存在するとは

222

図 5-3 「アメリカ侵略者を追い払ってから、再会しましょう」という、『東北日報』(1950 年 12 月 12 日)に掲載された妻(婚約者)が夫(婚約者)を志願軍に送り出す漫画

考えにくい。むしろ陳 DS の記述がより実態を表していると考えられる。

従って、実際に東北では参軍運動が大規模に展開されなかったにもかかわらず、なぜ女性・婚姻と参軍運動が結びつく記憶が残されたのか。その中で、姜 CX はもともと中共の地方宣伝幹部であったため、その記憶は事実より当時の中共の宣伝の正当性や積極性の一面を反映している可能性が高いと解釈することもできるだろう。要するに、東北におけるこれらの物語は、中共のプロパガンダの性格が強いと考えられる。東北における参軍運動に関する物語は、社会的秩序の維持と物資の調達という東北の主要任務をスムーズに行うために、イデオロギーを浸透させる装置として機能した。この参軍と婚姻、女性と関連付ける物語は、再度の戦時態勢を維持するための政治動員と見なしてもよいだろう。

5) 婚姻法の施行強化と社会の実態

婚姻法は公布されたが、それ自身が孕む社会問題惹起の危険性、および朝鮮戦争の勃発があったために、当初からこの法は熱心には施行されなかった。ところが、1951 年 9 月 26 日になって、中共中央は「婚姻法の施行状況を点検することに関

する指示」(「関於検査婚姻法執行情況的指示」以下「926 指示」) を発布した。東北
人民政府は「926 指示」に応えて、10 月 10 日に「東北人民政府の真剣に徹底的に婚
姻法を施行することに関する指示」(「東北人民政府関於切実貫徹執行婚姻法的指
示」以下「東北指示」) によって、婚姻法の施行強化を要求した [75]。

　中共の公式見解によれば、幹部を含め多くの人は「依然として男女の婚姻自由
に干渉」して、「全国各地における婚姻問題によって殺害されるまたは自殺する婦
女は少なくなかった」ため [76]、こうした社会問題を解決することを目的に「926 指
示」が出された。しかし、既述したように、婚姻法が公布された直後から様々な
社会問題が表れていたにもかかわらず、なぜ 1951 年 9 月になって婚姻法の実施を
強化する指示が出されたのだろうか。

　その大きな要因の一つとして、朝鮮戦争の膠着化が挙げられる。中共の注意力
が国内社会に向かう余裕が生じた。また、第 4 章で論じたように、朝鮮戦争が和
平交渉に向かっていったため、民衆の気が緩んでおり、中共の動員に対して民衆
は消極的な反応を示し始めていた。こうした状況に対して、中共は警戒していた。
そして、1951 年 7 月に「朝鮮問題を平和裡に解決したければ、必ず終始変わらぬ闘
争を行い、警戒心を持ちつづけなければならない」という声明を出した [77]。これ
には高い緊張感を保ちつつ、戦時態勢、社会のあらゆる人的、物的資源に対する
強固なコントロールを維持しようとする中共の意図が見てとれる。こうした背景
の下で、1951 年 9 月にそれまで積極的に展開してこなかった婚姻法の施行強化を
要求したのは、対外戦争から生じた緊張感が弛緩している状況に対応した可能性
もある。

　一方で、「926 指示」が出てからの社会における離婚、傷害事件、結婚の実態を検
討してみると、婚姻法にともない社会的混乱が収まるどころか、かえって以前よ
り深刻化する傾向も見られた。以下では、離婚と自主的婚姻の実態についてそれ
ぞれ検討する。

　まず、婚姻法が公布されると、全国の都市でも、農村でも、1950 年 5 月から 8 月
までの離婚案件は同年 1 月から 4 月までの 2 倍に増えた [78]。こうした状況は 1951
年 10 月の「東北指示」によって変化し、婚姻法の実施が強化されると、遼寧省の鞍
山市では 1952 年の離婚案件は 1951 年より 26％増加した [79]。つまり、「東北指示」
が出されてから、離婚がさらに増えた。離婚案件の増加にともない、傷害案件も

224

増加していたと推定できる。こうした実態は革命的な婚姻法がもたらした必然的なものである。その一方で、婚姻法にともなう社会混乱によって、社会の緊張感を増加させることは、朝鮮戦争に対応する戦時態勢を維持しようとする中共にとって、都合のよいものであろう。

そして、婚姻法で強調された自主的婚姻について言えば、1953年まで、東北での完全な自主的婚姻は依然として少なかった。自主的婚姻ができた人の「大部分は幹部、学生と工農大衆の中の積極分子」であった。中共による文化組織（啓蒙的政治的な社会教育の組織）が発展するにともない、一部の青年男女は「互助組、夜校、業余の劇団を通じて、婚姻の完全な自由を獲得することが可能となった」。これらの団体は、幹部、学生および農民と労働者の中の積極分子に自由恋愛の機会を提供したため、自主的婚姻はこれらの団体に参加した人々の中で行われやすかったと考えられる。実際には当時の東北では、「半自主」婚姻が最も多くて、「東北団校の調査によれば、270名青年団員の内、「半自主」婚姻は80％を占めた」という[80]。「半自主」婚姻とは、主に両親が発起して、媒酌人による紹介をへて、両当事者が同意する形、または、媒酌人が紹介して、両親が同意したうえで当事者が付き合ってから婚約を結ぶ「見合い結婚」である。以上の恋愛と婚姻の様子については、聞き取り調査からも窺える。

　1950年代には自由恋愛はまだ少なかったが、一夫多妻制などは廃止された。50年に婚姻法が公布された時、私はちょうど学校にいて、婚姻法の宣伝に連れて行かれた。その後、婦女は労働に参加し始め、同一の労働に対しては同一の報酬が与えられるようになった[81]。

　私の4番目の兄は自由恋愛で結婚した。当時、夜校や非識字者をなくすための識字班があった。その2人は夜校で知り合って交際し始めた。相手の女性にはすでに親が取り決めた婚約者がいたが、自由恋愛のために、その婚約は取り消された。婚姻法が公布されて以降、以前に結婚した2人が離婚する事例があった。ほとんどは女性が離婚を主張した。解放初期、親が反対する自由恋愛も多かった。当時は、婚姻法を知らない人も、受け入れられない人もいた。〔婚姻法の――引用者〕宣伝は大会を通じて行われたた

め、つまりは運動であった。しかし、女性はその大会にほとんど参加しなかった。婦女解放と言えば、婚姻法以降、殆どの女性が労働に加えられた。働かない人は少なかった[82]。

以上の婚姻法運動に関する記憶には、地域差もあり、個人の経験にも左右される。しかし、いずれも1950年代初頭の女性解放が当時の農業と工業の生産に資するものであったことを明らかに反映している。また、1950年代の自主的婚姻は少なかったと語っている。夜校や識字班の開設によって、一部分の人々にとって自主的婚姻が可能になり、婚姻法は次第に定着していったように思われる。その一方で、婚姻法はあったが宣伝は少なく、宣伝大会はあっても女性はほとんど参加しないといった婚姻法施行強化の限界も見られた。

本節では、1950年前後の中共による女性政策や1950年の婚姻法の公布と施行を考察した。平時態勢期の経済回復や戦時態勢期の抗米援朝運動などの全体状況の変化により、婚姻法の施行が後退したり、強化されたりしたのである。また、1953年までは婚姻法に提唱された自主的婚姻は簡単には広がらず、中共の幹部や学生および積極分子の間に止まっていたことも明らかにした。

小結

本章では口述史料を中心に、東北における抗米援朝の参軍運動、および1950年婚姻法の施行を論じた。東北、特に都市において、大規模な参軍運動は本格的に展開せず、ただのイデオロギーを浸透させる装置として機能していた。女性・婚姻は平時態勢期から戦時態勢期へ展開する際に、一貫して中共の政治目的に従属しており、常に政治資源やイデオロギーを浸透させる装置として役割を果たしていた。これらの中共のイデオロギーの浸透に対して、民衆側は抵抗したり、服従したりしたことも明らかにした。

まず、当時の中国全体を見ると、志願軍の供給源は解放軍（その中に元国民党軍の兵士が多く含んでいた）、西南地域の「土匪」、関内地域の徴兵に頼っていた。抗米援朝運動において、東北は物資提供地区の位置づけであったために、とりわけ都市においては大規模な徴兵が行われなかった。それにしても、民衆の間では、

中共による強制徴兵の物語が広まっていた。例えば、「参軍とオンドル」の物語は、一部の人が経験した苦しい現実が語り広められて、集合記憶と化した典型事例と考えられる。しかし、こうした記憶が語られる際に、中共に対する非難などの感情を見て取ることは難しい。つまり、抗米援朝の戦時態勢期において、繰り返された政治動員を通じて、愛国情緒や政治運動に対する恐怖といった感情が複雑に絡み合いながら、一種の集合心性として民衆の中で拡大していった。その結果、一種の悲哀の表象として、「参軍とオンドル」のような物語が拡散・定着したのではなかろうか。言葉を変えると、こうした現象は民衆による党自体に対する反抗ではなく、朝鮮戦争への参軍という生死にかかわる決断を下さざるをえない民衆の悲しみを表象する物語であると著者は考えている。

　また、1950年前後中共による女性政策について、朝鮮戦争が勃発するまでの平時態勢期において、その方針は、女性の生産への動員に重点が置かれたことを明らかにした。1950年5月の婚姻法の公布も平時態勢期を背景とするものであった。革命性に満ちた婚姻法は家父長制に抑圧された女性の解放を急進的に要求したため、男女間や異なる世代間の摩擦を招いた。そして、婚姻法が公布されると、直ちに離婚の爆発的増加や一部男性にとって却って結婚が困難になる様々な社会問題が生じ、社会は緊張感を増した。必然的に男女の労働意欲に影響を与え、平時における生産や社会の安定を妨害した。さらに、婚姻法がもたらした悪影響は東北だけにとどまらず、関内の戦争、特に華南の前線にいる東北出身の第四野戦軍の士気にまで及んだ。その上に、1950年6月の朝鮮戦争の勃発と10月の中国の参戦によって、中共は注意力を対外戦争に向けることを余儀なくされた。東北社会においては、婚姻法の施行は中心工作ではなく、抗米援朝運動が中心工作となった。

　その一方で、女性工作は抗米援朝運動に関連して盛り上がりをみせた。参軍と女性・婚姻を直接に結びつけた記事が中共の新聞と雑誌に掲載されており、民衆の記憶にも残されている。抗米援朝の参軍運動において女性は重要な役割を果たしたようであった。しかし、婚約した女性が相手の参軍を妨げたことや、男性が相手の婚約を破棄することを心配したために参軍に消極的であった現実も垣間見えた。従って、東北において婚姻法の実施によって貧しい農民や下層労働者の結婚が難しくなるという背景の中で、女性を利用する参軍運動は、中共の宣伝にす

ぎず、再度の戦時態勢にむけての政治動員としての役割を担ったものでもあった。

　以上のように、大規模に展開されなかった参軍運動にせよ、政治目的に従属している女性政策にせよ、当該時期の国内社会を引き締めようとする中共の思惑の一方で、東北の民衆の消極的な服従と消極的な抵抗も見てとれる。こうした国家権力と民衆意識とが相互に作用しながら、社会全体において中共の政策が生産動員から政治動員へと転換して、その後の「三反」「五反」運動によって、政治運動がさらに拡大されて、東北は再び革命原理に準拠する武力闘争に巻き込まれるようになっていった。

〈注〉

1)「参軍運動」とは、民衆に対して軍隊に入るように宣伝する際に使われる表現である。中共の動員を受けて、民衆が自ら志願して軍隊に入る意味合いを持っている。しかし、本章で検討したように、「参軍運動」は実質上、金銭・暴力・強制などの要素も少なくなく、通常の「徴兵」と同じであると考えられる。

2) 周杰栄「従反共到抗美―1950-1951 年中国西南地区的内戦与朝鮮戦争―」周杰栄・畢克偉（Jeremy Brown、Paul G.Pickowicz）(姚昱等訳)『勝利的困境―中華人民共和国的最初歳月―』香港中文大学出版社、2011 年、127-129 頁。

3) 河野正「朝鮮戦争時期、基層社会における戦時動員―河北省を中心に―」『中国研究月報』70（4）、2016 年、2 頁。

4) 同前。

5) 同前　2 頁。

6) Dikötter,Frank.*The Tragedy of Liberation:A History of the Chinese Revolution 1945-1957.* Bloomsbury Publishing PLC. 2013.pp141-142.

7) 小野和子「婚姻法貫徹運動をめぐって」『東方学』49、1977 年。

8) 高橋伸夫「党、農村革命、両性関係」高橋伸夫編著『救国、動員、秩序』慶應義塾大学出版会、2010 年。

9) 叢小平「左潤訴王銀鎖―20 世紀 40 年代陝甘寧辺区的婦女、婚姻与国家建構―」『開放時代』2009 年 10 月。

10)「旅大地区青年紛紛要求赴朝抗美」『東北日報』1950 年 11 月 22 日、「組救護隊赴朝鮮前線

服務、母送子妻送夫参加志願軍」『東北日報』1950年12月29日、「貝大娘－模範軍属訪問記」『東北日報』1951年2月7日、「両児子双双参加志願軍、老夫婦同時当選県労模」『東北日報』1951年2月3日、など。こうした記事・報道が『人民日報』、『抗美援朝専刊』、および1950年10月以降の『東北日報』に見られる。

11）当代中国研究所編『中華人民共和国史編年1950年巻』当代中国出版社、2006年、509頁。

12）朝鮮戦争以前、中共は復員工作を始めていたが、朝鮮戦争に対応するために、復員工作を中止し、復員した元兵士を再度徴兵した（前掲「朝鮮戦争時期、基層社会における戦時動員―河北省を中心に―」2-3頁）。

13）前掲『中華人民共和国史編年1950年巻』597頁。

14）南朝鮮国防戦史編纂委員会編（固城・斉豊・龔黎訳編）『朝鮮戦争　第一巻　中共軍参戦及聯合軍重新反攻』黒竜江省朝鮮民族出版社、1988年、121-122頁。

15）前掲『中華人民共和国史編年1950年巻』919頁。実際に1950年12月4日「関於動員35万新兵的指示」が出されたが、戦局の変化に従って9日に割り当ては50万人に引き上げられた。

16）同前　614頁。

17）当代中国研究所編『中華人民共和国史編年1951年巻』当代中国出版社、2007年、32頁。

18）同前　12頁。

19）前掲 The Tragedy of Liberation:A History of the Chinese Revolution 1945-1957.pp 135.

20）前掲『中華人民共和国史編年1951年巻』26頁。

21）2013年6月遼寧省鞍山市において聞き取り調査を実施した。

22）2014年2月遼寧省盤錦市において聞き取り調査を実施した。

23）2014年2月遼寧省営口市において聞き取り調査を実施した。

24）「東北各省最近時期的工作情報」『内部参考』1951年3月5日。

25）2013年3月遼寧省営口市において聞き取り調査を実施した。

26）2014年2月遼寧省営口市において聞き取り調査を実施した。

27）2014年2月遼寧省盤錦市において聞き取り調査を実施した。

28）2014年2月遼寧省営口市において聞き取り調査を実施した。

29）「国兵漏」とは、満洲国時期、身体検査に合格した適齢の青年男子は満洲国国軍になるが、合格できない人々を指す。

30）潘幸儀『一万四千個証人―韓戦時期「反共義士」之研究―』（国史館、2013年、第四章）に

よれば、朝鮮戦争後、台湾に送還された捕虜の記憶では、中共と国民党の両党に対して、ともに好感を持っておらず、日中戦争、国共内戦、朝鮮戦争の参加はいずれも志願したわけではなかったと指摘している。

31）2014 年 2 月実施した聞き取り調査である。

32）侯松涛「訴苦与動員―抗美援朝運動中的訴苦運動―」（『党史研究与教学』2012 年第 5 期）では、抗米援朝運動における「訴苦」の構造や政治的意味等について詳細に論じているが、中共は基層民衆の苦しみを承知しているうえで、「訴苦」を通じて、民衆の政治的自覚を促したといった革命史観の視点から脱することができていない。

33）張烈他編『城市群衆工作研究』東北書店牡丹江分店、1948 年、10-11 頁。

34）中共革命と民間信仰の関係について、丸田孝志による研究が代表的である。中共が作り出した神は伝統的民間信仰の神とすり替えられて、民衆の間で普及していった。こうして中共のイデオロギーを浸透させようとしたと指摘されている（丸田孝志『革命の儀礼―中国共産党根拠地の政治動員と民俗―』汲古書院、2013 年）。その典型的な事例としては、日中戦争末期から内戦期にかけて、毛沢東像を伝統的神像の代わりに村の儀礼や人生の儀礼で使用し、民衆の家庭まで浸透させたのである（同前　177-184 頁）。ところが、本書の呉 HF の事例は丸田孝志の研究視点と異なり、民衆の伝統的民間信仰をすり替えるのではなく、亡くした親戚を追悼する伝統的儀礼をそのままに利用することで、満洲国支配者や国民党に対する恨みを共有させ、兵士の連帯感を作ろうとしたのである。

35）『韓戦反共義士訪談録』国史館、2013 年、39 頁。

36）前掲『一万四千個証人―韓戦時期「反共義士」之研究―』1-3 頁。

37）前掲『韓戦反共義士訪談録』71 頁。

38）同前　74-75 頁。

39）「関於義士們的幾件事」『中央日報』中華民国 43 年 1 月 24 日。

40）前掲『韓戦反共義士訪談録』75 頁。

41）同前　114 頁。

42）前掲「朝鮮戦争時期、基層社会における戦時動員―河北省を中心に―」（8 頁）は河北における抗米援朝の参軍運動を論じた際に、兄弟の人数によって兵士を出させた方式を指摘している。

43）前掲『韓戦反共義士訪談録』324 頁。

44）同前　212、227-228、231-232 頁。

第 5 章　参軍運動と婚姻法施行に見る民衆の抵抗と服従

45）同前　296-297 頁。

46）ステイシー・J（秋山洋子訳）『フェミニズムは中国をどう見るか』勁草書房、1990 年、30
頁。

47）大山彦一『中国人の家族制度の研究』關書院、1952 年、38 頁。

48）同前　127 頁。

49）『昭和 15 年　満洲年鑑』満洲日日新聞社支店、1939 年、406 頁。

50）『昭和六年　満蒙年鑑』社団法人中日文化協会発行、1931 年、510-511 頁。

51）前掲『昭和 15 年　満洲年鑑』406 頁。

52）蔡雅祺『製造戦争陰影 1932-1945―論満洲国的婦女動員―』国史館、2010 年。

53）1949 年 3 月 26 日、劉亜雄（当時中共東北局婦委副書記）「関於城市婦女工作中的幾点体
験的発言」全国婦聯歴史研究室編『中国婦女運動歴史資料 1945-1949』中国婦女出版社、
1991 年、377-381 頁。

54）『東北日報』1948 年 2 月 24 日。

55）前掲「関於城市婦女工作中的幾点体験的発言」377-381 頁。

56）「支援戦争　参加生産　全国婦運方針確定」『東北日報』1950 年 2 月 2 日。

57）「瀋陽婦代会第一日報告年来婦女工作」『東北日報』1950 年 3 月 9 日。

58）同前。

59）「大批婦女参加軽重工業建設」、「東北婦女工作年来成績顕著」、「婦女労働模範―郭淑真」
『東北日報』1950 年 3 月 8 日、「共産党的好女児―趙桂蘭」『東北日報』1950 年 3 月 9 日、な
ど。「女工們要努力生産、把自己提高一歩」『東北日報』1950 年 5 月 1 日、「十五歳的女労働
模範」、「模範団員遅桂珍」『東北日報』1950 年 5 月 4 日、など。

60）原文「女青年們、起来、向田桂英她們九人看斉！到工廠去、到鉄路去、到鉱山去！」（「慶
祝三八号列車的開出」『東北日報』1950 年 3 月 8 日）。

61）「労働部在北京召開労働局長会議」1950 年 3 月 8 日、前掲『中華人民共和国史編年　1950
年巻』189 頁；「労働政策与労働部的任務」『東北日報』1950 年 5 月 8 日、「東北七万八千婦
女参加軽重工業建設」『東北日報』1950 年 5 月 9 日、「実行男女同工同酬　全組婦女参加夏
鋤」『東北日報』1950 年 6 月 3 日、など。

62）「中華人民共和国婚姻法」、中華全国婦女聯合会編『中国婦女運動重要文献』人民出版社、
1979 年、199-203 頁。1950 年婚姻法の内容については、仁井田陞による法制史の研究が詳
細であり、『中国の伝統と革命』（平凡社、1974 年）を参照されたい。

231

63）前掲『フェミニズムは中国をどう見るか』160頁。

64）「東北区貫徹婚姻法的情況」『内部参考』1953年1月27日。

65）5月3日「中央人民政府命令婚姻法五一起施行」（一面）「中共中央通知全党保証執行婚姻法」（一面）、5月6日「鉄嶺法院不負責任処理一個婚姻案件竟用了半年多時間」（三面）、5月18日「望奎農村婦女婚姻不自由現象厳重」（三面）、5月21日「黒竜江省城郷婦女積極争取婚姻自由」（二面）「中南貫徹婚姻法」（三面）、5月23日「婚姻法在黒坨子村的反映」（四面）、5月28日「関於婚姻法的報告」（三面）、5月31日「実行婚姻法与粛清封建思想残余」（三面）。

66）「遼東、遼西、松江省各村農民群衆幹部対婚姻法的反映」『内部参考』1950年7月20日。

67）前掲「党、農村革命、両性関係」では、すでに「婚姻革命」においては階級闘争より、世代間闘争が存在したことが指摘されている。

68）「遼東、遼西、松江省各村農民群衆幹部対婚姻法的反映」『内部参考』1950年7月20日。

69）「遼西婦女誤解婚姻法影響生産、部隊家属改嫁引起情緒波動」『内部参考』1950年6月2日。

70）「東北砿工的婚姻問題仍得不到適当解決」『内部参考』1953年2月10日。

71）「東北婚姻法運動準備工作中的三個問題」『内部参考』1953年1月27日。

72）2013年3月、2014年2月遼寧省営口市において聞き取り調査を実施した。

73）2014年2月遼寧省営口市において聞き取り調査を実施した。

74）『新中国婦女』1953年5月、14-15頁。

75）「東北人民政府召開会議 研究進一歩貫徹婚姻法」「東北人民政府関於切実貫徹執行婚姻法的指示」など、『東北日報』1951年10月10日。

76）「中央人民政府政務院関於検査婚姻法執行情況的指示」『人民日報』1951年9月26日。

77）「就朝鮮停戦談判発表声明」『東北日報』1951年7月23日。

78）「認真貫徹執行婚姻法」『人民日報』1951年10月13日。

79）前掲「東北区貫徹婚姻法的情況」。

80）同前。

81）話者姜CX、2013年3月、2014年2月遼寧省営口市において聞き取り調査を実施した。

82）話者屈LZ、2014年2月遼寧省営口市において聞き取り調査を実施した。

終　章

終　章

第 1 節　各章のまとめ

　本書では、特定の空間と変遷する時間の中で、基層社会に着目して、中共による民衆統合、およびその過程における党と民衆との相互関係を議論してきた。東北の地域社会の特徴を踏まえて、1945 年から 1951 年まで、内戦の戦時から、経済回復の平時、さらに再度の朝鮮戦争の戦時へ、という変動の中で中共はいかに権力を浸透させ、民衆はいかに対応したのか、党と民衆との関係はいかに変化したのか、という序章で提起した疑問に以下のような答えを示すことができた。

　第 1 章「東北地域の歴史（1945 年まで）」では、東北地域が前近代から近代化され、さらに植民地化された過程において、形成された政治支配の特徴、社会経済の特徴、および移民社会の特徴を検討した。東北は 1945 年日中戦争後、伝統的な社会結合が欠如していた一方で、国家権力による統治が進んでいた。また、民衆が比較的従順でありながらも、流動性に富むために個人意識が強く、政府が上から統合しにくい特性を有したことを明らかにした。

　まず、政治的側面においては、19 世紀後半から、清朝は近代国家の地方統治の方法を模索していた。その中で、地方有力者が台頭するとともに、馬賊などの民間の自衛組織が現れた。張作霖政権をへて、馬賊などの武装勢力は匪賊の身分を脱して、政治勢力へ転じていた。そして、経済的側面においては、20 世紀から鉄道網の形成によって、鉄道を中心とする樹状の「県城経済」が成立した。そのため、民衆の横のつながりが弱く、都市の農村に対する縦の支配が比較的強かった。県城や鉄道を掌握すれば、広範な民衆を掌握できるという特性が形成された。このような経済構造は政治支配を補完して、政治権力が個々の民衆を把握しやすい統治構造になった。さらに、東北は移民社会であった。漢民族の東北への大規模な移植は清朝からであり、漢民族の歴史が比較的浅く、多民族雑居の社会が形成された。そのため、宗族が形成されたとしても、華南地域のような強固な団体性は持たなかった。ただし、希薄であった宗族関係を補うため、擬似親族関係とも言われる「馬賊」・秘密結社・同業同郷団体といった社会団体が多く存在していた。

233

その後、清朝の宣撫、張作霖政権の出現、満洲国による討伐をへて、伝統的「馬賊」と秘密結社は大小の軍閥に変容したり、討伐されたりした。同業同郷団体の有力者が政治勢力とかかわりのある人物へ入れ替わり、同業同郷団体自体は満洲国時期に日本人商工会に合併されて、勢力が衰微した。その一方、都市における出稼ぎ労働者や雑業層などの民衆は、東北に対する郷土意識が薄く、戦争や災害の時には、故郷に逃げる傾向が強かった。こうした東北社会と民衆の特徴は、1945年以降の中共革命の展開や党と民衆の関係を大きく規定した。中共にとって、東北での伝統的な社会的結合の打破はそれほど大きな課題とならなかった。しかしながら、他省からの流入者が多く、比較的流動性が高い人々を把握・統合することには、また別の困難があった。

　第2章「国共内戦期、中共による戦時態勢の構築と東北社会（1948年まで）」では、日中戦争後、中共軍は国民党軍に先駆けて東北へ進出したが、大衆運動を本格的に展開できなかったことを論じた。ところが、ソ連の協力と国民党の失敗を背景にして、中共は軍事力を拡張させた。結局社会変革というより軍事的ヘゲモニーによって、東北で勝利を収め、それを全国での勝利につなげたことを明らかにした。

　東北での国共内戦において、中共は東北がソ連やモンゴル、北朝鮮といった友好的な国々に囲まれていたという有利な地政学的条件を有していた。そして、1945年に満洲国が崩壊してから、中共軍は国民党軍より先に東北へ進出して、満洲国国軍などの在地の武装勢力の収容・再編によって、急速に勢力を拡大できて、1945年末までには優勢を占めるようになった。

　しかし、1945年末から、国民党軍の東北への到着にともない、中共の優勢は次第に失われていった。在地の武装勢力に対する改編が不可能となったばかりか、すでに改編された武装勢力も次々と離反し、中共軍を攻撃するようになった。その後、中共は北満を中心とする都市の周辺地域に進出し、そこで根拠地建設を始めたが、「反奸清算」や「剿匪」、大衆組織の樹立などを容易ではなかった。「反奸清算」も、「剿匪」も、民衆を立ち上がらせて階級敵を打倒する大衆運動ではなく、軍隊による武装闘争の形式で開始した。こうして、「反奸清算」や「剿匪」といった運動を通じて、民衆の政治的自覚を高め、民衆を組織して武装させるという中共の宣伝は現実と大きく乖離していった。組織された民兵などの地方部隊は、民

衆が抱いた復讐される「不安・恐怖」と物質的利益を獲得できる「希望」からなる集合心性に支えられたものである。それゆえ、中共が把握しきれないものであり、兵力の拡張に対して必ずしも安定的な貢献を望めるものではなかった。

　上記の中共の厳しい情勢はソ連の援助と国民党の政治・経済・軍事にわたる失敗によって、好転した。1947年夏以降、軍事的勝利にともない、党と民衆との関係が転機を迎え、大衆運動の展開は容易になった。それでも、国共内戦中の戦時態勢期の東北においては、軍事力が中共の勝利や党と民衆との関係を大きく規定したのであり、単純に大衆運動の成果により中共のイデオロギーを民衆が共有したと考えることはできない。

　第3章「平時態勢期、中共による民衆統合（1948～1950年）」では、東北、特に都市では、国共内戦の戦時態勢期における党と民衆との関係の問題が解決されないままに、経済回復を中心とする平時態勢期へ入ったことを明らかにした。そして、社会においては経済回復が重視され、激しい大衆運動などの闘争要素が希薄であった一方で、党と民衆の関係は緊密でないものにとどまったことを論じた。

　1948年11月、東北は全国で最初の解放区となり、国共内戦期の深刻なインフレや停滞した経済に制約されながらも、いち早く生産を回復し、関内の内戦を支援する平時態勢期へと移行した。基層組織の樹立や反共産党勢力の取り締まりのいずれも、武力闘争を信奉する革命原理から距離をとった。平時態勢期の穏健な都市政策という背景の下で、中共が社会の基層組織を徹底的に改造することは不可能であり、民衆に対する掌握も困難であった。その中で、中共の内戦での軍事的優勢や「解放区」での監視・強制力が民衆を従える決め手となった。

　その一方で、平時態勢期の生産回復の任務を重視していたため、中共は工場鉱山の労働者工作にさらに力を入れたようである。生産競争や「英雄主義」における生計や社会的地位の上昇を褒賞として労働者を動員するようになった。すなわち、中共の労働者工作は、労働者の物質的利益・名誉に関する欲望を利用することで、労働意欲を促進させた。このような労働者工作は政治動員ではなく生産動員と呼ぶのがふさわしい。しかし、生産動員のためとはいえ、鉱工業労働者の間で中共による宣伝鼓動組織が形成されたことも事実である。それゆえ、民衆の中では鉱工業労働者が中共の支配に最も近い集団となった。

　第4章「抗米援朝運動と再度の戦時態勢の構築（1950年から）」では、1950年に

朝鮮戦争が勃発して以降、東北での平時態勢期が再度戦時態勢期へ移行された過程を分析した。さらに、基層社会での戦争に対する緊張感の高まりや中共が民衆に対して統制を強化しようとする中で、党と民衆の関係が転機を迎えたことを論じた。

朝鮮戦争の勃発後、都市社会の不安が表面化した。さまざまなデマが流布されていた。民衆は和平署名運動において、「多く署名すればするほどよいだろう」という過剰な積極性を見せる者もいる一方で、中共の指示に対しては意味がないと揶揄する者もいるなど、統合しにくい意識形態が現れた。

民衆の不安、恐怖、共産党に対する懐疑など、平時態勢期に形成された党と民衆との緊密でない関係は、戦時に中共が戦争を乗り切れるかどうかの不安材料となった。結果、中共は戦争を遂行するために社会に対する強力な統制を必要とするようになった。つまり、再度の戦時態勢期に突入する中で、1948年以前の革命原理に基づく武力闘争をともなう民衆統合へと復帰するようになった。労働競争、愛国公約、反革命鎮圧など、矢継ぎ早に発動された大衆運動は、抗米援朝運動と関係づけられ、愛国的な意味合いが盛り込まれた。しかし、民衆は自分個人が政治に動員され、責任を負わされることを拒否する傾向にあったのである。

ただし、抗米援朝の戦時態勢期においては、繰り返された集合行為によって、広範な民衆の心性の平準化が進展したことは間違いないだろう。さらに、アメリカという強大な外敵に直面したことにより、愛国主義の高潮が比較的容易に達成されることになったと言うことができる。この点は、特に鉱工業労働者層に顕著であった。鉱工業労働者の間での宣伝鼓動組織が比較的発達し、他の階層や集団の民衆よりは中共の政策が浸透しやすかった。そして、抗米援朝運動がその後の各運動のために初歩的な組織や民衆の愛国情緒を準備・蓄積したことは間違いなかった。言い換えれば、中共の階級イデオロギーは民衆全体に内面化されるまでにはいたらなかったが、鉱工業労働者を皮切りに国民意識が内面化され始めたと言うことができるだろう。

第5章「参軍運動と婚姻法施行に見る民衆の抵抗と服従」では、中共と民衆との相互関係を平時態勢期と戦時態勢期とをつなげる連続的な視点をもって考察した。抗米援朝での参軍運動と1950年の婚姻法の施行に関する具体的な事例を通じて、民衆が参軍に対して積極的でなかったことや、婚姻法に乗じて自己の不正行為を

終章

正当化したことなどを論じた。これにより、民衆の中共のイデオロギーに対する抵抗と服従の複雑さを明らかにした。

　志願軍の構成から見れば、国共内戦時期に帰順した数多くの元国民党軍の兵士が含まれていたことが判明している。また、中共にとっては、1950年前後の西南地域での内戦や残存する武装勢力に対する「剿匪」によって生じた捕虜が志願軍兵力の供給源の一部を占めた。東北は重工業の中心地であったことに加え、朝鮮と隣接するという地理的位置にあり、抗米援朝運動においては、兵力の供給よりは物資、運輸などの後方支援が重要な任務とされた。このため東北においては、実際に大規模な徴兵が展開されなかった。しかし、民衆の間では必ずしも多くの人が経験したわけではない「参軍とオンドル」といった強制徴兵の物語が広く流布していた。著者が考えるに、こうした物語は徴兵されることに対する民衆の消極的あるいは無意識的な抵抗の表れではなかろうか。

　また、中共により生産動員と政治動員の思惑を込められた婚姻法は、平時態勢期に公布された。しかし、その施行は革命の各段階における党と民衆との関係を反映していた。生産回復と関内での内戦の支援を優先した平時態勢期においては、婚姻法の施行は棚上げにされざるを得なかった。また、朝鮮戦争が勃発し、中国が参戦すると、国内では抗米援朝運動を優先するために婚姻法の施行は後回しにされた。その一方で、女性工作を抗米援朝運動のために利用するかのような現象が現れた。参軍と女性・婚姻を関連させた記事が中共の宣伝媒体に掲載されただけでなく、民衆にも記憶されている。しかし、実際に、婚約している男性は、相手が婚約を破棄することを心配して参軍には消極的となり、婚約している女性が婚約者の参軍を妨害することも発生した。

　1951年夏以降、朝鮮戦争が次第に落ち着くと、民衆の気持ちが弛緩してきた。中共はこのような民衆の反応に対して批判的であった。また、対外戦争が平和交渉の段階に進んだことにより、中共には国内社会に向かいあう余裕が生じた。こうした背景の中で、棚上げしてきた婚姻法の施行の強化が企図された。しかし、婚姻法で提唱された自主的婚姻は簡単には広がらず、中共の幹部や、学生および党の積極分子の間に限られたのである。

　参軍運動においても、婚姻法施行においても、民衆による中共自体に対する非難と対抗などの感情を見て取ることは難しい。しかし、自分の都合に合わせて婚

237

姻法を解釈して、不正行為を正当化したこと、および「参軍とオンドル」の物語に象徴されるように軍隊に加わることや兵士の選抜方法を不条理ととらえる心情が随所に見てとれる。このような民衆の行動の奥底にあるのは、中共のイデオロギーの共有でもなく、共産党に対する批判の感情でもない。これはすなわち生命を脅かす不安と利益を手に入れる欲望を基調とする集合心性であった。

第2節　総括的結論

以上の分析結果から以下のような結論を抽出できると考える。

東北社会と共産党の革命

まず、革命の地域的多様性という視角から東北の革命を検討すると、社会の移民的性格が強く、国家権力による統治が進んでおり、比較的管理が容易であるという東北の地域性が中共革命の展開を規定したと言える。

東北は関内、特に華南とは異なり、漢民族の歴史の浅い移民社会であるため、血縁・地縁に基づく宗族や村落といった社会的結合が十分発達していない一方で、「馬賊」、秘密結社、同業同郷団体が存在していた。しかし、張作霖政権と満洲国の統治をへて、中共が東北へ進出した際には、これらの伝統的な社会結合はすでに変容するか、あるいは衰微していた。そのため、東北における、中共革命の展開では伝統的に地域社会に存在した武装勢力からの抵抗が少なかった反面、在来の伝統的武装勢力を利用することも、その欠如のため困難であった。とはいえ、伝統的な地域社会結合とは対照的に、中共が東北へ進出した際には、別の武装勢力が利用可能であった。すなわち、日中戦争後「匪賊」化した東北軍や満洲国国軍を改編・利用できたに加えて、人数は少ないものの満洲国時代の「特殊工人」も動員可能な集団であった。さらに隣接するソ連の援助と国民党の軍事・政治・経済の失敗もあり、大量の国民党軍の兵士が中共に帰順した。これにより、中共軍は急速に拡大し、東北で国共内戦の勝利を遂げることができた。

その一方で、1947年夏に中共が戦争で優勢へ逆転する以前、中共は「反奸清算」などの運動を展開した。しかし、闘争の果実をもって党と軍の財政問題を解決することを最優先したため、民衆に利益を十分には分配できなかった。それに加え

て、内戦初期において、国民党と比較して正統性に欠ける中共は、民衆からの積極的な協力を得ることができなかった。このように、東北の地域的特徴と時代的特性が中共の勝利に大きく影響したと言える。

党と民衆との関係の変容

そして、党と民衆との相互関係において、とりわけ都市における労働者や雑業層のような比較的流動性が高い人々は扱いにくさが顕著であった。

東北の都市民衆は自己の打算に基づいて政治選択を行う傾向が目立った。例えば、和平保衛署名運動では「多く署名すればするほどよいだろう」と考える過剰な積極性が、また反対に中共の指示に対して無意味であると揶揄する態度が、発生した。また、宣伝網の建設においては、自らが宣伝員になることの負担を懸念するなどの、政権に対して表での形式的服従と裏での消極的抵抗が見てとれた。それゆえ、東北の民衆は中共にとって、御し難い存在であったと思われる。その一方で、中共にとっても常に民衆の支持を必要とするわけではなかった。例えば、国共内戦の戦時態勢期において、中共は十分に大衆運動を展開することはできなかったが、軍事的優勢を確保したことにより国民党に勝利した。こうした環境の中で、民衆は常に軍事力的に優勢な勢力に付和したり、戦局の変化を傍観したりした。それゆえ当該時期に、党と民衆とが緊密なつながりを形成したとは言えないだろう。

そして、次の平時態勢期において、中共は工場や鉱山での生産を中心に経済回復を模索しながら、社会の再編を企図した。しかし、生産回復を優先するという穏健な政策によっては、基層社会を強力に統制することは不可能であった。ただし、清末から満洲国までの長期にわたって、政治権力の変動にしばしば直面してきた民衆は、新たな政治情勢に対して相対的に機敏に反応していた。だが、東北の都市民衆が中共の指示に従順であったとはいえ、その従順さは、中共の内戦での軍事的優勢により生まれたものと思われる。さらに、金銭の獲得、社会地位の上昇といった利益とも不可分であった。中共はある程度基層社会を支配できたとはいえ、民衆との関係には希薄さが残り、基層社会を十分に管理できるまでには至らなかった。こうした関係でも平時ならば、大きな支障はなかったかもしれないが、朝鮮戦争に対応するには不十分であった。

239

抗米援朝の戦時態勢期に入ると、デマの流行や民衆の逃亡、アメリカを恐れる
などの形で社会不安と混乱が表面化した。それゆえ、戦争を遂行するために、中
共は基層社会に対する強力な管制へと転じた。しかし、「参軍とオンドル」の事例
のような中共による強制徴兵の物語が民衆の間で広がった。これは、消極的な服
従と消極的な抵抗の表れと解釈できるのではなかろうか。むろんすべての民衆が
同じ対応をとったわけではなく、例えば、平時態勢期から中共が力を入れて取り
組みを図った鉱工業労働者は、抗米援朝運動の先頭に立ち、比較的積極的に党の
要求に応えようとした。平時態勢期において、中共が鉱工業労働者を中心に発動
した各種の運動は、これらの労働者が相互に緊密なコミュニケーションを行う機
会を与えた。これらの労働者の間で不安や希望の感じ方が共有されるという現象
が進展していったと思われる。こうして、敵（アメリカ）を前にしたとき、民族的
連帯感を広げ、愛国の情熱を高める役割を労働者が担う素地が準備されていった。
さらに、生産動員のための労働模範は宣伝員としての役割を果たすことになり、
宣伝網の建設、「増産節約」、「飛行機大砲の献納」「機械献納」といった政治動員に
おいても模範として役割を果たした。結果として、平時態勢期に金銭や地位と
いった利益関係によって中共の生産動員に応えた都市労働者の中で人民共和国建
国後のナショナリズムのような感情が芽生えた。しかし、注意すべきは、このよ
うな感情は中共に対する忠誠心や中共のイデオロギーの十全の共有とはまた別も
のであったことである。

東北における戦時態勢と平時態勢

　さらに、基層社会や民衆に着目する場合には、新民主主義と社会主義という政
治用語で単純に時期区分を行うことには問題がある。本書では 1948 年の東北の
解放と 1950 年の朝鮮戦争の勃発を 2 つの転換点として捉えてきた。基層社会にお
ける緊張感と民衆の対応の変化は、新民主主義か社会主義かによるものではな
かった。従来の 1949 年と 1952 年を節目とする中共革命の二段階革命の時期区分
は東北の基層社会に当てはめることが難しい。東北の民衆は、1948 年に中共の統
治下に置かれた段階において、すでに関内に先駆けて闘争要素が少ない平時の段
階に置かれていたのである。その後、1950 年に朝鮮戦争の勃発によって、人々は
再度革命原理に基づく大衆運動に巻き込まれることになった。この過程において、

終 章

基層社会に大きな影響を与えた事象は抗米援朝の参軍運動と 1950 年婚姻法の施行である。参軍運動が限定的にしか実施されなかったという現実、および婚姻法の起伏のある施行状況は、1950 年前後の平時態勢から再度の戦時態勢へと転換する中で、中共が行った政策の調整のメルクマールと言える。従って、中国の他の地域と異なり、建国初期の東北では、党と民衆との関係の独自性から、1948 年と 1950 年とが時期区分の結節点となると主張できる。

　基層社会と民衆を論じる際に、中共によって提示された理論や時期区分に捉われず、革命と社会の実態を考察することが重要である。民衆の側も、新民主主義や社会主義に相応する態度をとるわけではなく、常に時機を判断し情勢を推し量りながら、安全と生活を追い求めなければならなかった。このような傾向は流動性の高い東北の都市労働者や雑業層の間で特に顕著であった。そのため、東北の都市社会において、中共は民衆統合を容易に達成できなかった。民衆と中共との関係は、中共が宣伝したように調和的ではなく、中共の権力の浸透に対して、民衆の服従と抵抗の複雑な実態が窺われた。大多数の民衆は表では中共に対して従順な態度、ひいては必要以上の積極性を示しながら、裏では不安を隠せず、自己のために打算を働かせていたのが現実であった。

ミクロな視点による革命の連続と変容

　最後に、国共内戦時期から抗米援朝運動の終盤まで、組織・人員・民衆の集合心性といった事象から革命の連続と変容の側面を解明した。まず、1948 年に中共は東北の政権を握ってから、幹部不足や社会秩序を維持するために、保甲制度の一時的利用や旧人員の留任を行った。これらの組織と人員は中共の大衆工作のためにも利用された。また、抗米援朝までに、鉱工業を中心に宣伝鼓動組織を作り、各種訓練班、生産競争、労働模範といった労働者工作（生産動員）が行われた。これらの工作は物質的利益・名誉を求める民衆の伝統的心性と合致していたため、労働者の間での連帯感を一層拡大させた。そして、抗米援朝の戦時態勢期においては、社会に対する統制の強化を図る中共に対して、すでに生成・強化されていた労働者の宣伝鼓動組織、労働模範及び彼らの集合心性が呼応することになったと言える。鉱工業における生産動員を目的として組成された宣伝鼓動組織は、この時に宣伝網と改称して、その目的を超えて、抗米援朝の政治動員の装置となり、

241

民衆の各階層へと作用していった。また、労働模範が政治動員のための宣伝員になることで、各種の献納運動や「増産節約」運動などで重要な役割を果たした。さらに、アメリカという外敵に直面した時、彼らはこれまで獲得した「希望」（物質的利益・名誉を手に入れる可能性）を脅かされ、現在の生活までも失う「不安・恐怖」に苛まれたため、愛国的情緒を容易に受容していった。この経緯から、平時態勢期での労働者工作を経験した労働者の間では、他の階層の民衆よりも、連帯感が広がっていたことが明らかになった。以上を総じれば、基層組織・人員、そして集合心性といった側面から、1945年から1950年代初頭にかけての、中国革命の連続と変容を窺い知ることが可能となるだろう。

　本書では、対象地域の特徴と民衆のあり方に注意しつつ、中共と民衆との相互関係の中で、民衆の中共革命に対する複雑な対応に着目して重層的に論述してきた。その中で、地方檔案や口述史料といった基層レベルの史料の使用によって、従来の中共の公式文書を利用する中国革命史研究の限界を超えて、脱革命史観と民衆の視点を保つことに努めてきた。そして、政権側と民衆側とを対照しながら、地域社会における中国革命像をゆたかに再構成し、リアリティを持つ歴史叙述を達成できたと信じるものである。このような作業は、国家権力と民衆意識との相関関係の解明につながり、中国ナショナリズムを民衆の心性のレベルから歴史的に理解するための一助ともなる。今後ともこのような作業を継続していきたいと考えている。

史料・参考文献一覧

I 史料

i 　文献史料

〈日本語史料〉

『満洲評論』第 1 巻第 13 号、第 2 巻第 3 号、第 5 巻第 12 号、満洲評論社、昭和 6 年
　　〜昭和 8 年

『昭和六年　満蒙年鑑』社団法人中日文化協会発行、1931 年

『満洲商工事情概要』南満洲鉄道株式会社地方部商工課編、南満洲鉄道株式会社東
　　京支社藏版、1932 年

『満鉄調査月報』第 13 巻第 10 号、満鉄調査課、昭和 8 年 10 月

『満洲国と協和会』満洲評論社編、満洲評論社、1935 年

『奉天三十年　上巻』クリスティー（矢内原忠雄訳）、岩波書店、1938 年

『満洲共産匪の研究　第二輯』治安部参謀司調査課編、興亜印刷局、1938 年

『昭和 15 年　満洲年鑑』満洲日日新聞社支店、1939 年

『支那の秘密結社と慈善結社』末光高義、満洲評論社、1940 年

「満洲国国勢表（康徳 7 年版）」（満洲国）国務総務庁統計処、建国大学研究院表班編
　　纂、1941 年

『新中国史料集成第二巻』日本国際問題研究所・中国部会編、日本国際問題研究所、
　　1964 年

『満洲国史　各論』満洲国史編纂刊行会編、1970 年

〈中国語史料〉

【新聞・雑誌】

『東北日報』東北日報社、1945 年〜 1951 年

『観察』儲安平主編、出版地不詳、1946 年〜 1948 年

『人民日報』人民日報社、1949 年〜 1951 年

『抗美援朝専刊』抗美援朝総会、1950 年〜 1951 年

243

『内部参考』新華社国内新聞編輯部、1950 年〜 1953 年

『宣伝鼓動員手冊 1』宣伝鼓動員手冊編委会編、新華書店東北総分店、1950 年 9 月
　　5 日

『宣伝鼓動員手冊 3』宣伝鼓動員手冊編委会編、新華書店東北総分店、1950 年 11 月
　　1 日

『宣伝鼓動員手冊 4』宣伝鼓動員手冊編委会編、新華書店東北総分店、1950 年 11 月
　　10 日

『東北教育』第一巻第三期、東北教育社編、東北書店、1949 年 6 月

『時事手冊』第 4 期、時事手冊社、人民出版社、1950 年 12 月

『時事手冊』第 12 期、時事手冊社、人民出版社、1951 年 5 月

『新中国婦女』1953 年 5 月

『中央日報』（台湾）1954 年 1 月

【檔案史料】

「瀋市一九四九年群衆業余学習初歩総結」1950 年 1 月 15 日、瀋陽市檔案館 Z44-45

「教育局両年来教育発展情況教育工作学生文化程度調査的概況計画総結報告 1950
　　年」瀋陽市檔案館 Z44-l-55

「関於瀋陽市中等学校政治教育工作的報告 1951 年」瀋陽市檔案館 Z44-1-77

【文史史料】

『瀋陽文史史料　第十三輯』政協瀋陽市委員会文史資料研究委員会編、1987 年

『遼寧解放紀実（遼寧文史史料総 24 輯）』遼寧省政協文史資料委員会編、1988 年

『中国運命的大決戦』全国政協文史資料委員会編安徽人民出版社、2000 年

【既刊行史料】

『城市群衆工作研究』張烈ほか編、東北書店牡丹江分店、1948 年

『新東北介紹』林朋編著、東北人民出版社、1951 年

『中国婦女運動重要文献』中華全国婦女聯合会編、人民出版社、1979 年

『中華民国重要史料初編―対日抗戦時期　第七編　戦後中国（1）』中国国民党中央
　　委員会編印、1981 年

史料・参考文献一覧

『劉少奇選集　上』、人民出版社、1981 年

『陳雲文選（一九二六―一九四九年）』人民出版社、1984 年

『中共西満分局資料彙編（内部資料）』中共斉斉哈爾市委党史工作委員会編、1985
　年

『営口市公安史長編（内部資料）』営口市公安史編史辦公室、1987 年

『遼瀋決戦　上下』中共中央党史資料征集委員会、1988 年

『瀋陽大事記 1840-1987』瀋陽市人民政府地方志編纂辦公室、1988 年

『朝鮮戦争　第一巻　中共軍参戦及聯合軍重新反攻』南朝鮮国防戦史編纂委員会
　編（固城、斉豊、龔黎訳編）1988 年

『中共中央文件選集 1945-1949 年』中央檔案館編、1991、1992 年

『解放戦争中的遼吉根拠地』中共遼寧省委党史研究室編、中共党史出版社、1990 年

『斉世英先生訪問紀録』中央研究院近代史研究所、1991 年

『毛沢東選集第二巻』中共中央文献編輯委員会、人民出版社、1991 年

『中国婦女運動歴史資料 1945-1949』全国婦聯歴史研究室編、中国婦女出版社、1991
　年

『日本帝国主義侵華檔案資料選編：日汪的清郷』中央檔案館、中国第二歴史檔案館、
　吉林省社会科学院合編、中華書局、1995 年

『城市的接管与社会改造―瀋陽巻』遼寧人民出版社、2000 年

『陳誠先生回憶録―国共内戦』国史館、2005 年

『中国共産党重大事件実録　上巻』張樹君・史言主編、湖南人民出版社、2006 年

『中華人民共和国史編年 1950 年巻』当代中国研究所編、当代中国出版社、2006 年

『中華人民共和国史編年 1951 年巻』当代中国研究所編、当代中国出版社、2007 年

『韓戦反共義士訪談録』国史館、2013 年

ⅱ　口述史料

2013 年 6 月、王 DY、遼寧省鞍山市において聞き取り調査を実施した。

2014 年 2 月、隋 YJ、遼寧省盤錦市において聞き取り調査を実施した。

2013 年 3 月、2014 年 2 月、姜 CX、遼寧省営口市において聞き取り調査を実施した。

2013 年 3 月、蒋 GR、遼寧省営口市において聞き取り調査を実施した。

2014 年 2 月、2015 年 8 月、陳 DS、遼寧省営口市において聞き取り調査を実施した。

2014年2月、呉HF、遼寧省営口市において聞き取り調査を実施した。

2014年2月、屈LZ、遼寧省営口市において聞き取り調査を実施した。

II 参考文献

i　日本語参考文献

G・ルフェーヴル（二宮宏之訳）1982『革命的群衆』創文社歴史学叢書

T・パーソンズ、E・A・シルス編著（永井道雄・作田啓一・橋本真訳）1960『行為の相互理論をめざして』日本評論社

秋元律郎 1993「政治参加」森岡清美、塩原勉、本間康平（編）『新社会学辞典』有斐閣

阿南友亮 2012『中国革命と軍隊』慶應義塾大学出版会

荒武達郎 2001「抗日戦争期中国共産党による地域支配の浸透―山東省莒南県―」『名古屋大学東洋史研究報告』25

―――2006a「1850-1940年山東省南部地域社会の地主と農民」『名古屋大学東洋史研究報告』30

―――2006 b「1944-1945年山東省南部抗日根拠地における中国共産党と地主」『徳島大学総合科学部人間社会文化研究』13

―――2008『近代満洲の開発と移民』汲古書院

アラン・コルバン（石井洋二郎、石井啓子訳）1997『人喰いの村』藤原書店

アルベール・ソブール（井上幸治監訳、小井高志、武本竹生訳）1983『フランス革命と民衆』新評論

泉谷陽子 2007『中国建国初期の政治と経済―大衆運動と社会主義体制―』御茶の水書房

―――2013「抗米援朝運動の広がりと深化について」奥村哲（編）『変革期の基層社会―総力戦と中国・日本―』創土社

石井明 1990『中ソ関係史の研究』東京大学出版会

石島紀之 2014『民衆にとっての日中戦争―飢え、社会改革、ナショナリズム―』研文出版

井上久士 2001「国共交渉と国民政府」姫田義光（編著）『戦後中国国民政府史の研究』中央大学出版部

史料・参考文献一覧

今防人 1993「大衆運動」森岡清美・塩原勉・本間康平編『新社会学辞典』有斐閣

上田貴子 2009「奉天―権力商人と糧桟―」安冨歩、深尾葉子（編）『「満洲」の成立』
　名古屋大学出版会

内山雅生 2003『現代中国農村と「共同体」』御茶の水書房

梅村卓 2015『中国共産党のメディアとプロパガンダ』御茶の水書房

衛藤安奈 2015『熱狂と動員―一九二〇年代中国の労働運動―』慶應義塾大学出版
　会

江夏由樹 1989a「旧錦州官荘の荘頭と永佃戸」『社会経済史学』54（6）

―――1989 b「旧奉天省撫順の有力者張家について」『一橋論叢』102（6）

遠藤誉 1984『卡子―出口なき大地―』読売新聞社

遠藤正敬 2013「満洲国統治における保甲制度の理念と実態」『アジア太平洋討究』
　20

王紅艶 2015『「満洲国」労工史的研究―華北地区からの入満労工』日本経済評論社

大沢武彦 2002「内戦期、中国共産党による都市基層社会の統合―哈爾賓を中心と
　して―」『史学雑誌』111（6）

―――2004「戦後内戦における中国共産党統治下の大衆運動と都市商工業―東北
　解放区を中心として―」『中国研究月報』58（5）

大山彦一 1952『中国人の家族制度の研究』關書院

奥村哲 1999『中国の現代史―戦争と社会主義―』青木書店

―――（編）2013『変革期の基層社会―総力戦と中国・日本―』創土社

小野和子 1977「婚姻法貫徹運動をめぐって」『東方学』49

解学詩 2002「満州国末期の強制労働」松村高夫、解学詩、江田憲治（編著）『満鉄労
　働史の研究』日本経済評論社

風間秀人 1986「農村行政支配」小林英夫、浅田喬二（編）『日本帝国主義の満州支配
　―15 年戦争期を中心に―』時潮社

風間秀人、飯塚靖 1986「農村資源の収奪」小林英夫、浅田喬二（編）『日本帝国主義
　の満州支配―15 年戦争期を中心に―』時潮社

角崎信也 2010a「新兵動員と土地改革―国共内戦期東北解放区を事例として―」
　『近きに在りて』57

―――2010b「食糧徴発と階級闘争―国共内戦期東北解放区を事例として―」高橋

247

伸夫（編著）『救国、動員、秩序』慶應義塾大学出版会

兼橋正人、安冨歩 2009「鉄道・人・集落」安冨歩、深尾葉子（編）『「満洲」の成立』名古屋大学出版会

久保亨（編著）2006『1949 年前後の中国』汲古書院

小嶋華津子 1996「中国共産党と労働組合―建国初期の「工会」をめぐる論争―」『アジア研究』42（3）

―――2016「工会をめぐる中国政治」『法学研究』89（3）

児島俊郎 2002「満州国の労働統制政策」松村高夫、解学詩、江田憲治（編著）『満鉄労働史の研究』日本経済評論社

小林一美 1998「中国社会主義政権の出発―「鎮圧反革命運動」の地平―」神奈川大学中国語学科（編）『中国民衆史への視座―新シノロジー・歴史篇―』東方書店

小林弘二 1974『中国革命と都市の解放』有斐閣

―――1997『二〇世紀の農村革命と共産主義運動』勁草書房

小林英夫 1986「「満州国」の形成と崩壊」小林英夫、浅田喬二（編）『日本帝国主義の満州支配―15 年戦争期を中心に―』時潮社

駒込武 1996『植民地帝国日本の文化統合』岩波書店

金野純 2008『中国社会と大衆動員―毛沢東時代の政治権力と民衆―』御茶の水書房

河野正 2016「朝鮮戦争時期、基層社会における戦時動員―河北省を中心に―」『中国研究月報』70（4）

笹川裕史 2006「食糧の徴発からみた 1949 年革命の位置―四川省を素材にして―」久保亨（編著）『1949 年前後の中国』汲古書院

澁谷由里 2004『馬賊で見る「満洲」―張作霖のあゆんだ道―』講談社

―――2008『「漢奸」と英雄の満洲』講談社

ジュール・ミシュレ（大野一道訳）1997『民衆』みすず書房

―――（桑原武夫、樋口謹一、多田道太郎訳）2006『フランス革命（上下）』中公文庫

徐焔（朱建栄訳）1993『一九四五年満州進軍―日ソ戦と毛沢東の戦略―』三五館

ステイシー・J（秋山洋子訳）1990『フェミニズムは中国をどう見るか』勁草書房

瀬川昌久 2004『中国社会の人類学―親族・家族からの展望―』世界思想社

孫江 2004「一貫道と近代政治—「反動会道門の鎮圧」を中心に—」『中国研究月報』58（9）

———2007『近代中国の革命と秘密結社—中国革命の社会史的研究（一八九五〜一九五五）—』汲古書院

———2012『近代中国の宗教・結社と権力』汲古書院

孫文（安藤彦太郎訳）1957『三民主義』岩波書店

高橋明善 1993「民衆」森岡清美・塩原勉・本間康平編『新社会学辞典』有斐閣

高橋伸夫 2006『党と農民：中国農民革命の再検討』研文出版

———2010「党、農村革命、両性関係」同（編著）『救国、動員、秩序』慶應義塾大学出版会

田中恭子 1996『土地と権力—中国の農村革命—』名古屋大学出版会

田野崎昭夫（編）1975『パーソンズの社会理論』誠信書房

中国基層社会史研究会（編）2012『中国基層社会史研究における比較史的視座』汲古書院

———2013『東アジア史の比較・関連からみた中華人民共和国成立初期の国家・基層社会の構造的変動』汲古書院

塚瀬進 1993『中国近代東北経済史研究—鉄道敷設と中国東北経済の変化—』東方書店

———1998『満洲国「民族協和」の実像』吉川弘文館

———2001「国共内戦期、東北解放区における中国共産党の財政経済政策」『長野大学紀要』23（3）

———2014『マンチュリア史研究—「満洲」六〇〇年の社会変容—』吉川弘文館

———2015「満洲の歴史継承性から見た二〇世紀満洲」加藤聖文、田畑光永、松重充浩（編）『挑戦する満洲研究—地域・民族・時間—』東方書店

鄭浩瀾 2009『中国農村社会と革命』慶應義塾大学出版会

仁井田陞 1951『中国の社会とギルド』岩波書店

———1974『中国の伝統と革命 1』平凡社

西村成雄 1984『中国近代東北地域史研究』法律文化社

———2001「東北接収をめぐる国際情勢と中国政治—王世杰日記を中心に—」姫田光義（編著）『戦後中国国民政府史の研究』中央大学出版部

日本上海史研究会（編）2006『近きに在りて―第50号上海史特集―』汲古書院

———2009『建国前後の上海』研文出版

聶莉莉 1992『劉堡―中国東北地方の宗族とその変容―』東京大学出版会

根岸佶 1998『中国のギルド』大空社

野沢豊、田中正俊（編）1978『中国近現代史7：中国革命の勝利』東京大学出版会

旗田巍 1973『中国村落と共同体理論』岩波書店

ピーター・バーク（佐藤公彦訳）2009『歴史学と社会理論第二版』慶應義塾大学出版会

古田裕 1986「軍事支配（1）満州事変期」小林英夫、浅田喬二（編）『日本帝国主義の満州支配―15年戦争期を中心に―』時潮社

フェルナン・ブローデル（浜名優美訳）1991『地中海I』藤原書店

細谷良夫 1990「マンジュ・グルンと「満洲国」」、柴田三千雄他編『シリーズ世界史へ問い8：歴史のなかの地域』岩波書店

マーク・セルデン（小林弘二・加々美光行訳）1976『延安革命―第三世界解放の原点―』筑摩書房

松本俊郎 1988『侵略と開発―日本資本主義と中国植民地化―』御茶の水書房

———2000『「満洲国」から新中国へ―鞍山鉄鋼業からみた中国東北の再編過程1940～1954―』名古屋大学出版会

丸田孝志 2013『革命の儀礼―中国共産党根拠地の政治動員と民俗―』汲古書院

丸山鋼二 1992「中国共産党「満州戦略」の第一次転換―満州における「大都市奪取」戦略の復活―」『アジア研究』39（1）

丸山宏 2004「宗教と中国国家―四川と雲南における彝族の民間信仰からの視点―」『中国―社会と文化』19

満鉄会編 2007『満鉄四十年史』吉川弘文館

モーリス・フリードマン（田村克己・瀬川昌久訳）1995『中国の宗族と社会』弘文堂

森下修一 1971『国共内戦史』三州書房

門間理良 1997「国共内戦期の東北における中共の新兵動員工作」『史境』35

永井リサ、安冨歩 2009「凍土を駆ける馬車」安冨歩、深尾葉子（編）『「満洲」の成立』名古屋大学出版会

史料・参考文献一覧

安冨歩 2009a「スキナー定期市論の再検討」安冨歩、深尾葉子（編）2009『「満洲」の成立』名古屋大学出版会

─── 2009b「県城経済──一九三〇年前後における満洲農村市場の特徴─」安冨歩、深尾葉子（編）『「満洲」の成立』名古屋大学出版会

安冨歩、深尾葉子（編）2009『「満洲」の成立』名古屋大学出版会

山極晃 1994『東アジアと冷戦』三嶺書房

山室信一 1993『キメラ─満洲国の肖像─』中公新書

山本真 2005「福建西部革命根拠地における社会構造と土地革命」『東洋学報』87（2）

─── 2008「民国前期、福建省南西部における経済変動と土地革命」『中国研究月報』62（3）

─── 2015「日中戦争時期、福建省における戦時総動員と地域社会」『史学』84（1-4）

─── 2016『近現代中国における社会と国家─福建省での革命、行政の制度化、戦時動員─』創土社

山本有造 2005「国民政府統治下における東北経済」江夏由樹、中見立夫、西村成雄、山本有造（編）2005『近代中国東北地域史研究の新視角』山川出版社

吉澤誠一郎 2002『天津の近代─清末都市における政治文化と社会統合─』名古屋大学出版会

李力 2002「蜂起」松村高夫、解学詩、江田憲治（編著）『満鉄労働史の研究』日本経済評論社

ii　中国語参考文献

白希 2006『開国大鎮反』中共党史出版社

蔡雅祺 2010『製造戦争陰影 1932-1945─論満洲国的婦女動員─』国史館

車霽紅 1992「試論偽満保甲制度的殖民地特点」『北方文物』31

陳耀煌 2012「在共産中国発現歴史─毛沢東時代中共農村革命史之西方研究述評─」『新史学』23（4）

陳永発 1998『中国共産革命七十年　上』聯経出版事業公司

叢小平 2009「左潤訴王銀鎖─20 世紀 40 年代陝甘寧辺区的婦女、婚姻与国家建構─」『開放時代』2009 年 10 月

251

戴常楽、劉聯華（主編）1996『第四野戦軍』国防大学出版社

戴玄之 1990『中国秘密宗教与秘密会社』台湾商務印書館

丁曉春、戈福録、王世英（編著）1987『東北解放戦争大事記』中共党史資料出版社

范立君 2016『闖関東歴史与文化研究』社会科学文献出版社

傅高義（高申鵬訳）2008『共産主義下的広州——個省会的規劃与政治（1949-1968）
　一』広東人民出版社

弗里曼、畢克偉、賽爾登（陶鶴山訳）2002『中国郷村、社会主義国家』社会科学文献
　出版社

郭徳宏 1993『中国近現代農民土地問題研究』青島出版社

何朝銀 2009『革命与血縁、地縁：由糾葛到解消—以江西石城為個案—』中国社会
　科学出版社

何智霖（編）2000『一九四九年—中国的関鍵年代学術討論会論文集—』国史館

侯松涛 2012『全能政治：抗美援朝運動中的社会動員』中央文献出版社

———2012「訴苦与動員—抗美援朝運動中的訴苦運動—」『党史研究与教学』2012 年
　第 5 期

黄愛軍 2004「新民主主義社会提前結束原因研究述論」『中共党史研究』2004 年 1 期

黄道炫 2012「改革開放以来的中国革命史研究及趨向」『史学月刊』2012 年 3 期

黄正楷 2006『1950 年代中共新華社『内部参考』的功能与転変』国立政治大学東亜研
　究所修士論文

黄琨 2005「中共暴動中的宗族組織」『史学月刊』2005 年 8 期

———2006「中国共産党土地革命的政策与実践（1927 ～ 1929）」『長白学刊』2006
　年 4 期

———2006『革命与郷村—从暴動到郷村割拠 1927 ～ 1929 —』上海社会科学院出版
　社

黄立豊 2013「近二十年来社会動員問題研究的回顧与思考」『中共寧波市委党校学
　報』2013 年 2 期

胡素珊（Pepper Suzanne）（啓蒙編訳所訳）2014『中国的内戦—1945-1949 年的政治
　闘争—』当代中国出版社

姜念東、伊文成、解学詩、呂元明、張輔麟 1980『偽満洲国史』吉林人民出版社

靳道亮 2009「抗美援朝運動与郷村社会国家意識的塑造」『史学月刊』2009 年 10 期

史料・参考文献一覧

李鴻文、張本政（主編）1987『東北大事記』吉林文史出版社

路遇 1987『清代和民国移民東北史略』上海社会学院出版社

馬敏（主編）2015『中国近代商会通史（第四巻）』社会科学文献出版社

麦克法夸爾．R、費正清（編）（謝亮生他訳）1990『剣橋中華人民共和国史—革命的中国的興起 1949-1965 年—』中国社会科学出版社

平野孝治 2010「試論建国初期宣伝網的建設及宣伝工作」『愛知大学国際問題研究所紀要』136

潘幸儀 2013『一万四千個証人—韓戦時期「反共義士」之研究—』国史館

孫丹 2009「論抗美援朝戦争的国内宣伝工作」『当代中国史研究』16（4）

唐海江・朱習文 2011「新中国成立初期湖南建設「宣伝網」的歴史考察」『中共党史研究』2011 年 4 期

汪朝光 2010『1945 ～ 1949：国共政争与中国命運』社会科学文献出版社

王立新 2012「解放戦争時期中共東北基層政権建設研究」吉林大学博士論文

王友明 2005「論老解放区的軍事動員」『軍事歴史研究』2005 年 4 期

───2006『革命与郷村—解放区土地改革研究 1941 ～ 1948 —』上海社会科学院出版社

王元年、時戈、白玉武、馮連挙 1990『東北解放戦争鋤奸剿匪史』黒竜江教育出版社

解学詩 1984「鞍山製鉄所的変遷」解学詩、張克良（編）『鞍鋼史（1909 ～ 1948 年）』冶金工業出版社

行龍（編）2014『回望集団化—山西農村社会研究—』商務印書館

楊奎松 2006「新中国「鎮圧反革命」運動研究」『中国現代史』2006.6

───2009『中華人民共和国建国史研究 1』江西人民出版社

───2010『中間地帯的革命』山西人民出版社

衣興国、刁書仁 1994『近三百年東北土地開発史』吉林文史出版社

岳梁、席富群 1993「五十年代世界保衛和平運動述評」『黄淮学刊』9（2）

于喜敏 2016「民国時期東北会道門研究」邵雍（等著）『中国近代秘密社会研究』上海書店

張博泉 1985『東北地方史稿』吉林大学出版社

張克良 1984「鞍鋼第一代砿山工人和鋼鉄工人」解学詩、張克良（編）『鞍鋼史（1909 ～ 1948 年）』冶金工業出版社

――1984「九万鋼鉄、砿山工人的苦難」解学詩、張克良（編）『鞍鋼史（1909 ～ 1948
年）』冶金工業出版社

周杰栄「従反共到抗美―1950-1951 年中国西南地区的内戦与朝鮮戦争―」周杰栄、
畢克偉（Jeremy Brown、Paul G.Pickowicz）（姚昱等訳）『勝利的困境―中華人民共和
国的最初歳月―』香港中文大学出版社

朱建華 1987『東北解放戦争史』黒竜江人民出版社

iii　英語参考文献

Johnson, Chalmers A.1962, *Peasant Nationalism and Communist Power*: *The Emergence
of Revolutionary China,1937-1945*.Stanford University Press.

Dikötter, Frank 2013, *The Tragedy of Liberation: A History of the Chinese Revolution
1945-1957*. Bloomsbury Publishing PLC.

Levine, Steven I.1987, *Anvil of Victory: The Communist Revolution in Manchuria,
1945-1948*. Columbia University Press.

Lieberthal, Kenneth G. 1980, *Revolution and Tradition in Tientsin,1949-1952*. Stanford
University Press.

Cohen, Paul A.1984, *Discovering History in China*. Columbia University Press.

Skinner,William G.1964, "Marketing and Social Structure in Rural China（I）-（III）"
Journal of Asian Studies, Vol.XXIV,NoI-III,1964-5.

あとがき

　本書は 2016 年に筑波大学大学院人文社会科学研究科に提出した博士学位請求
論文「中国東北における共産党と都市基層民衆 1945-1951」に加筆修正を行ったも
のである。
　本書のもとになる論文の初出は次に掲げる通りである。これらの論文は本書の
内容の一部を反映しているが、本書の執筆にあたって、大幅に加筆・修正をおこ
なった。

　　「戦時下の中国東北と民衆—国共内戦と抗米援朝の参軍運動を中心に—」『筑
　　波大学地域研究』第 39 号、123 〜 141 頁、2018 年 3 月（第 2 章第 2 節、第 5 章
　　第 1 節）
　　「中華人民共和国建国前後の共産党の都市大衆工作と基層社会の再編—遼寧
　　省を中心に—」『中国研究月報』第 69 巻第 11 号、1 〜 21 頁、2015 年 11 月（第
　　3 章第 2、3 節）
　　「抗米援朝運動の宣伝・教育及び民衆記憶—遼寧省を中心に—」『史境』67 号、
　　44 〜 62 頁、2014 年 3 月（第 4 章第 2 節）
　　「女性解放・婚姻改革から見る中国共産党革命—東北における 1950 年の婚姻
　　法の施行を中心に」『現代中国』90 号、65 〜 78 頁、2016 年 9 月（第 5 章第 2
　　節）

　著者のこれまでの研究の過程では、多くの方々の支えがあった。
　著者は大学時代、中国の大連民族大学で日本語を専攻し、20 代初頭の 2007 年 10
月に、秋田大学の交換留学生として日本にわたった。当時は未熟であり、ただ大
学院への進学を考えるのみで、何の計画も立てず無為な日々を過ごしていた。そ
のため、日本の進学の制度や研究の方法などについて、勉強し始めたのは、2008
年に大学を卒業した後のことであった。その時、たくさんの挫折を経験した。だ
が、この経験が自分を成長させた。博士課程修了後の 2017 年夏に、感謝の気持ち
で再び秋田を訪れた。帰りの空港では、感慨が深くて涙が止まらなかった。

自分の人生に大きな転換をもたらした出来事は、恩師である山本真先生と出会ったことである。大学院進学にあたって、大連の植民地の歴史、民衆の植民地記憶に関する課題に取り組もうと考えた。当時、ぼんやりとした問題意識しか持っていなかった著者は、何度も山本先生の暖かいお言葉に励まされ、無事、2010 年に筑波大学大学院国際地域研究専攻に入学することができた。大学院入学以降、研究の方法論から、資料収集の仕方までこと細かくご教示をいただいた。毎回の著者の報告レジュメに日本語の使い方に至るまで丁寧にご指導をくださった。先生のゼミと授業において、社会史の醍醐味を味わいながら、史料批判の重要性、聞き取り調査の史料の扱い方、複合的な視点などの歴史学と社会学と融合する研究手法を身に付けた。

　博士課程へ進む過程で、著者は「植民地の歴史と民衆の植民地記憶」から民衆の記憶の形成に大きな影響を及ぼす「政治権力と民衆との関係」に関心を移して、修士課程の研究と距離を置くことになった。先生は著者の意志を尊重してくださった。先生のご指導をいただいたお陰で、著者は地域社会の構造の重要性を認識し、民衆の視角を保ちながら、巨視的な分析視角を失わないことを常に心がけるようになった。

　研究の面だけでなく、先生は中国人留学生である著者の生活の面に対しても、細心のご配慮をして、著者の授業料の免除の申請や各種の奨学金、研究助成金の申請の際には、快く推薦書の執筆を引き受けてくださった。8 年間、お世話になりっぱなしである。

　本書の出版にあたっても、ご多忙の中、貴重な時間を割いて、何よりも先に著者の拙稿を読んでくださった上に、文章の論理性から日本語に至るまで細かくアドバイスをくださった。

　また主指導教員以外にも、博論の執筆から本書を完成させる過程まで多くの方々のお世話になった。博論の主査を務めてくださった丸山宏先生は、いつも貴重なアドバイスをくださり、博論執筆の過程にあたっては、日本語文章の誤りをも丁寧にご修正してくださった。博論の副査を務めてくださった東洋史の上田裕之先生、民俗学の古家信平先生（2017 年退官）、徳丸亜木先生、武井基晃先生からも多くの示唆をいただいた。さらに、笹川裕史先生（上智大学）が主宰する中国基

層社会史研究会に参加させていただいて、常に当分野の最新の研究動向を感じることができ、さまざまな学問的な刺激を受けている。泉谷陽子先生（フェリス女学院大学）には、国共内戦期の東北社会に関する貴重なアドバイスをいただいた。

　1945年から1949年までの『東北日報』の利用にあたって、奥村哲先生（当時首都大学東京教授）に便宜を図っていただき、先生の研究室にある『東北日報』を閲覧させていただいた。それ以来、研究の面で様々なお世話になっている。また、丸田孝志先生（広島大学）からは東北に関する貴重な史料を多数いただいた。さらに、1950年代の中国研究をめぐる中国大陸の厳しい史料制限に対して困っていた際に、張済順先生（中国華東師範大学）は華東師範大学当代文献史料センターの史料をご紹介してくださり、その上利用の便利までも提供してくださった。また現地では阮清華先生（中国華東師範大学）、楊芳氏（中国華東師範大学）に親切にご対応をいただいた。

　博士課程在学中、東洋史ゼミの皆様と一緒に多くの有意義な時間を過ごしてきた。現在でも、様々な面で助けていただいている。同期の松野友美氏、後輩の関根知良氏は自らの研究が忙しくても、著者のために投稿論文の原稿や各種の申請書の日本語を忍耐強く修正してくださった。

　博士課程修了後、著者に貴重な教歴を積み重ねるチャンスを提供してくださった李恩民先生（桜美林大学）、金野純先生（学習院女子大学）にもあわせてお礼を申し上げたい。

　本書の刊行にあたっては、独立行政法人日本学術振興会の平成30年度科学研究費補助金（研究成果公開促進費・学術図書）による助成を受けたものである。刊行に際しては創土社の増井暁子氏に一方ならぬお世話になった。心より感謝の意を申し上げたい。

　最後に、遠く離れて、親孝行もできず、自らの道も開くことができずにいる娘を見守ってくれている両親に、同い年なのに著者の分も一緒に背負って家族に対する責任を担う姉に、この場を借りて心からありがとうと言いたい。

2018年初夏　　　隋藝

図表一覧

〈表〉

表 1-1　1931 年から 1943 年まで、中国人労働者の満洲国への入境・離境の人数 （人） ······················56

表 1-2　1942 年 4 月までの地方部門別・省別「特殊工人」就労者数（人） ··················58

表 1-3　1942 年 3 月末までの「特殊工人」の満洲国への入境と逃亡の人数（人） ··················58

表 2-1　東北の内戦における中共軍兵力の変遷と主要戦役および捕虜の数 ··················84

表 2-2　1945 年末北満の部分の省における在地の武装勢力の反逆と中共が受けた被害（人） ········89

表 2-3　東北の国共内戦における中共軍が占領する地域と基本人口 ········ ··· 91

表 2-4　牡丹江市柴市街における「反奸清算」運動の成果——貧民会の構成と闘争の果実 ··················99

表 3-1　1948 年瀋陽市南市区などにおける保職員・保甲長の出身（例） ···· 128

表 3-2　瀋陽市の 10 カ所の工場における労働者の文化水準 ··················145

表 3-3　瀋陽市の 10 カ所の工場における労働者の学習要望 ··················145

表 4-1　瀋陽市抗米援朝年表 ··················167

〈地図〉

地図 1　現在の東三省 ··················6

地図 2　中国東北地形図 ··················41

地図 3　1945 年満洲国鉄道と主要都市 ··················50

地図 4　1945 〜 1949 年、東北行政区画 ··················75

地図 5　1948 年中共遼吉根拠地 ··················94

〈図〉

図 3-1　東北の経済の回復は盛んな勢いで展開されている様子　……………123

図 3-2　営口市の駅区で行われた一貫道に反対する大衆会議の様子　…………139

図 3-3　『東北日報』（1950 年 5 月 27 日）に掲載された労働模範の漫画と写真
　　　　　……………………………………………………………………148

図 3-4　『宣伝鼓動員手冊』　………………………………………………152

図 4-1　民衆の抗米援朝に対する情熱を宣伝する『東北日報』の紙面　…………161

図 4-2　『内部参考』（1950 年 7 月 13 日）に掲載された瀋陽市の民衆の朝鮮戦争
　　　　に対する反応に関する記事　………………………………………165

図 4-3　1910 年に日本は朝鮮を占領したことと関連付けながら、アメリカは昔
　　　　の日本と同じ、朝鮮を占領してから、中国を侵略することを宣伝する風刺画
　　　　……………………………………………………………………170

図 4-4　抗米援朝が本格化してから、民衆の反応と反共産党勢力の動きに関する
　　　　記事　………………………………………………………………172

図 4-5　『東北日報』（1951 年 7 月 16 日）に掲載された母親が祖国を守るように
　　　　息子を励む漫画　……………………………………………………190

図 5-1　『東北日報』（1950 年 3 月 8 日）に掲載された婦人デーの漫画
　　　　……………………………………………………………………215

図 5-2　『東北日報』（1950 年 3 月 16 日）に掲載された初の女性機関車運転手の
　　　　田桂英、及びその他の女性労働模範の写真　………………………216

図 5-3　「アメリカ侵略者を追い払ってから、再会しましょう」という、『東北日
　　　　報』（1950 年 12 月 12 日）に掲載された妻（婚約者）が夫（婚約者）を志願軍に
　　　　送り出す漫画　………………………………………………………223

〈著者紹介〉

隋藝（ずい　げい）

1986 年　中国遼寧省生まれ

2008 年　中国大連民族大学日本語学科卒業

2012 年　筑波大学大学院人文社会科学研究科国際地域研究専攻修士課程修了

2017 年　筑波大学大学院人文社会科学研究科歴史・人類学専攻博士課程修了、博士（文学）

現在　筑波大学、学習院女子大学、鶴見大学などで非常勤講師

専攻　中国近現代史、社会史、地域研究

主要業績

「国共内戦期、東北における中国共産党と基層民衆―都市の「反奸清算」運動を中心に」梅村卓・大野太幹・泉谷陽子（編集）『満洲の戦後―継承・再生・新生の地域史』勉誠出版、2018 年 11 月

「戦時下の中国東北と民衆―国共内戦と抗米援朝の参軍運動を中心に」『筑波大学地域研究』39、2018 年 3 月

「女性解放・婚姻改革から見る中国共産党革命―東北における 1950 年婚姻法の施行を中心に」『現代中国』90、2016 年 9 月

ほか

索引

あ

愛国公約（運動）　30, 163, 173, 179, 180, 181, 182, 183, 187, 192, 193, 194, 236

愛国情緒　25, 174, 178, 179, 183, 187, 188, 227, 236

悪覇　26, 98, 99, 215

鞍山（市）　57, 81, 107, 136, 142, 143, 149, 150, 168, 182, 205, 209, 224

一貫道　61, 131, 135, 136, 137, 138

居民組　20, 21, 127, 128, 129, 130, 131, 135, 136, 177, 178

英雄主義　146, 147, 148, 154, 235

か

階級教育　131, 132, 142, 143, 144, 145, 146, 147

階級闘争　14, 18, 26, 27, 28, 131, 143, 144, 146, 147, 170, 174

革命原理　20, 26, 28, 34, 66, 100, 124, 131, 136, 139, 140, 141, 144, 146, 153, 154, 155, 228, 235, 236, 240

家父長制　221, 227

機械献納　148, 149, 150, 240

帰属意識　34, 54, 59, 64, 65, 66

旗民分治　20, 43, 44, 47, 48

協和会　42, 51, 53, 54, 55, 58, 66

軍管会　126

軍事的―　12, 13, 43, 91, 101, 104, 111, 112, 113, 114, 234, 235, 239

形式主義　176, 186, 194

経済回復期　11, 17, 18, 29

県城経済　45, 46, 49, 66, 94, 233

高崗　181, 203

工作隊　135, 189, 191, 192, 209, 222

戸籍調査　32, 135, 136, 139, 153, 154, 155

後方支援　92, 201, 202, 203, 213, 215, 237

さ

参軍運動　29, 33, 34, 35, 76, 200, 199, 200, 201, 202, 205, 206, 207, 210, 213, 221, 222, 223, 226, 227, 228, 236, 237, 241

（中国人民）志願軍　170, 173, 199, 200, 201, 202, 203, 204, 205, 208, 209, 210, 211, 212, 213, 221, 222, 226, 237

自主的婚姻　224, 225, 226, 237

社会主義　9, 11, 18, 19, 26, 28, 29, 240, 241

重慶会談　106

集合心性　20, 24, 25, 104, 155, 174, 183, 187, 188, 189, 227, 235, 238, 241, 242

周保中　78, 89

食糧徴収　76, 92

女性政策　201, 214, 215, 216, 226, 227, 228

心性　12, 19, 22, 24, 25, 61, 104, 163, 236, 242

新民主主義　9, 11, 18, 19, 26, 29, 143, 240, 241

政治動員　20, 23, 35, 102, 146, 147, 154, 185,

261

189, 223, 227, 228, 235, 237, 240, 241, 242

生産競争　20, 25, 125, 146, 147, 148, 154, 235, 241

生産動員　20, 23, 35, 147, 152, 155, 178, 183, 184, 185, 186, 187, 188, 194, 200, 216, 228, 235, 237, 240, 241

積極分子　130, 131, 132, 141, 142, 182, 184, 209, 225, 226, 237

戦時態勢　11, 17, 20, 29, 34, 55, 67, 75, 83, 153, 161, 162, 201, 223, 224, 225, 235, 240, 241

宣伝員　175, 176, 177, 178, 184, 185, 186, 188, 191, 192, 239, 240, 242

宣伝鼓動（一）　32, 150, 151, 152, 153, 155, 184, 185, 186, 187, 235, 236, 241

宣伝網　150, 174, 175, 183, 184, 185, 186, 187, 191, 192, 195, 239, 240, 241

清動会　95

増産節約　181, 183, 187, 188, 194, 240, 242

剿匪　27, 34, 78, 90, 94, 100, 101, 102, 103, 104, 105, 113, 204, 234, 237

組織化　23, 30, 76, 90, 91, 99, 101, 102, 103, 113, 124, 150, 151

た

中ソ友好同盟条約　79, 80, 85, 105, 106, 108

張作霖　44, 45, 46, 60, 101

朝鮮戦争　7, 10, 11, 18, 19, 20, 27, 28, 29, 30 34, 35, 124, 125, 153, 155, 162, 163, 164, 165, 166, 168, 169, 170, 172, 173, 178, 179,

180, 181, 184, 187, 188, 193, 194, 199, 201, 202, 203, 208, 209, 210, 211, 213, 217, 221, 223, 224, 225, 227, 233, 236, 237, 239, 240

徴兵　13, 32, 35, 76, 77, 93, 110, 113, 190, 192, 199, 201, 203, 205, 206, 209, 212, 226 237

陳雲　80, 103, 126

定期市　8, 49

デマ　136, 137, 138, 164, 166, 171, 174, 182 184, 192, 194, 207, 236, 240

同業同郷団体　21, 62, 63, 67, 233, 234, 238

一統合　7, 17, 19, 20, 24, 28, 32, 34, 35, 61, 66, 123, 125, 139, 153, 155, 162, 188, 199, 200, 233, 235, 236, 241

特殊工人　42, 55, 57, 58, 59, 67, 87, 112, 238

都市工作　18, 19, 28, 97, 98, 124, 125, 129, 162

な

二線兵団　91, 111, 112

は

馬賊　21, 44, 51, 59, 60, 64, 67, 233, 234, 238

八路軍　57, 80, 84, 85, 86, 87, 90, 100, 111, 140, 208, 209, 211

反奸清算　21, 27, 34, 76, 78, 89, 94, 95, 96, 97, 98, 99, 100, 101, 102, 105, 110, 113, 124, 132, 234, 238

反動会道門　21, 32, 125, 136, 137, 138, 139, 153, 154, 155

反動党団特登記 25, 32, 125, 132, 133, 134, 135, 136, 139, 153, 154, 155, 166

武装化 90, 91, 94, 100, 102, 103, 113

平時態勢 20, 26, 29, 35, 188, 201, 221, 240, 241

法庫（県） 81, 96, 110

保甲― 42, 49, 51, 52, 53, 55, 58, 59, 66, 101, 127, 128, 129, 130, 131, 132, 133, 136, 139, 153, 241

牡丹江（市） 21, 97, 98, 99, 124, 139, 153

捕虜 85, 86, 87, 91, 93, 113, 126, 211, 237

本渓（市） 81, 107, 149, 150, 168, 185, 186, 220

ま

満洲国国軍 51, 79, 85, 86, 87, 88, 89, 90, 101, 112, 219, 234, 238

民間信仰 210, 211

民兵 85, 89, 90, 91, 101, 102, 103, 104, 209, 210, 211, 234

ら

李運昌 79, 83, 89

糧桟 46

呂正操 79, 87, 88

連省自治 44, 46

（―）連帯感 24, 66, 103, 154, 178, 187, 188, 195, 211, 240, 241, 242

労働模範 21, 23, 146, 147, 148, 151, 155, 163, 171, 174, 183, 184, 186, 187, 188, 195,

215, 216, 240, 241, 242

わ

和平保衛署名運動 168, 169, 193, 239

中国東北における共産党と基層民衆
1945-1951

2018 年 12 月 1 日　第 1 刷

著者

隋　藝

発行人

酒井 武史

装丁デザイン　リージョナル・バリュー

発行所　株式会社　創土社

〒 165-0031 東京都中野区上鷺宮 5-18-3

電話 03-3970-2669　FAX 03-3825-8714

http://www.soudosha.jp

印刷　株式会社シナノ

ISBN978-4-7988-0234-3　C0030

定価はカバーに印刷してあります。

近現代中国における　社会と国家

福建省での革命、行政の制度化、戦時動員

山本　真　著

【内容】舞台は中国東南沿海部に位置する福建省。

第1部／1920年代末から1930年代前半にかけて、共産党による革命運動の舞台となった南西の山間部に着目。革命運動と在地の生活構造との関連を分析する。

第2部／1930年代の同地域を対象とし、共産党革命根拠地崩壊後の地方行政の構造の変化を考察する。

第3部／福建全省に拡大し地方行政の構造の変化を考察する。

【著者紹介】

筑波大学人文社会系准教授。中国・台湾近現代史、とりわけ近代国家建設と社会変容に関する政治史、社会経済史の諸テーマ(具体的には政党研究、地域エリート研究、村落構造研究、社会組織研究)に取り組む。

A5上製　・480ページ　本体価格3700円＋税

ISBN：978-4-7893-0227-5（全国書店からご注文できます）

変革期の基層社会
― 総力戦と中国・日本 ―

奥村 哲 編

著訳者：原田敬一、笹川裕史、王友明、奥村哲、呉毅、呉帆、鄭浩瀾、山本真、野田公夫、丸田孝志、泉谷陽子

【内容】

日中戦争・国共内戦・東西冷戦は中国をどう変えていったか。農民・農村を中心とする「普通の民衆」(基層社会) に焦点をあてる。近現代の戦争＝総力戦においては、庶民は総動員され、否応なく国民意識を注入されていった。その中国的特色とはなにか。東アジア、特に日本と比較して考察する。

A 5 上製 ・302 ページ　本体価格 3000 円＋税
ISBN：978-4-7893-0227-5（全国書店からご注文できます）

戦時秩序に巣喰う「声」
日中戦争・国共内戦・朝鮮戦争と中国社会
笹川 裕史 編

著者：笹川 裕史・一ノ瀬 俊也・三品 英憲・水羽 信男・高岡 裕之・松田 康博・金子 肇・金野 純・丸田 孝志・山本 真

【内容】
中国共産党は、日中戦争・国共内戦・朝鮮戦争を通じ、国民の総動員に成功し、一党独裁の権力を築いた。しかし、その過程で多くの矛盾・軋轢が起きていた。本書は、いままで埋没させられきた動きや声を発掘し、中国現代史の再構築をめざす。

A5 上製 ・352 ページ　　本体価格 3500 円＋税
ISBN：978-4-7988-0230-5（全国書店からご注文できます）

中国における国民統合と外来言語文化
建国以降の朝鮮族社会を中心に

崔 学松 著

【内容】
多民族国家中国——新中国成立後の最大の政治課題は「国民統合」、それぞれ独自の帰属意識を持つ住民の間に共通した国民意識を醸成することだった。本書は中国東北地域・朝鮮族社会における外来言語文化の受容を考察し、少数民族に対する中国の勢力拡張と支配の特徴を浮き彫りにする。

【著者紹介】
静岡文化芸術大学文化政策学部国際文化学科専任講師。専攻はアジア地域研究。

Ａ５上製 ・232 ページ 本体価格 2000 円＋税
ISBN：978-4-7988-0219-0 （全国書店からご注文できます）

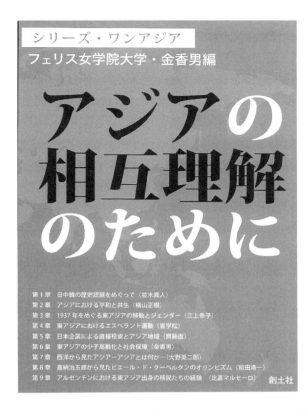

アジアの相互理解のために
金香男 編

著者：並木真人・横山正樹・江上幸子・崔学松・齊藤直・金香男・大野英二郎・和田浩一・比嘉マルセーロ

【内容】
日本をとりまく国際環境は異常事態に陥っている。とくに日中韓の緊張関係は政治・外交面からはじまり、経済分野まで拡散している。こうした事態を改善するために、いま私たちは何を考え、何をすべきか。本書は東アジア共同体の実現という理想に邁進するためのヒントを提供してくれる。

A5上製 ・232ページ 本体価格 2000円＋税
ISBN：978-4-7988-0219-0（全国書店からご注文できます）

抗日戦争と民衆運動

内田 知行 著

【内容】
抗日戦争期、新中国誕生を準備した民衆運動に着目。陝甘寧辺区の農業生産互助運動、抗日根拠地のアヘン管理政策とアヘン吸飲者救済運動、重慶国民政府と日本人の反戦運動・朝鮮人独立運動や、日中民間交流活動をとりあげる。

【著者紹介・内田知行（うちだ　ともゆき）】
大東文化大学名誉教授。『黄土の村の性暴力』(石田米子・内田知行共編・創土社)で第24回山川菊栄賞を受賞。

A5上製 ・343ページ 本体価格2400円＋税
ISBN：978-4-7893-0115-2 （全国書店からご注文できます）

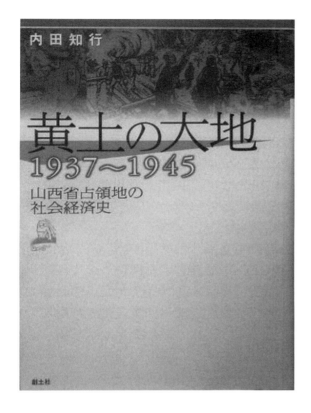

黄土の大地 1937〜1945
山西省占領地の社会経済史

内田 知行 著

【内容】
近代日本による15年戦争時代の中国統治、中国占領の実像はどのようなものであったのか。日中間の歴史認識の断絶をうめるために、中国山西省の日本占領史を明らかにする。

【著者紹介・内田知行（うちだ　ともゆき）】
大東文化大学名誉教授。『黄土の村の性暴力』（石田米子・内田知行共編・創土社）で第24回山川菊栄賞を受賞。

A5上製 ・310ページ　本体価格2400円＋税
ISBN：978-4-7893-0034-6（全国書店からご注文できます）

創土社では、学術本製作の支援を行っています。

　図表の多い専門書籍や教科書、寄稿者の数が多い論文集も安価で美しく製作しており、以下の特徴があります。

〈全国書店で流通〉
・新刊時には大手書店の店頭に並び、またその後も全国書店から予約、注文ができます。
・amazon、楽天などの大手ネット書店専用の流通在庫を持ち、短期間で読者へお届けします。

〈一般読者に向けた本づくり〉
・一般読者が手に取りやすいようなデザイン性の高いカバーを製作いたします。
・エクセルなどで作った表、グラフも、そのまま印刷原稿とせずに、美しい印刷物になるよう作り直します。
・表データではわかりにくいものは、訴求力の高いグラフなどへ変更をご提案をし、弊社で製作いたします。
・論文調の文体について、一般読者にもわかりやすい文体のご提案をいたします。

〈様々な製作形態〉
・書店流通の有無、少部数で安価な製本のみなど、著者の著者のニーズや予算に合わせて製作いたします。

〈著者献本の充実〉
・50部から最大200部まで著者へ献本します。
（本体価格、著者の実績、書籍のジャンルによって異なります。）